인간관계는 소통과 설득이다
Human Relations, Persuasion Technique

인간관계는 소통과 설득이다
Human Relations, Persuasion Technique

인간관계는
소통과
설득이다

역자소개

옮긴이 이경남
충남대학교 강사 역임
인간계발연구소 간사 및 운영위원 역임
역서: 《인간 경영》
저서: 《대화의 99작전》 외

옮긴이 권오현
소설가
현대건축회사(현 현대건설) 인사담당이사 역임
인간계몽연구소 운영위원
역저: 〈디스렐리 전기〉 외 다수

인간관계는 **소통과 설득**이다

1판 1쇄 인쇄 2014년 1월 20일
1판 1쇄 발행 2014년 1월 25일

지은이 데일 카네기 / 퀸튼 신들러

발행처 도서출판 문장
발행인 김택원

등록번호 제307-2007-47호
등록일 1977년 10월 24일

136-084 서울 성북구 보문로 76 평화빌딩 201호
전화 02-929-9495 / 팩스 02-929-9496
E-mail munjangb@naver.com

ISBN 978-89-7507-063-1 03320

Human Relations = Communication+Persuasion

인간관계는 소통과 설득이다

지은이 **데일 카네기 / 퀸튼 신들러**

옮긴이 이경남 / 권오현

도서출판 문장

소통과 설득

세상에는 매우 행복해 보이며 어떤 일이라도 쉽게 척척 해치우는 사람이 있습니다. 어떻게 그들은 그렇게도 행복해 보이는 것일까요.

그러한 사람은 다른 사람과 잘 사귈 수 있는 사람입니다. 그렇다면 그들에게는 다른 사람과 잘 사귈 수 있는 어떤 비결이라도 있는 것일까요. 그리고 그러한 비결은 누구라도 익힐 수 있고, 또 사용할 수 있는 것일까요.

도대체 사람이란 어떤 존재며 무엇을 생각하고 어떠한 행동을 취하는 존재일까요. 이런 매우 흥미로우면서도 중요한 일을 여기서 독자 여러분과 함께 생각해 보기로 하겠습니다.

여기서는 여러분과 똑같은 생활을 하고 있는 사람들의 실제의 생활기록 – 성공과 실패 혹은 기쁨과 슬픔의 기록 – 이 많이 실려 있습니다. 당신의 생활도 이 가운데 어쩌면 있을지도 모릅니다. 이와 같이 실제로 있었던 이야기 가운데에서, '어째서 사람이 이렇게 행동하는 것인가?' 하는 실마리가 잡힐지도 모릅니다. 이렇게 해서 잡힌 실마리를 심리학자나 철학자의 의견과 그리고 많은 사람들의 실제 경험과 비교해 보겠습니다. 거기서부터 인간 행동에 관한 간단한 철학이 꾸며질 것입니다. 여기서 꾸며진 인간 행동에 관한 간단한 철학이란 다름 아니라 매일의 일상생활에서 다른 사람과 원만하게 잘 사귀어 가는 방법들입니다.

그러니까 이 책에 나온 실제의 생활기록을 읽으면서 여러분의 매일의 생활에서 다른 사람과 원만하게 잘 사귀어 가는 데 도움이 되는

가 어떠한가를 생각해 주십시오. 만약 도움이 될 것 같으면 집이나 사무실이나 거래처에서 사람들을 사귀는 데 실제로 사용해 보십시오. 틀림없이 마술과도 같은 힘을 발휘할 것입니다.

행복이란 쉽게 말하면 가정이나 사회에서 만족하며 생활하는 일이라고 생각합니다. 또한 우리가 살고 있는 세상에서 사람들과 잘 어울리고 인생을 마음 편한 즐거운 것으로 느끼는 일이라고 생각합니다.

또한 성공이란 - 독자 여러분은 어떻게 생각하는지 모르지만 - 출세와 건강, 그리고 무엇보다도 중요한 것은 다른 사람의 사랑과 존경과 선의를 얻는 일이라고 생각합니다.

이 책은 여러분도 잘 아시겠지만 여러분 자신의 행복과 성공에 관한 책입니다.

당신이 사귀기 어려운 사람 때문에 애를 태우고 곤란해하고 있다면 이 책은 매우 필요합니다. 또 이와 반대로 다른 사람이 당신에게 호의를 갖고 언제나 도움의 손길을 내밀어 준다면, 이 책은 당신에게 굳은 확신을 주며 다른 사람들과 사귀는 방법에 대한 자연스러우면서도 재치 있는 능력을 당신에게 더욱 늘게 해 주리라고 생각합니다.

이 책의 제1부는 데일 카네기가 제2부는 퀸튼 신들러가 엮었음을 밝혀 둡니다.

- 옮긴이

차 례

제2부 상대방을 내 편으로 만드는 인간관계 기술

Human Relations,   Persuasion Technique

상대방을 내 편으로 만드는 설득의 기술 제**1**부

Human Relations, Persuasion Technique

01 논쟁을 피하라

제1차 세계대전이 끝나고 얼마 안 되어 나는 어느날 밤 영국에서 참으로 귀중한 교훈을 얻었다. 나는 그 무렵 로스 스미스 경의 매니저로 일하고 있었다. 전쟁 무렵 로스 경은 팔레스타인에서 전공(戰功)을 크게 세운 바 있는 오스트레일리아의 비행사였고, 전쟁이 끝나자 그는 지구의 반 바퀴를 30일 만에 비행하여 온 세계를 놀라게 했다.

이는 그 무렵으로서는 파격적인 시도로 굉장한 선풍을 일으켰다. 오스트레일리아 정부는 그에게 5만 달러를 상금으로 주었고, 영국 여왕은 그에게 나이트 작위를 주는 등 그는 대영제국 내에서 가장 인기 있는 화제의 인물이 되었다. 즉 대영제국의 린드버그였던 것이다.

나는 어느날 저녁 로스 경을 주빈으로 하는 만찬에 초대되었다. 식사가 한창일 때 바로 내 옆에 앉았던 한 사람이 다음과 같은 말을 인용하면서 재미있는 이야기를 들려주었다.

"인간이 어떤 일을 하더라도 마지막 결정은 신이 한다."

그 사람은 이 말이 성경 속에 있는 말이라고 했다. 그러나 그 말은 틀린 것이다. 나는 그 구절이 어디에서 인용된 것인지를 확실히 알고 있었다. 그래서 나는 나의 중요감과 우월감을 채우기 위해 그의 잘못을 지적하는, 미움 사기 알맞은 역할을 하고 나섰다.

"뭐라고요? 셰익스피어 작품에 있는 것이라고요? 그럴 리가 없어요. 천만의 말씀이죠. 성경에 있는 말입니다. 틀림없습니다!"

그는 그의 주장을 강하게 내세웠다.

그는 바로 내 오른편에 앉아 있었고 나의 오랜 친구인 프랭크 가몬드 씨는 내 왼편에 앉아 있었다. 가몬드 씨는 오래전부터 셰익스피어를 연구한 사람이었다.

그래서 그 사람과 나는 이 문제를 가몬드 씨에게 물어보기로 했다. 양쪽 말을 한동안 듣고 있던 가몬드 씨는 식탁 밑으로 나를 슬쩍 치면서 이렇게 말했다.

"카네기, 자네가 틀렸네. 이분 말씀이 옳아. 성경에 있는 말씀이야."

그날 밤 집으로 돌아가는 길에 나는 가몬드 씨에게 물었다.

"프랭크, 그 말이 셰익스피어 작품에 나온다는 걸 자네도 잘 알잖아?"

"물론 알고말고. 햄릿 제5장 제2막에 나오지. 그러나 여보게, 우리는 경사스러운 날 손님으로 간 것일세. 무엇 때문에 남이 옳지 않다는 것을 증명하려고 애쓰나. 증명하면 상대방에게 호감을 사겠나? 상대방의 체면도 생각해 주어야지. 그 사람이 자네의 의견을 물은 것도 아니지 않나. 그런데 무엇 때문에 그 사람과 언쟁을 해야 한단 말인가? 언제나 모가 나는 일은 피해야 하는 걸세."

"언제나 모가 나는 일은 피해라."

이 말을 나에게 해준 사람은 이미 작고하고 없지만, 그가 나에게 가르쳐 준 교훈은 아직도 내 가슴에 간직하고 있다.

본래 나는 토론하기를 좋아했기 때문에 이것은 나에게 참으로 기묘한 교훈이었다. 나는 어릴 때 세상 여러 가지 일에 대하여 형과 곧잘 토론을 벌였다. 대학에 들어가서는 논리학과 변론을 공부했고, 토론대회에도 꼭 참가했다. 까다롭게 이치만을 따졌고 증거를 눈앞에 내놓기 전에는 절대로 나의 주장을 굽히지 않았다.

그 뒤 나는 뉴욕에서 토론과 변론법에 관하여 강의도 하고, 부끄러운 일이지만 이 과목에 관한 책도 저술하려고 계획을 세웠다. 그때부터 몇천 가지 논쟁에 대하여 귀를 기울이기도 하고 비판도 해보고 스스로 참가하여 그 효과를 관찰하기도 했다.

그 결과로 나는 이 세상에서 가장 훌륭한 논쟁을 할 수 있는 단 한 가지 방법이 있다는 결론에 도달했는데, 그 방법은 논쟁을 피하는 것이다. 방울뱀이 지진을 피해 다니듯이 논쟁을 피하라는 것이다.

십중팔구 논쟁의 결말은 논쟁자로 하여금 그가 절대로 옳았다는 이제까지의 생각을 더 한층 굳히게 마련이다.

논쟁에서 이긴다는 것은 불가능한 일이다. 당신이 졌을 경우에는 물론이고, 이겼다 해도 역시 진 거나 마찬가지인 것이다. 왜냐하면 가령 상대방을 꼼짝 못하게 공격했다 하면 그 결과는 어떻게 될까? 공격한 쪽은 기분이 좋아지겠지만 공격을 받은 쪽은 열등감을 갖게 되고 자존심이 상하여 분개할 것이다.

강제로 설득당한 사람은 절대로 생각을 바꾸지 않는다.

팬 상호생명보험회사는 설계사들을 위하여 다음과 같은 방침을 세워 놓았다.

논쟁하지 말라.

진정한 설계사의 자격은 논쟁을 잘하는 것이 아니라 논쟁을 피하는 것이다. 논쟁의 '논' 자도 필요 없다. 사람의 마음은 논쟁으로 바뀌는 것이 아니다.

몇 년 전 내 강습회에 패트릭 T. 오하일이라는 논쟁을 좋아하는 아일랜드인이 있었다. 그는 교육은 많이 받지 못했으나 논쟁하기를 몹시 좋아했다. 그는 한때 운전수로도 일한 적이 있었는데 트럭 판매원을 해 보다가 잘 안 되자 나를 찾아왔던 것이다.

몇 마디 질문을 해 보니 언제나 손님과 논쟁을 벌이고 대들었다는 것을 알았다. 만일 거래 상대방이 그가 팔려는 트럭 값을 깎으려고 무슨 말을 했을 경우, 그는 화를 있는 대로 내고 덤벼드는 것이다. 그리고 논쟁을 하면 대개 이기곤 했다. 그는 훗날 이렇게 말했다.

"나는 가끔 남의 사무실을 걸어 나오면서 '그만하면 내 말을 알아들었겠지!' 하고 혼잣말을 했습니다. 실상 그들이 알아듣도록 해 놓기는 했지만 트럭은 한 대도 팔지 못했습니다."

나의 첫 번째 문제는 패트릭 T. 오하일에게 말하는 법을 가르쳐주는 것이 아니라 그가 논쟁을 벌이지 않도록 훈련시키는 일이었다.

그 오하일 씨는 현재 뉴욕에 있는 화이트 자동차 회사의 으뜸가는

판매원이 되어 있다. 어떻게 하여 그렇게 되었을까?

여기서 직접 이야기한 경험을 들어보자.

"내가 지금 트럭을 팔러 갔다가 어느 고객에게 '뭐라고요? 화이트 트럭이라고요? 그건 좋지 않습니다. 저는 댁에서 거저 주신다 해도 받지 않을 것입니다. 저는 후제이트 트럭을 살 겁다' 하는 말을 들었다고 합시다. 그러면 나는 '물론입니다. 후제이트는 훌륭한 트럭입니다. 댁에서 후제이트를 사시게 되면 절대로 틀림없습니다. 후제이트는 일류회사에서 제작하고, 또한 정직한 판매원을 통해 파니까요' 하고 대답합니다.

이렇게 되면 그는 아무 말도 못 하고 맙니다. 논쟁의 여지가 없어지게 마련이죠. 그가 후제이트가 최고라고 말하고 내가 또한 그렇다고 맞장구를 치게 되면 할 말은 다한 거죠. 이쪽에서도 동의하고 있는데 공연히 후제이트가 최고라는 말을 하루 종일 되풀이할 필요는 없으니까요. 이렇게 된 뒤에 나는 화제를 바꾸어 화이트 트럭의 장점에 관하여 말하기 시작합니다.

전 같았으면 이런 말을 들은 나는 먼저 후제이트의 흠을 잡고, 또 흠을 잡으면 잡을수록 고객은 더욱 후제이트를 두둔하게 되는 법입니다. 그리고 그가 논쟁에 열을 낼수록 그는 내 경쟁사의 생산품에 더 열중하게 되어 버립니다. 지금 그때를 돌이켜보면 내가 과연 그렇게 해 가지고 무엇을 팔 수 있었겠나 하는 생각이 듭니다. 나는 말다툼과 싸움으로 줄곧 손해를 보아온 것입니다. 그러나 이제는 입을 다물고 있습니다. 덕분에 매출은 점점 늘고 있습니다."

벤저민 프랭클린은 곧잘 이런 말을 했다.

"논쟁을 하거나 반박을 하다보면 상대방을 이길 때도 있을 것이다. 그러나 그건 헛된 승리이다. 상대방의 호의를 절대로 얻을 수 없기 때문이다."

그러니 스스로 잘 생각해 보라. 이론 투쟁의 승리를 택할 것인가. 그렇지 않으면 상대방의 호의를 택할 것인가. 양자를 함께 차지할 수는 없을 것이다. 〈보스턴 트랜스 크립트〉에 언젠가 다음과 같은 평범한 시가 실린 일이 있었는데 참으로 의미심장한 것이었다.

한평생 올바르게 산다고 주장한
윌리엄 제이의 넋이 이곳에 누워 있노라
그는 마지막까지 올바른 길을 걸어왔다
그러나 평범한 사람과 마찬가지로 여기 누웠노라

끝까지 올바른 논쟁을 아무리 벌여 보아도 상대방의 마음은 바꿀 수는 없다. 그 점에 있어 부당한 이론을 주장하는 것과 무엇이 다르겠는가.

우드로 윌슨 내각의 재무장관으로 있던 윌리엄 G. 매카두는 그의 다년간의 걸친 정치생활에서 "논쟁을 통하여 무식한 사람을 이겨낸다는 것은 불가능한 일이다"라는 교훈을 배웠다고 말하고 있다.

매카두 씨는 '무식한 사람'이라고 에둘러 표현했으나, 나의 경험에 따르면 어떠한 사람일지라도 그의 지능지수 여하를 불구하고 그의 마음을 논쟁으로 바꾸려는 것은 절대로 불가능하다.

실례를 들어 보자. 소득세 고문역으로 있는 프레데릭 S. 파슨스 씨는 세무서의 조사관과 맞붙어 논쟁을 하고 있었다. 9,000달러가 좌우되는 어떤 항목에 관한 문제였다. 파슨스 씨는 이 9,000달러가 실제적으로 받을 수 없는 돈이라 이에 대한 과세는 잘못된 것이라고 주장했다.

"받을 수 없는 돈이라니오. 말도 안 됩니다. 이것은 과세 대상입니다."

조사관은 끝까지 과세 대상이라고 주장했습니다.

그에게는 이성이란 찾아 볼 수 없었으며, 명백한 근거를 들이대도 전혀 수긍하려 하지 않았습니다. 언쟁을 하면 할수록 그는 더욱 고집을 부리는 것이었습니다. 그래서 나는 그와 논쟁을 피하고 화제를 바꾸어 그를 칭찬하기로 했습니다.

"이 문제는 조사관께서 결정해야 될 다른 중요하고 어려운 문제에 비하면 참으로 하찮은 것입니다. 나 자신도 세무 고문을 하면서 세금 부과에 관한 것을 연구하여 왔으나, 나의 지식은 모두 책에서 나온 것에 지나지 않습니다. 당신의 지식은 현장 경험으로부터 얻은 것입니다. 나는 가끔 조사관 직업을 가졌으면 하고 생각할 때가 있습니다. 그래야 참된 지식을 터득할 수 있지 않겠습니까."

이렇게 나는 진심으로 말했던 것입니다.

그러자 조사관은 의자에서 허리를 펴고 뒤로 몸을 기대면서 그의 업무내용에 대하여 오랫동안 이야기하더니 그가 지능적 탈세사건을 적발한 공로담까지 털어 놓았습니다. 그의 말투는 차츰 친근해지더니 나중에는 자녀들에 관한 이야기까지 하게 되었습니다. 그는 떠나면서 내 문제를 좀 더 자세히 재검토해 본 뒤 수일 안으로 그 결과를 알려 주겠다고 말했습니다. 그는 사흘 뒤에 사무실로 찾아와서 세금을 부과하지 않기로 결정했다는 것을 알려 주었습니다.

이 세무 조사관은 인간에게 가장 보편적인 약점을 보여준 것이다.

그는 중요감을 원했던 것이다. 그가 피슨스 씨와 논쟁을 하는 동안 그의 권위를 큰 소리로 주장함으로써 중요감을 충족시켰던 것이다. 그러나 그의 중요성이 인정되고 논쟁이 끝나 그의 자아를 확대시킬 수 있게 되자 그는 동정적이고 친절한 인간으로 되돌아갔던 것이다.

나폴레옹 왕실의 수석 시종으로 있던 콘스탄트는 조세핀 황후와 가끔 당구를 쳤다. 콘스탄트는 《나폴레옹의 사생활 회고록》에서 다음과 같이 고백하고 있다.

"나는 상당한 기술을 가지고 있었지만 늘 그녀로 하여금 나를 이기도록 만들었는데, 이것이 그녀에게 대단한 기쁨을 주었던 모양이다."

이 고백은 귀중한 교훈을 가지고 있다.

우리도 고객이나 애인 또는 남편이나 아내와 말다툼이 생길 경우에는 승리를 상대방에게 양보하기로 하자.

석가모니는 이렇게 말했다.

"증오는 증오로써 막는 것이 아니라 사랑으로써 막는 것이다."

그리고 오해는 논쟁으로 푸는 것이 아니고 재치와 사교와 위로와 다른 사람의 견해를 받아들이는 동정적인 노력으로 풀 수 있는 것이다.

한번은 링컨이 동료들과 과격한 논쟁을 일삼고 있던 한 젊은 사관에게 이렇게 타이른 적이 있다.

"자기 향상을 위해서는 사사로운 논쟁에 시간을 낭비하지 않는 법이네. 논쟁 뒤에는 반드시 기분을 상하거나 자제력을 잃게 마련이라는 생각을 한다면 더욱 논쟁을 할 수 없을 것이네. 이쪽이 반쯤의 타당성밖에 없을 경우에는 아무리 중대한 일이라도 상대방에게 양보하게. 이쪽이 다 옳다고 생각되는 경우에도 작은 일이라면 양보하는 것이 현명하지. 이를테면 개에게 물려서 그 개를 죽인들 물린 상처는 치유될 수 없는 법이네."

[상대방을 내 편으로 만드는 설득의 기술 1]
논쟁에서 이기는 최선의 방법은 논쟁을 피하는 것이다.

테오도어 루스벨트가 백악관에 재임하고 있을 때, 자기가 생각하고 있는 것의 75퍼센트만이라도 옳다면 그 이상 바랄 것이 없노라고 고백한 일이 있다.

20세기의 위인이 이렇다면 우리는 어떻겠는가?

자기가 생각하는 것의 55퍼센트조차도 옳다고 확신할 수 없다면 어떻게 타인의 잘못을 지적할 자격이 있다고 할 수 있겠는가.

눈의 표정, 말의 억양, 또는 몸짓을 가지고도 상대방의 잘못을 지적할 수 있지만 이것은 드러내놓고 상대방을 꾸짖는 거나 다름없다. 도대체 무엇 때문에 상대방의 잘못을 지적하는가? 상대방이 동의할까?

천만의 말씀이다. 상대방은 자기의 지능, 판단, 긍지, 자존심에 충격을 받을 뿐이다.

이런 경우 그 사람은 오히려 반격해 오려고 할 뿐이지 결코 그의 마음을 바꾸려 들지는 않을 것이다. 이렇게 되면 당신은 플라톤이나 임마누엘 칸트의 모든 논리를 들고 나와서 그를 공박하게 될 것이지만, 그의 감정은 이미 손상된 뒤이기 때문에 그의 의견을 바꾸는 데는 아무런 효과도 없다.

"내가 그 이유를 설명하지"라는 말로 말문을 열면 절대로 안 된다. 이것은 "나는 당신보다 똑똑하다. 잘 설명해 당신 마음을 바꾸어 보겠다"라는 말과 마찬가지다. 그야말로 도전이다. 이것은 반발심을 일으켜 상대방으로 하여금 전투태세를 갖추게 하는 것이나 다름없다.

가장 부드러운 말로도 다른 사람의 마음을 바꾸게 하기가 어려운 일이다. 무엇 때문에 일을 어렵게 만드는가? 왜 스스로를 불리하게 만드는가?

만일 당신이 다른 사람을 설득하려거든 상대방이 눈치 채지 않게 끔 해야 한다. 당신이 하고자 하는 것을 누구도 알아차리지 못하도록 재치 있게 해야 한다.

영국 시인 알렉산더 포프는 이렇게 말했다.

"가르쳐주지 않는 듯이 남을 가르쳐주고, 상대방이 모르는 것은 그가 이미 알고 있는 것처럼 말해 주어라."

체스터필드 경이 그의 아들에게 말한 처세훈 가운데 다음과 같은 말이 있다.

"현명한 사람이 되도록 노력하라. 그러나 자기의 현명함을 남에게 말하지는 말라."

나는 곱셈의 구구법을 빼놓고는 20년 전에 믿고 있었던 일들을 지금은 믿고 있지 않다. 그런데 그 구구법마저도 아인슈타인의 책을 읽고 난 뒤에는 의심하기 시작했다. 아마 앞으로 20년 뒤에는 내가 지금 이 책에서 말한 것을 나 스스로도 믿지 않게 될지도 모른다. 현재도 모든 일에 있어 과거와 같은 확신을 갖지는 못하는 것이다.

"내가 알고 있는 오직 한 가지는 내가 아무것도 모른다는 것이다."

이 말은 소크라테스가 제자들에게 한 말이다.

나는 결코 소크라테스보다 더 똑똑하기를 바랄 수는 없기 때문에 남을 보고 옳지 않다고 말하지 않기로 작정했고, 그것이 또한 더 득이 된다는 것을 알게 되었다.

상대방이 잘못되었다고 생각될 때는, 생각뿐 아니라 사실 그것이 틀림없는 잘못이었을 때에도 이런 식으로 말을 꺼내야 할 것이다.

"사실 나는 그렇게 생각하지 않았습니다만…, 아마 저의 잘못일 겁니다. 저는 곧잘 그런 잘못을 저지르므로 잘못되었다면 바로잡아야 할 것이니 한번 이 문제를 검토해 봅시다."

이렇게 당신의 태도를 보이는 것이 좋은 방법일 것이다.

"아마 저의 잘못일 겁니다. 저는 곧잘 그런 잘못을 저지르죠. 한번 이 문제를 검토해 봅시다."

이 말속에는 놀라울 정도의 효력이 있다. 세상천지에 이 말에 반대하는 사람은 없을 것이다.

이것은 과학자들이 하는 방법이다. 나는 언젠가 북극권에서 11년 동안을 보내며 6년 동안 고기와 물만 먹으며 살아본 일이 있다는 유명한 탐험가이며 과학자인 스테판슨 씨와 면담을 가진 일이 있다. 그는 나에게 그가 실시한 어떤 실험에 관하여 이야기해 주었는데, 그때 그 실험을 통하여 무엇을 증명하려 했는가를 그에게 물어 보았다.

"과학자는 절대로 무엇을 증명하려 들지 않습니다. 다만 사실을 찾아내려 할 뿐입니다."

나는 그의 대답을 아직도 잊을 수가 없다. 우리도 사물을 과학적으로 생각해야 할 것이다. 마음만 먹으면 누구나 할 수 있을 것이다.

"아마 저의 잘못일 겁니다" 하고 말해서 말썽이 생길 염려는 절대로 없다. 오히려 이렇게 함으로써 모든 논쟁을 막고 상대방도 이쪽과 다름없이 관대하고 공정한 태도를 취하려 들 것이며, 자기도 잘못되지 않았나 하고 반성하고 싶은 마음이 생기게 될 것이다.

상대방이 옳지 않은 것이 확실할 경우, 그것을 노골적으로 지적하면 어떤 사태가 일어날까?

그 좋은 예를 하나 들어 보기로 하자.

뉴욕에 있는 젊은 변호사 S씨는 얼마 전 미합중국 고등법원에서 한 중요한 사건을 가지고 변론하고 있었다. 이 사건은 거액의 금전과 중요한 법률문제가 걸린 재판이었다.

변론이 진행되고 있을 때 재판관이 S씨에게 이렇게 물었다.

"해양법에 의한 기한 규정은 6년이 아니던가요?"

S씨는 말을 멈추고 잠시 판사를 바라보더니 서슴지 않고 말했다.

"판사님, 해양법에는 기한 규정이 없습니다."

S씨는 그때의 상황을 나의 강습회에서 이렇게 말했다.

"한순간 법정의 분위기는 물을 끼얹은 듯이 소롱하고 싸늘해졌습니다. 내 말이 옳았고 판사의 말이 틀린 것이기 때문에 그렇게 말한 것뿐입니다. 그러나 그 결과는 판사를 불쾌하게 만들어 놓고 말았습니다. 법은 확실히 내 편이었고 내 변론도 어느 때보다 훌륭했으나, 결과적으로는 그를 설득시키지 못하고 말았습니다. 높은 식견과 명성을 가진 분에게 당신이 옳지 않다고 말한 것이 나의 커다란 실수였던 것입니다."

논리적으로 행동하는 사람은 흔하지 않다. 우리 대부분은 아집에 사로잡혀 있거나 편협하다. 거의 모든 사람이 선입관, 질투심, 의심, 두려움, 시기, 자만 등으로 인하여 병들고 있다. 그리고 모든 사람들은 자신의 종교, 머리 스타일, 또는 클라크 게이블 같은 연예인에 대한 저마다의 생각을 바꾸려 하지 않는다. 그러므로 만일 당신이 남이 옳지 않다고 지적하고 싶어질 때는 다음 이야기를 읽은 뒤에 해주기 바란다.

이것은 하버 로빈슨 교수의 명저 《정신의 발달 과정》의 한 부분이다.

우리는 그다지 큰 저항을 느끼지 않고 자기 생각을 바꿀 경우가 흔히 있다. 그러나 남이 잘못을 지적하면 화를 내고 고집을 부린다. 사실 우리는 대수롭지 않은 동기로부터 여러 가지 신념을 갖게 된다. 그러나 그 신념을 누군가가 바꾸려 들면 우리는 한사코 반대한다. 이런 경우 우리가 중요시하고 있는 것은 분명히 신념 그 자체가 아니라 위기에 처한 자존심인 것이다.

'나의' 라는 간단한 말이 실은 우리 인간 생활에서는 가장 중요한 말이며, 이 말들을 잘 헤아려 활용할 수 있는 것이 사고의 출발점이다. '나의' 식사, '나의' 개, '나의' 집, '나의' 아버지, '나의' 조국, '나의' 하나님 등 이 모든 '나의' 가 같은 의미를 지니고 있다.

우리는 자기 것이면 시계든, 자동차든, 또는 천문, 지리, 역사, 의학, 그 밖의 지식의 잘못을 지적하면 몹시 화를 낸다. 우리는 진리로서 인정해 오던 것을 계속 믿고 싶어 하며, 그 신념을 뒤흔드는 것이 나타나면 분개한다. 그리고 어떻게 해서든지 구실을 붙여 믿어오던 신념에 매달리려고 한다. 결국 우리가 말하는 논쟁은 대부분의 경우 자기의 신념을 고집하기 위한 논거를 찾아내는 노력에 그치게 마련이다.

언젠가 나는 실내장식가에게 커튼을 만들게 한 일이 있는데, 그 뒤 청구서가 송달되었을 때 나는 기겁을 하고 말았다.

며칠 뒤 한 부인이 놀러 와서 그 커튼을 보게 되었다. 내가 비용에 관하여 이야기했더니 그녀는 자신에 찬 목소리로 이렇게 말했다.

"뭐라고요? 맙소사! 바가지를 쓰셨군요."

사실이다. 그녀는 옳은 말을 했을 뿐인데도 사람이란 자기의 어리석음을 폭로하는 것을 달갑게 여기지 않는 법이다. 나도 역시 사람인 고로 자신을 변호하려고 애를 썼다. 실상 가장 염가로 하는 것보다 더 좋은 일은 없을 것이지만, 품질 좋고 예술적 감각을 지녔을 것이라는 따위의 말로 변명했다.

다음날 다른 친구가 찾아왔는데 그녀는 오히려 이 커튼을 칭찬했을 뿐만 아니라, 자기도 돈만 있으면 이런 커튼을 했으면 좋겠다고 했다. 이에 대한 나의 반응은 선과는 성반대였다.

Human Relations, Persuasion Technique

"솔직히 말하자면 저는 이런 것을 살 만한 여유는 없습니다. 아무래도 바가지를 쓴 것 같아 주문한 일을 후회하고 있답니다."

우리는 자기의 잘못을 스스로 인정하는 일은 흔히 있다. 또 남으로부터 지적받았을 경우 상대방에게 부드럽게 솔직히 자기 잘못을 시인하고 오히려 자기의 솔직함과 도량 있는 마음에 대하여 긍지를 느끼게까지 되는 수도 있다. 그러나 상대방이 이 내 마음에 맞지 않는 사실을 강제로 밀고 들어오면 우리는 인정하려고 하지 않는다.

남북전쟁 무렵 미국의 유명한 신문사 편집장이던 호레이스 그릴리는 링컨의 정책에 정면으로 반대했다. 그는 조롱과 논박, 비난 등의 기사로 링컨의 생각을 바꾸어 보려고 몇 년 동안이나 안간힘을 써왔다. 링컨이 부스의 총탄에 쓰러지던 날에도 그는 링컨에 대해 불손한 인신공격을 퍼부었다.

그러나 이러한 혹독한 짓들이 링컨을 굴복시킬 수 있었을까? 천만의 말씀이다. 조소와 비난으로는 의견을 바꾸게 할 수가 없는 것이다.

당신이 만일 사람을 다루고 자기 인격을 닦는 방법을 알고 싶으면 벤저민 프랭클린의 자서전을 읽어보라. 누구나 읽기 시작하면 정신을 빼앗기고 말 것이다. 이 책은 미국 문학의 고전이기도 하다. 이 자서전에서 벤저민 프랭클린은 그가 어떻게 논쟁하는 나쁜 습관을 극복하고 미국 역사상 가장 유능하고 온화하며 사교적인 사람으로 자기를 변화시켰는가에 관해서 설명하고 있다.

벤저민 프랭클린이 혈기왕성한 젊은 시절의 어느날 퀘이커 교도인 한 친구가 그를 아무도 없는 곳으로 끌고 가더니 준엄한 설교를 했다.

"자네에게는 이제 희망이 없어. 의견이 다른 상대방에 대해서는 무섭게 대들며 논쟁을 하거든. 그게 싫어서 자네 의견을 묻는 이가 아무도 없지 뭔가. 자네 친구들은 자네가 옆에 없는 것을 더 좋아하고 있단 말일세. 자네는 자신이 척척박사인 줄 알고 있지. 그러니까 아무도 자네와 말을 하려 들지 않네. 사실 자네와 말을 나누면 언제나 기분이 나빠지니까 다시는 말을 하지 않는 거지. 그러니 자네 지식은 앞으로도 더 이상 늘 가망이 없네. 지금의 그 보잘것없는 지식 말고는 말야."

이 같은 날카로운 비판을 받아들이는 데 프랭클린의 위대함이 있는 것이다. 이 친구의 말대로 자기는 지금 파멸의 구렁텅이로 빠져들고 있다는 것을 깨달았기 때문에 그는 위대하고 현명했던 것이다. 그래서 그는 친구의 충고를 외면하지 않고 즉시 자신의 건방지고 완고한 생활 태도를 바꾸기 시작했다.

프랭클린은 다음과 같이 말하고 있다.

"나는 다른 사람의 의견을 정면으로 반대하거나 자기주장의 고집을 삼가도록 하는 것을 자신의 좌우명으로 삼았다. '확실히', 또는 '틀림없이' 따위와 같은 결정적인 의견을 표시하는 단어나 표현을 사용하지 않도록 하고, 그 대신 '이렇게 나는 생각한다' '… 추측한다' 또는 '현재로는 그렇게 보인다' 등의 말을 쓰기로 했다.

상대방이 분명히 잘못된 주장을 해도 그것을 곧 그 자리에서 반대하거나 상대방의 잘못을 지적하지 않기로 했다. 그리고 '그런 경우도 있겠지만, 그러나 이번 경우는 좀 사정이 다른 것 같군요.' 이런 식으로 말을 꺼냈다.

이처럼 종전의 방법을 바꾸어 보니 꽤 이로운 점이 많았다.

즉 내가 하고 있던 대화가 더 유쾌하게 진행될 수 있었던 것이다. 나의 의견을 이런 겸손한 방법으로 내놓게 되자 반응은 기분 좋게 나오고 반대는 줄어들었다. 자기의 잘못을 인정하는 일이 그다지 힘든 줄 모르게 되고 또 상대방의 잘못도 쉽게 인정시킬 수 있었다.

이 방법을 쓰기 시작하자 처음에는 자신의 성질을 억제하기에 꽤 고생을 했으나 끝내는 손쉽게 할 수 있게 되고 습관화되었다. 지난 50년 동안 내 입에서 독선적인 표현이 새어나가는 것을 들은 사람은 하나도 없을 것이다. 새로운 제도의 설정이나 낡은 제도의 개혁을 내가 제안하면 시민들이 곧 찬성해 준 것도, 또 시의원이 되어 시의회를 움직이게 된 것도 주로 나의 제2의 천성이 된 그 습관화된 방법 덕분이라고 생각한다. 본래 나는 말솜씨도 없고 언어 선택에도 시간을 끌고 적절한 말을 선택할 줄도 몰랐다. 그러나 대부분의 경우 나는 나의 주장을 관철할 수 있었다."

벤저민 프랭클린의 이러한 방법들은 비즈니스에서 어떤 역할을 했을까?

두 가지 예를 들어 보기로 하자. 뉴욕 시 리버티 거리에서 정유업에 필요한 특수 기재를 판매하는 F. J. 마호니 씨의 이야기다. 그는 롱아일랜드에 살고 있는 어떤 고객으로부터 주문을 받은 일이 있었다. 구매자가 그 기계장치에 대한 이야기를 그의 친구들에게 말하자 그들은 그 장치에는 중대한 결함이 있다고 말했다. 큰일 날 뻔했다는 구매자는 그 장치가 너무 넓다느니 짧다느니 하고 트집을 잡기 시작했다. 그러다가 결국은 마호니 씨를 전화로 불러 제작중인 주문품을 인수할 수 없다고 말했다. 그때의 상황을 마호니 씨는 다음과 같이 말했다.

"나는 그 제품을 신중하게 재점검해 본 결과 우리 쪽에 잘못이 없다는 것을 확신했습니다. 그와 그의 친구들이 무슨 말을 주고받았는지 나는 잘 알고 있었으나, 그렇다고 내 입으로 그 말을 그에게 해주면 일이 더 난처하게 될 것이라고 짐작했습니다. 그래서 직접 그를 만나 보기 위해 롱아일랜드로 떠났습니다. 내가 그의 사무실에 들어서자 그는 벌떡 일어나더니 나에게 달려들면서 성급하게 이야기하기 시작했습니다. 그는 너무 흥분하여 주먹을 쥐고 떨며 말했는데, 내 기재와 나에게 욕을 퍼부으며 이렇게 말을 맺었습니다.

'자, 이제 기재를 어떻게 하겠다는 말이오?'

나는 아주 조용하게 당신이 하라는 대로 하겠다고 대답했습니다. 그러고는 '당신은 이 물건 값을 치를 분입니다. 그러니 원하는 물건을 사들이셔야겠죠. 그러나 누구든 이 일에 대한 책임은 져야 할 것입니다. 당신이 옳다고 생각하신다면 새로운 설계도를 저희한테 주십시오. 그리고 우리는 이 일을 위하여 2,000달러를 썼지만 이것은 우리가 손해를 보죠. 그러나 우리가 당신 주장에 따라 제조했을 때는 그에 대한 책임은 당신이 져야 한다는 것입니다. 그러나 저희들이 설계한 바에 따라 제작하도록 맡겨 주신다면, 실상은 아직까지도 이 방법이 옳은 것이라고 믿고 있습니다만, 저희들이 그것에 대한 책임을 지겠습니다' 하고 말했습니다.

내 말이 끝날 무렵에는 그의 흥분도 얼마쯤 가라앉아 있었습니다. 그는 마침내 '좋소, 그렇게 해 보시오. 그러나 잘 안 된다면 그때는 모든 책임을 져야 합니다' 하고 말했습니다. 결국 그때의 내 판단은 적중했습니다. 그래서 한 계절 동안 똑같은 주문을 두 개나 그에게서 받게 되었습니다. 이 친구가 나를 모욕하며 기계를 제대로 만들 줄도 모르는 자라고 떠들어 댔을 때, 나는 논쟁을 피하려고 최대한 자제력을 발휘했습니다.

참으로 대단한 자제가 필요했지만 보람이 있었습니다. 만일 내가 그때 그의 옳지 않은 점을 지적하고 논쟁을 시작했더라면 그 다음에는 소송으로 가거나 감정이 악화되어 경제적 손실과 나아가서는 귀중한 고객을 잃고 마는 결과들이 뒤따랐을 것입니다. 그렇습니다. 상대방의 잘못을 지적하는 일이 결코 이로운 결과를 가져오지 않는다는 것을 확신합니다."

또 하나의 예를 들어 보자.

이런 이야기는 세상에서 흔히 있는 이야기다.

R. U. 크롤리는 뉴욕에 있는 가드너 W. 테일러 목재회사의 판매원이다. 크롤리는 수년 동안이나 고집쟁이인 목재 검사원과 논쟁을 벌여왔고 논쟁을 할 때마다 상대방을 꼼짝 못하게 만들어 놓곤 했다. 그러나 결과는 그다지 좋지 못했다.

"이들 목재 검사원은 야구심판관과 마찬가지로 한번 판정을 내리면 그것을 절대로 바꾸지 않거든요."

이것은 크롤리의 말이다.

크롤리는 논쟁에서 이기기는 했는데 회사는 몇천 달러의 손해를 보고 있다는 것을 알게 되었다. 그래서 그는 내 강습회에 참가하고 지금까지의 방법을 바꾸어 논쟁을 포기하기로 마음먹었다. 결과는 어떠했을까?

　여기에 그가 우리 강습회에서 이야기한 내용을 소개한다.

　"어느날 아침 내 사무실의 전화벨이 울렸습니다. 성난 듯한 목소리로 우리 회사가 그의 공장으로 보낸 차량의 목재가 마땅치 않다는 것을 알려온 것입니다. 그의 회사는 하차를 중단하고 있으니 빨리 반송해 가라고 요청이 왔습니다. 화차의 짐이 4분의 1가량 부려졌을 때 그 목재 검사원이 이 목재는 반수 이상의 불합격품이 섞여 있다고 했기 때문이라고 했습니다.

　나는 곧 상대방의 공장으로 향했는데 가는 길에 최선의 수습 방안을 생각해 보았습니다. 여느 때 같으면 이러한 경우에 나는 자신이 목재 검사원으로 있었을 때의 경험과 지식을 활용하여 먼저 규격, 규정을 인용한 뒤에 그 검사원으로 하여금 이 목재가 실제로는 규격 이상이며 검사하는 데 있어서 규정을 잘못 해석하고 있다고 확신케 하도록 노력했을 것입니다. 그러나 나는 이번 교육에서 습득한 원칙을 적용해 보아야겠다고 마음먹었습니다.

　내가 공장에 도착하니 구매부 직원과 검사원이 화가 잔뜩 나서 금방이라도 달려들 것 같은 기세였습니다. 나는 그들과 함께 현장으로 가서 어쨌든 목재를 풀어 내리라고 했습니다. 그리고 검사원에게는 지금까지 하고 있던 대로 불합격품을 골라서 옆에 놓도록 부탁했습니다. 얼마 동안 그가 하고 있는 것을 보고 있으려니 그의 검사 방법이 너무 가혹하고, 규정도 잘못 해석하고 있다는 것이 눈에 띄었습니다. 이 문제의 목재는 백송이었는데 그 검사원은 단단한 목재에 대해서는 깊은 지식을 갖고 있었으나 백송에 대해서는 아무것도 모르는 낙제생이었습니다. 백송 목재에 대해서는 내가 전문이었습니다. 그러나 나의 전문지식으로 그의 검사 방법에 이의를 제기할 수는 없었습니다. 절대로 그래서는 안 된다고 생각했습니다.

나는 검사하는 것을 계속 바라보고 있다가 어떤 점에서 만족스럽지 않은가를 슬며시 물어 보았습니다. 나는 단 한마디라도 검사원이 옳지 않다는 뜻을 비치지 않고, 다만 내가 묻는 까닭은 앞으로 이 회사에 목재를 납품할 때를 대비해서 이 회사가 원하는 것이 무엇인가를 확실히 알아 둘 필요가 있어서 그러는 것이라고 강조했습니다.

상대방이 하는 대로 내버려 두고 협조적이고 친근한 태도로 묻다 보니 상대방의 마음도 풀리고 험악했던 분위기도 가시기 시작했습니다. 내가 가끔 던지는 주의 깊은 질문이 상대방에게 반성의 계기를 주었습니다. 자기가 불합격이라고 골라 놓은 목재는 따지고 보면 자기가 주문의 등급 기준을 높이 적용했기 때문인지도 모른다는 생각이 든 모양이었습니다. 나로서는 바로 그 말이 하고 싶었지만 그런 눈치는 조금도 보이지 않았습니다.

차츰 그의 태도는 조금씩 달라져 갔습니다. 마지막에 가서는 그가 백송에 대해서는 경험이 없다는 것을 인정하고 목재 하나하나가 차에서 내려지는 동안 여러 가지 모르는 것을 나에게 묻기까지 했습니다. 나는 이 목재는 모든 규정된 규격 안에 들어간다는 것을 설명하고 싶었지만 그런 말은 하지 않고 그들의 소용에 합당하지 않다면 안 받아도 좋다는 점을 확실히 해 두었습니다.

그는 마침내 그가 매번 불합격품이 아닌 것을 불합격으로 오인한 것이 자기 회사 측의 잘못이라는 것을 인정하기에 이르렀습니다. 애초에 더 상위 등급을 주문할 걸 그랬다고 말했습니다. 그는 내가 떠난 뒤에 우리가 보낸 목재 모두를 다시 검사하고는 전량을 인수하고서 이에 대한 대금 전액을 송금해주었습니다.

이 한 가지 예만으로도 사소한 배려와 상대방의 잘못을 지적하지 않는다는 마음가짐으로 우리 회사에 1,500달러에 달하는 수익을 올리고, 금전으로도 바꿀 수 없는 신뢰를 받게 되었던 것입니다."

이 장에서 말한 것은 결코 새로운 것은 아니다. 1,900여 년 전 예수님께서는 이렇게 말했다.

"그대의 적과 빨리 화해하라."

다시 말하면 상대방이 누구든 논쟁하지 말라는 것이다. 상대방의 잘못을 지적하여 화를 돋우지 말고 완곡한 방법을 이용하라.

기원전 2,200 년 이집트 왕 아크토이는 그의 아들에게 이렇게 말했다.

"다른 사람을 납득시키려면 상대방의 감정을 상하게 하지 말고 완곡한 방법으로 하라."

[상대방을 내 편으로 만드는 설득의 기술 2]
다른 사람의 의견에 경의를 표하고 절대로 상대방의 잘못을 지적하지 말라.

내가 살고 있는 곳은 뉴욕의 중심부다.

그런데 우리 집 바로 옆에 원시림이 있으니 재미있는 일이다. 이 숲속에는 봄이 되면 산딸기 꽃이 하얗게 피고, 다람쥐가 집을 짓고 새끼를 치며, 잡초는 말 키만큼이나 무성히 자라고 있다. 이 자연의 숲은 퍼레스트 파크라고 불리고 있는데, 이 숲의 모습은 콜럼버스가 미국을 발견했을 때나 지금이나 그다지 다를 것이 없다.

나는 자그마한 보스턴 산 블독인 랙스와 함께 이 공원을 가끔 산책한다. 랙스는 사람을 잘 따르는 개로 결코 남을 해치는 일은 없다. 그리고 공원에서는 사람을 만나는 일이 거의 없으므로 목에 줄도 안 매고 입마개도 하지 않고 데리고 다닌다.

어느날 우리는 공원에서 말 탄 경찰관과 마주쳤다. 그 경찰관은 꽤나 위엄을 보여주고 싶었던 모양이다.

"입마개도 목줄도 없는 개를 공원에서 제멋대로 뛰어다니게 놓아

두면 어떻게 하자는 말씀입니까? 법에 위반된다는 것을 모르십니까?"

경찰관이 이렇게 꾸짖기에 나는 부드럽게 대답했다.

"네, 알고 있어요. 그러나 이 개는 누구를 해치는 일이 없으므로 걱정할 필요가 없다고 생각합니다."

"아니, 생각할 필요가 없다고요? 법은 당신이 생각하는 것과는 다릅니다. 저 개는 다람쥐를 죽일 수도 있고, 아이들을 물 수도 있지 않습니까? 이번만은 용서해 드리겠으나, 또 다음에 저 개가 입마개와 목줄을 하지 않은 것이 발견되면 그때는 벌금을 물릴 것이니 그리 아십시오."

나는 앞으로는 지키겠다고 얌전하게 약속했다.

사실 나는 약속을 지켰다. 그러나 며칠 뒤에는 개가 입마개를 하는 것을 싫어하고 나 자신도 그것을 싫어했기 때문에 우리는 들키면 혼날 각오를 하고 그대로 나갔다. 한동안은 별일 없이 지나갔다. 그런데 어느날 올 것이 왔다. 나와 랙스가 언덕길을 달려 올라가니 불쑥 엄숙한 법의 수호자가 밤색 말을 타고 나타났다. 나는 당황했으나 랙스는 아무것도 모르고 곧장 경찰관 쪽으로 달려갔다. 마침내 일은 성가시게 되었다. 나는 체념하고 경찰관의 말이 나오기 전에 선수를 쳤다.

"경찰관님, 이번은 정말 드릴 말씀이 없게 되었습니다. 제가 잘못했습니다. 변명할 말도 없습니다. 당신은 지난주에 이 개를 입마개와 목줄을 하지 않고 다시 끌고 나오면 벌금을 물릴 것이라고 경고한 일이 있으니까요."

"그렇기는 한데 이렇게 주위에 아무도 없을 때에는 풀어놓고 싶기는 하겠군요. 이렇게 작은 개니까요.”

경찰관의 목소리는 부드러웠다.

“괜찮겠습니다. 저렇게 순한 강아지가 누구를 해치겠소!”

경찰관은 오히려 이렇게 말했다.

“아닙니다. 혹시 다람쥐를 죽일 수도 있지 않겠습니까?”

내가 말했다.

“보십시오. 당신은 너무 심각하게 생각하고 계십니다. 자, 이렇게 하십시오. 내가 보지 않는 곳에서 그 개를 뛰어놀게 하라는 말씀입니다. 그리고 이 문제는 그냥 넘어갑시다.”

그 경찰관도 사람이기 때문에 역시 중요감이 충족되기를 원했던 것이다. 그래서 내가 스스로를 나무라기 시작하자 그의 자부심을 만족케 하는 방법은 나를 용서해 주는 아량 있는 태도를 보여 주는 일이었다.

그러나 내가 자신을 변명하려고 애썼다고 가정해 보자. 경찰관과 논쟁을 하면 어떤 결과가 온다는 것쯤은 독자들도 잘 알고 있을 것이다.

자기가 잘못되었다는 것을 알게 되면 상대방을 나무라기 전에 자기 스스로를 꾸짖는 편이 훨씬 유쾌하지 않은가. 타인의 비난보다도 자기비판을 하는 것이 훨씬 마음 편할 것이다. 자기에게 잘못이 있다는 것을 알게 되면 상대방이 말하기 전에 자기가 앞질러 말해버리는 것이다. 그러면 상대방도 할 말이 없어진다. 십중팔구 상대방은 관대해지고 이쪽 잘못을 용서하는 태도로 나올 것이다.

나와 랙스를 용서해 준 기마경찰관처럼 말이다.

상업미술가 퍼디난드 E. 와렌은 이 방법으로 까다롭고 신경질적인 어떤 미술품 구매자의 호감을 사게 된 일이 있다.

"광고나 출판을 목적으로 한 그림은 섬세하고 정확한 것이 무엇보다도 중요합니다."

와렌 씨는 이렇게 전제해 놓고 이야기하기 시작했다.

"어떤 미술 편집자는 의뢰 즉시 제작을 요청해 오는데, 이러한 경우에는 사소한 실수가 생길 수 있는 법입니다. 내가 알고 있는 한 미술편집자는 늘 사소한 실수를 찾아내는 것을 즐기는 성미였습니다. 나는 그의 비평 내용이 아니고, 그의 비평 방식에 화를 내곤 했습니다. 이 편집자가 나에게 급한 일을 맡겨 그림을 그려 준 적이 있었습니다. 얼마 안 되어 그는 전화로 나를 그의 사무실로 와 달라고 했습니다. 잘못된 것이 있다는 것입니다. 그의 사무실에 가보니 과연 내가 예측하고 또한 걱정했던 일이 나를 기다리고 있었습니다. 그는 나를 보자 혹평을 가했습니다. 나는 내가 연구하고 있던 자기비판을 응용할 호기가 왔던 것입니다.

'저는 오랫동안 당신의 도움을 받고 있는데 이만한 일쯤은 충분히 알고 있어야 할 텐데 이 모양이니 참 부끄럽습니다' 하고 나는 말했습니다. 이 말이 끝나자마자 그는 나를 감싸주기 시작했습니다.

'당신 말이 옳소. 그러나 아무튼 이 실수는 대수로운 것이 아니니까…' 나는 그의 말을 가로막고는 '어떤 실수라도 실수는 실수입니다. 정말 기분을 상하게 하는 것입니다' 라고 말하자 그는 내 말을 가로채려 했으나 나는 말할 기회를 주지 않았습니다. 그때 나는 정말 유쾌했습니다. 자기비판을 하기는 난생처음이었지만 해보니 꽤 재미있는 것이었습니다.

'더 신중히 일을 했어야 했는데 그만… 당신은 저에게 많은 일거리를 주셨으니, 일도 최고로 해 드려야 하지 않겠습니까? 모두 다시 그려 보도록 하겠습니다' 하고 말했습니다. 그러자 그는 '아닙니다. 그렇게까지 일을 복잡하게 할 생각은 없었습니다' 하고 부드럽게 나오는 것이었습니다. 그러고는 내 작품을 칭찬하고 그냥 조금 수정해 주면 된다고 하며, 내가 저지른 잘못으로 손해를 본 것도 아니고 따지고 보면 하찮은 문제니까 그렇게 걱정할 필요는 없다는 것입니다. 내가 정색을 하고 자기비판을 하자 상대방의 기세가 꺾인 것입니다. 그는 나를 점심식사에 끌고 가서 헤어질 때 그림값과 다른 일거리 하나를 또 주는 것으로 이 사건은 끝났습니다."

아무리 바보라도 자기 잘못을 변명할 줄은 안다. 실상 모든 바보가 그렇게 변명한다. 자신의 실수를 인정한다는 것은 그 인간의 값어치를 끌어올리고 스스로도 뭔가 고결한 느낌으로 기쁨을 맛보게 되는 것이다.

여기 한 예로 남북전쟁의 남군 총사령관 로버트 E. 리 장군의 전기에 기록된 미담 하나를 소개한다. 게티스버그 전투에서 부하인 피켓 장군이 행한 돌격의 실패를 리 장군이 혼자서 책임진 이야기다.

피켓 장군의 돌격작전은 서양 역사상 드물게 빛나는 것이다. 피켓 장군은 용감한 군인으로 적갈색 머리를 길게 길러 어깨까지 닿을 정도였다. 이탈리아 전투 때의 나폴레옹처럼 싸움터에서 날마다 열렬한 연애편지를 쓴 사람이었다.

그가 기세당당한 모습으로 모자를 오른쪽 귀 위로 비스듬히 쓰고

6월의 어느 오후, 연방군 전방을 향해 말을 몰고 나타났을 때, 충성스런 그의 군대는 그에게 열광적인 환호를 올렸다. 그들은 군기를 바람에 휘날리고 총검을 번쩍이며 장군의 뒤를 따랐다. 참으로 용감한 광경이었다. 이 당당한 진군을 보고 있던 적진에서도 감탄의 소리가 퍼졌다. 피켓의 돌격대는 적탄도 두려워하지 않고 들을 지나 산을 넘어 진격했다.

세미터리 리즈에 이르렀을 때, 갑자기 돌담 뒤에서 북군이 튀어나와 무방비 상태에 있던 피켓 부대에 맹렬하게 일제 사격을 가해 왔다. 세미터리 리즈의 언덕 위는 화염으로 뒤덮이고 아수라장으로 변했다. 순식간에 피켓 부대 지휘관들은 한 사람만을 빼놓고 모두 죽었으며, 5,000 병력 중 5분의 4가 쓰러졌다.

아미스테드 장군이 살아남은 병사들을 이끌고 최후의 돌격을 감행했다. 돌담을 타고 앉아 칼끝에 모자를 얹어 큰 소리로, "돌격! 돌격!" 하고 소리쳤다. 돌담을 뛰어넘어 적진으로 쳐들어간 남군은 치열한 육박전 끝에 남군 군기를 세미터리 리즈 위에 꽂아 놓았다. 그러나 그것도 잠깐이었다. 그 잠깐이 남군의 마지막 승리였던 것이다.

피켓의 전투는 비록 찬란하고 영웅적인 것이었으나, 실은 그것이 남군 패배의 시작이었던 것이다. 리 장군은 실패한 것이다. 북군을 무찔러 이긴다는 희망은 마침내 사라져 버린 것이다.

남부연방의 운명은 결정되었다.

실망한 리 장군은 사표를 내고 남부연방 대통령 제퍼슨 데이비스에게 더욱 젊고 유능한 사람을 대신 임명해 줄 것을 요청했다. 그가 만일 피켓 싸움의 처참한 패배의 책임을 다른 사람에게 돌리려고 마음만 먹었더라면 얼마든지 충분한 이유를 찾아 낼 수 있었을 것이다.

그의 사단 사령관들 중 몇은 그의 명령을 어긴 이도 있었다. 기병대도 보병 공격을 지원하기 위하여 적시에 도착하지 않았다. 그 밖의 여러 가지 이유를 들 수도 있었던 것이다.

그러나 리 장군은 남을 책망하기에는 너무나 고결한 위인이었다. 피켓의 전투에서 패배한 피투성이 군대가 남부연방군 전선으로 후퇴해 왔을 때, 로버트 E. 리 장군은 몸소 말을 타고 단신 그들을 맞이하여 엄숙한 말씨로 이렇게 자책의 마음을 털어 놓았다.

"모든 것이 나의 잘못 때문이었소. 이번 전투의 패배 원인은 다름 아닌 나 자신이오."

자신의 잘못을 이렇게 인정할 수 있는 용기와 인격을 가진 장성들이 지구 역사상에 과연 몇이나 있을까.

앨버트 허버드는 참으로 독창적인 작가지만, 그 사람만큼 국민의 감정을 자극한 작가도 없을 것이다. 그의 신랄한 문장은 가끔 혹독한 반발을 일으키곤 했다. 그런데 그의 사람 다루는 능숙한 솜씨는 또한 적을 내 편으로 끌어들이기도 했다.

이를테면 독자들로부터 혹독한 항의가 들어왔을 경우 그는 곧잘 다음과 같은 편지를 썼다.

'직접 오셔서 연구해 봅시다. 본인 자신도 그 문제에 대해서는 많은 의문을 느끼고 있습니다. 어제의 내 의견이 반드시 오늘의 내 의견은 아닙니다. 그 문제에 대하여 귀하가 생각하고 계시는 것을 알고 싶습니다. 이곳에 오시는 기회가 있으면 본인을 찾아 주십시오. 그때 이 문제를 한번 허심탄회하게 이야기해 봅시다.'

당신을 이처럼 대해주는 사람에게 무어라고 말하겠는가.

우리가 옳은 경우에는 점잖게 기술적으로 사람들이 우리의 사고방식에 따르도록 노력할 것이며, 우리가 옳지 않을 경우에는(이런 경우는 실상 놀랄 만큼 많이 있다) 당장, 그리고 진심으로 이 과오를 인정하자. 이러한 방법은 예측한 것보다 더 큰 효과가 있다.

괴로운 변명보다 이렇게 하는 편이 훨씬 유쾌한 기분을 가질 수 있는 것이다. 격언에도 '지는 것이 이기는 것이다' 라는 말이 있다.

[상대방을 내 편으로 만드는 설득의 기술 3]
자기의 잘못을 먼저 솔직하게 인정하라.

04 부드럽게 말하라

화가 났을 때 상대방을 마음껏 욕해 주면 기분이 후련할지도 모른다. 그러나 욕을 들은 사람의 기분은 어떨까? 싸움이라도 하는 듯한 험한 말투로 욕을 듣고 나서 기꺼이 이쪽이 원하는 대로 움직여 줄까?

우드로 윌슨 대통령은 이렇게 말했다.

"만일 상대방이 우격다짐으로 나온다면 이쪽에서도 우격다짐으로 대해 준다. 그렇지 않고 저쪽에서 '서로 잘 의논해 가면서 의견 차이가 있으면 그 이유나 문제점을 규명해 봅시다' 하고 부드럽게 나오면 곧 그러한 견해 차이는 그리 대단치 않은 경우 상호간의 인내와 솔직성과 선의를 가지면 해결할 수 있음을 알게 된다."

이 윌슨의 말을 누구보다도 잘 이해한 사람은 다름 아닌 존 D. 록펠러 2세였다. 1915년의 록펠러는 콜로라도 주의 주민들로부터 많은 미움을 받고 있었다. 미합중국 산업사상 보기 드문 대규모 파업이 2

년 동안이나 콜로라도를 뒤흔들었고, 록펠러가 경영하는 회사에 대해 임금인상을 요구하는 종업원들은 살기가 등등했다. 회사의 건물이 파괴되고 군대까지 출동했으며, 나중에는 총을 쏘는 유혈소동을 빚을 정도에 이르렀다.

이와 같은 대립 격화의 와중에서 록펠러는 어떻게 해서든지 상대방을 설득시키려고 생각했다. 그리고 마침내는 그 생각을 실천해 내고 말았다. 그러면 그가 어떻게 그 일을 감당해냈을까를 소개한다.

그는 몇 주간에 걸쳐 화해를 시도한 끝에 파업 측 대표자들을 모아 놓고 이야기했다. 그때에 한 연설은 더할 나위 없이 훌륭했고, 기대 이상으로 좋은 성과를 거두었을 뿐만 아니라 록펠러를 둘러싸고 소용돌이치던 증오의 물결도 가라앉고 많은 친구를 만들 수 있었다. 록펠러는 이 연설에서 우정 넘치는 태도로 사실을 순리적으로 설명했다. 그러자 노동자들은 그처럼 강경히 주장했던 임금인상에 대하여 아무 말도 하지 않고 각자의 일자리로 돌아갔던 것이다.

그때의 연설 첫 대목만 인용해 보기로 하자. 그것이 얼마나 성실과 호의에 넘쳐흐르고 있었나를 한번 음미해 보자.

록펠러는 바로 몇 분 전까지만 해도 그의 목을 졸라 죽여도 시원치 않을 것처럼 난폭하게 적의를 가지고 날뛰던 사람들을 상대로 매우 우호적인 어조로 조용히 말을 시작했다. 사실 어느 자선단체를 상대로 말을 했더라도 이보다 더 부드럽고 정중할 수는 없었을 것이다.

"저는 이 자리에 나와 이야기하게 된 것을 매우 자랑스럽게 생각합니다. 여러분의 가정을 찾아보고 가족들도 만나 보았으므로, 우리는 낯모르는 남이 아니라 서로 잘 아는 친구로서 만나고 있는 것입니다. 우리들 상호간의 우정, 우리들의 공통된 이해관계, 제가 오늘 이 자리에 나올 수 있었던 것도 오로지 여러분의 신뢰의 선물이라고 생각하고 있습니다."

이렇게 친근함과 신뢰하는 말들이 그 연설의 서두를 장식했다.

"오늘은 저의 생애에 있어서 각별히 기념할 날입니다. 이 대회사의 근로자 대표 및 간부사원 여러분과 자리를 같이하여 이야기할 수 있는 기회를 가지게 되었음은 저에게 다시없는 행운입니다. 저는 이 자리에 나온 것을 대단히 영광스럽게 생각하는 바입니다. 오늘의 이 모임은 오래오래 저의 기억에 남을 것입니다. 만일 이 회합이 2주일 전에 열렸다면 아마 저는 극소수의 몇 분을 제외한 대부분의 사람들과 얼굴도 익지 않은 낯선 존재에 불과했을 것입니다.

저는 지난주에 남광구의 직장을 일일이 방문하여 마침 부재중이었던 사람들을 빼놓고는 거의 모두, 그곳 대표자들과 간곡하고 격의 없이 의견을 교환했으며, 또 여러분의 가정을 방문하여 가족 분들과도 이야기할 수 있었습니다. 따라서 지금 우리들은 서로 낯선 사람끼리가 아니라 친구로서 만나고 있는 것입니다. 이와 같은 우리들 상호간의 우정에 입각하여 저는 우리들의 공통된 이해관계를 여러분과 더불어서 의논하고자 합니다.

이 회합은 회사의 간부사원과 근로자 대표 여러분이 주최하신 것으로 알고 있습니다. 간부사원도 아니고 근로자 대표도 아닌 제가 오늘 이 자리에 나올 수 있었던 것은 오직 여러분의 신뢰의 선물인 줄 알고 있습니다. 저는 간부 사원도 근로자도 아니지만, 주주와 임원의 대표자라는 의미에서 여러분과 밀접한 관계가 있다고 생각합니다."

이것이야말로 적을 우군으로 만드는 방법의 한 본보기라고 할 수 있을 것이다.

만일 록펠러가 다른 방법으로 토론을 하고 잘잘못을 가려 잘못은 근로자 측에 있다고 몰아가거나 했다면 일이 어떻게 되었을까? 그야말로 불난 집에 부채질하는 결과였으리라는 것은 너무도 뻔한 일이다.

이와 비슷한 말을 링컨은 이미 100년 전에 한 바 있다.

"1갤런의 쓴 물보다는 한 방울의 꿀을 쓰는 편이 더 많은 파리를 잡을 수 있다"라는 옛 격언은 어느 시대에나 들어맞는 말이다. 인간에게도 이 같은 말을 할 수가 있다. 만일 상대방으로 하여금 내 의견에 찬성케 하려면 먼저 여러분이 그의 편이라는 점을 알려 주어야 한다. 이것이 곧 사람의 마음을 잡는 한 방울의 꿀이며, 상대방의 이성에 호소하는 최선의 방법인 것이다.

경영자들 중에는 파업자 측과 우호적인 입장에 서는 것이 자신의 이익이 된다는 점을 깨닫기 시작한 사람들이 있다. 그 한 예를 들어 보자.

화이트 모터 회사의 2,500명의 종업원이 임금인상과 유니언 숍(근로자 전원 노조가입 제도) 채용을 요구하는 파업에 돌입했다. 사장인 로버트 F. 블랙은 종업원에 대해서 조금도 감정을 보이지 않고 오히려 그들이 평화적인 태도로 파업에 들어갔음을 클리블랜드 신문지상에 칭찬해 주었다. 피켓을 들고 있는 사람이 무료해 보이는 것을 보고는 야구 장비를 사 주면서까지 공터를 이용해서 야구를 권장했고 볼링 애호가에게는 볼링장을 빌려 주었다.

경영자 측이 취한 이러한 우호적인 태도는 엄청난 효력을 발휘했다. 즉 우정이 우정을 낳았던 것이다. 종업원들은 청소도구를 어디선가 빌려다가 공장 주위를 청소하기 시작했다. 한쪽으로는 임금인상과 유니언 샵 실시를 위하여 투쟁하면서도 또 한쪽에선 공장 주위를 청소하는 것이다. 이 얼마나 흐뭇한 광경인가. 날카로운 쟁의로 특징지어지는 미국 노동사상 일찍이 볼 수 없었던 정경이었다. 이 파업은 1주일이 못 되어 타결되었다. 쌍방에 아무 적의도 없이 끝나 버렸다.

대니얼 웹스터는 뛰어난 웅변과 당당한 풍채의 소유자로서 자기의 주장을 관철하는 데 있어서는 그를 능가할 변호사가 없었다. 그러나 아무리 격렬한 토론을 할 경우에도 그는 매우 조용한 태도로 말을 시작했다. 결코 고압적인 말투는 쓰지 않았다. 자기의 의견을 상대방에게 강요하려고도 하지 않으며 조용히 허심탄회한 태도로 임한다. 이것이 그를 성공케 한 핵심이었던 것이다.

당신이 노동쟁의의 해결을 의뢰받거나 피고의 변호를 의뢰받는 일은 없을지라도 집세나 지대를 싸게 해달라고 하는 경우는 흔히 있을 것이다. 그러한 사람에게 이 정중한 화법이 얼마나 큰 도움이 되는가를 한번 살펴보기로 하자.

O. L. 스트로브라는 기사가 방세를 깎아 보려고 했다. 그런데 그 집주인은 아주 소문난 구두쇠였다. 다음은 그가 나의 강습회에서 공개한 이야기이다.

"나는 계약기간이 만료하는 즉시 아파트를 나가겠노라고 주인에게 통보했습니다. 그러나 실제로는 나가고 싶지 않았습니다. 집세를 싸

게만 해 준다면 그대로 그 집에서 살고 싶었던 것입니다. 그러나 집세를 깎는다는 것은 아주 비관적이었습니다. 다른 임차인들 가운데 하나도 집세 인하 시도에 성공한 사람이 없었고 그 집주인처럼 다루기 힘든 사람은 없노라고 모두들 말했습니다. 그러나 나는 강습회에서 인간 처세론을 배운 바 있으니 그것을 한번 이 집주인에게 응용하여 효과를 시험해 보고야 말겠다고 마음속으로 생각했습니다.

내 통고를 받은 집주인은 곧 비서를 데리고 나타났습니다. 나는 웃는 얼굴로 집주인을 맞아들이고 마음으로부터의 호의를 표시했습니다. 집세가 비싸다는 이야기는 전혀 하지 않았습니다. 먼저 나는 이 아파트가 대단히 마음에 든다는 이야기를 했습니다. 사실 나는 아낌없는 찬사를 보냈고 아파트의 관리에 대해서도 크게 경탄을 금할 수가 없다고 말하면서 적어도 1년쯤은 더 있고 싶은데 사정이 허락지 않으니 유감천만이라는 점을 집주인에게 이야기했습니다. 주인은 지금까지 세입자로부터 이런 환영과 찬사를 한 번도 받아 보지 못했는지 안색이 사뭇 달라졌습니다.

이윽고 집주인은 자기의 고충을 하나씩 털어놓기 시작했습니다. 늘 불평만 늘어놓는 세입자들… 그 중에는 열네 통이나 불평하는 편지를 낸 사람도 있었으며, 그런 편지 중에는 분명히 모욕적인 편지도 몇 장 있었다고 했습니다. 집주인이 책임지고 위층에 사는 사람의 코고는 소리를 막아주지 않으면 계약을 파기하겠다며 위협적으로 나오는 사람도 있었다는 것입니다.

'당신처럼 집주인 사정을 알아주는 사람만 있었다면 얼마나 좋겠소' 하고 말하면서 내가 아무 말도 내놓기 전에 집주인 편에서 먼저 방세를 좀 내려 주겠다고 제의하는 것 아니겠습니까? 나는 더 깎고 싶었기 때문에 내가 낼 수 있는 방세의 최고액을 분명히 이야기하자 주인은 서슴지 않고 내 조건을 승낙해 주었습니다. 더구나 그는 방의 장식을 좀 바꾸어 주고 싶은데, 내가 원하는 것이 없느냐고 친절히 물어보고 나서 돌아가는 것이었습니다.

만일 내가 다른 방 사람들처럼 집세를 깎으려 했더라면 나도 그들처럼 실패하고 말았을 것입니다. 우호적이고 동정적인, 그리고 감사에 찬 태도가 이런 성공을 가져다준 것입니다."

또 다른 예를 들어 보자. 이번에는 사교계에서 유명한 부인인 롱아일랜드의 가든시티에 사는 도로시 데이 부인의 이야기다.

"며칠 전에 몇 사람을 초대하여 조촐한 오찬회를 가졌습니다. 나에게는 모두가 귀한 손님뿐이었으므로, 접대에 소홀함이 없도록 세심한 주의를 했습니다. 나는 평소 이러한 파티를 열 때에는 에밀이라는 솜씨 좋은 요리사에게 모든 일을 맡기곤 했는데, 마침 에밀이 실수를 해서 오찬회는 실패로 돌아가고 말았습니다. 에밀은 끝내 모습을 나타내지 않고 다른 요리사를 하나 보내왔는데, 그 요리사는 아주 엉터리여서 전혀 쓸모가 없었습니다.

주빈에게 음식을 나중에 갖다드리는가 하면, 큰 접시에 조그마한 샐러리를 달랑 내놓기도 했습니다. 고기는 질기고 감자는 기름 범벅, 음식이 아주 엉망이었습니다. 나는 화가 치밀어 견딜 수가 없었습니다. 그것을 꾹 참고 웃는 얼굴을 보여주는 괴로움은 고문이나 마찬가지였습니다. 다음에 에밀을 만나면 단단히 추궁을 해야지 하고 속으로 별렀습니다.

그 오찬회가 있었던 것은 수요일이었는데 그 다음날 밤, 나는 대인관계에 관한 강연회를 들으러 가게 되었습니다. 듣고 있는 동안 에밀을 일방적으로 책망해도 소용이 없다는 생각이 들었습니다. 그의 화를 돋우면 앞으로는 절대로 내 일을 맡아서 돌봐주지 않을 것이 뻔합니다. 그래서 나는 에밀의 입장에서 한번 생각해 보기로 했습니다.

'요리의 재료를 사 온 것도, 그것을 조리한 것도 에밀이 아니다. 그의 수하 중에는 조금 시원치 않은 사람도 있게 마련이다. 생각해 보면 내가 너무 참을성이 없었나 보다' 하고 생각하다 보니 그를 혼내주려던 마음이 듣기 좋게 타일러야겠다는 생각으로 바뀌었습니다. 그러기 위해서는 먼저 감사의 뜻을 표해야겠다고 작정했습니다. 이 방법은 놀라운 성과를 보여주었습니다. 그 다음날 에밀을 만났을 때 그는 나를 경계하며 얼굴은 곧 싸움이라도 걸어올 표정이었습니다.

'여보게, 에밀. 자네는 우리 집 파티에 없어서는 안 될 사람인가 봐. 자넨 역시 뉴욕에서 제일가는 요리사임이 틀림없어. 물론 지난번 파티에서 재료의 구입이나 조리는 자네가 책임질 일이 아니지. 어쨌든 지난 수요일과 같은 실수가 있기는 했지만 할 수 없는 노릇이지' 하고 말을 걸었습니다. 그러자 그의 험악하던 얼굴빛이 곧 웃음으로 바뀌었습니다.

'그렇죠, 마님. 그 요리사가 잘못해서 그런 것이지 제 책임은 아닙니다' 하고 그가 말하는 것이었습니다. 그래서 나는 '에밀, 이번에 또 파티를 열려고 하는데 아무래도 자네가 도와줄 수 있으면 좋겠는데. 아니면 그 요리사를 또 시켜도 괜찮을까?' 하고 물어 보았습니다. 그러자 '제가 해 드리겠습니다, 마님. 이번에는 그런 실수 없도록 하겠습니다' 하고 그가 대답했습니다.

그 다음 주에 나는 또 오찬회를 열었는데 식단은 에밀과 상의해서

짰습니다. 지난번 일은 잊어버리고 그의 의견을 충실히 들어주었습니다. 이윽고 우리들이 파티장에 들어가 보니, 테이블은 아름다운 장미꽃송이로 장식되어 있었고 에밀이 내내 손님을 따라다니며 시중을 들어주었습니다. 내가 여왕님을 초대했더라도 그렇게 훌륭한 서비스는 바라기 힘들었을 것이라고 생각될 정도였습니다. 요리도 맛이 있고 서비스도 만점, 보조 요리사도 전번과는 달리 네 사람이나 와서 일을 도왔습니다. 에밀이 나중에는 직접 요리를 나르기까지도 했습니다. 파티가 끝나자 그날의 주빈이 '당신이 저 요리사에게 무슨 요술이라도 부린 모양이죠? 이렇게 훌륭한 서비스를 받아 보기는 처음입니다' 하고 나에게 귓속말을 해주는 것이 아니겠습니까? 그렇습니다. 나의 부드러운 태도와 마음으로부터 울어난 칭찬이 그러한 요술을 부렸던 것입니다."

나는 어렸을 때 미주리 주의 어느 시골학교에 다니고 있었다. 그 무렵 나는 해와 북풍이 서로 힘을 겨루는 우화를 읽은 적이 있었다. 북풍은, "내가 힘이 더 세다는 것을 보여 주지. 저기 오버코트를 입은 노인이 있지? 나는 너보다 더 빨리 저 노인의 오버코트를 벗겨 놓을 수 있거든" 하고 뽐냈다.

해는 한참 동안 구름 뒤에 숨어 있었다. 북풍은 힘차게 불어왔다. 그러나 북풍이 불면 불수록 노인은 더욱더 단단히 오버코트 깃을 잡아 몸을 감싸는 것이었다. 북풍은 그만 지쳐 불기를 멈추고야 말았다. 그래서 태양이 구름 사이에서 얼굴을 내놓고 그 노인에게 다정하게 웃음을 지었다. 그러자 잠시 후에 노인은 이마에 땀을 닦더니 오버코트를 벗었다. 태양은 부드럽고 친절함이 어떠한 경우에도 우격

다짐이나 과격한 방법보다 더 효과적임을 북풍에게 알려주었다.

　이 우화를 시골에서 읽고 있을 무렵 나에게 아직 낯설고 먼 고장이었던 보스턴에서 이미 이 우화의 진리가 B씨라는 의사로 하여금 실증되고 있었다. 그로부터 30년 뒤 이 B씨가 나의 강습회에 참가하여 당시의 이야기를 들려준 것이다. 당시 보스턴의 신문에는 불량한 엉터리 광고가 많이 실리고 있었다. 낙태를 전문으로 하는 의사, 환자의 돈만 긁어 먹는 의사 족속들이 광고를 이용하여 환자의 공포심을 환기시켜 과잉 진료를 해 주었던 것이다. 수많은 희생자가 나왔지만 그 때문에 처벌받은 의사는 하나도 없었다. 대부분의 사람들은 약간의 벌금으로 끝나거나, 혹은 정치적 압력으로 무마시켜 버리고 말았다.

　너무나 이들 사이비 의사의 지나친 행패에 보스턴 시민들은 분개했다. 목사는 성단을 치면서 신문을 비난했고, 불량한 광고를 싣지 않도록 하나님께 기도했다. 각 민간단체, 실업가, 부인회, 교회, 청년회 등이 일제히 반기를 들고 일어섰으나 아무런 효과도 없었다. 이런 종류의 신문광고 금지를 둘러싸고 주 의회에서도 치열한 논쟁이 벌어졌으나, 결국 로비와 정치적 압력으로 다 어물어물 묵살되고 말았다.

　당시 B씨는 보스턴 기독교연합회 회장이었다. 그의 위원회도 전력을 다해 싸웠으나, 역시 헛수고로 이 의료범죄에 대한 싸움은 이제 절망적인 것처럼 보였다.

　어느날 밤, B씨는 그때까지 아무도 보스턴에서 생각해 내지 못한 묘안을 생각해 냈다. 즉 친절, 동정, 감사로서 하는 방법으로 신문 발행인이 자발적으로 광고를 중지하고 싶어지게끔 하는 방법이다. 그는 〈보스턴 헤럴드〉의 사장에게 편지를 보내 그 신문을 진심으로 칭찬했다. 자기는 평소부터 그 신문의 오랜 애독자라고 하면서 뉴스는 간결하고 선동적인 데가 없으며 사설도 대단히 우수하고 뉴잉글랜드는 말할 것도 없거니와 전 미국에서도 일류에 속하는 신문이라고 입에 침이 마르도록 추켜세웠다. 그리고 다시 다음과 같이 썼다.

저의 친구 중에 어린 딸을 가지고 있는 사람이 있습니다. 그 친구의 이야기는 어느날 밤, 그 딸이 귀지의 낙태전문 의사의 광고를 읽고 그 속에 나오는 단어의 의미를 그에게 질문을 했다고 합니다. 궁지에 빠진 그는 어찌할 바를 모르고 어물어물 대답의 말꼬리를 흐려버렸다고 합니다. 귀지는 보스턴에서 상류가정이 애독하고 있습니다. 그렇다면 이와 같은 사태가 이곳저곳의 다른 가정에서도 일어나지 않는다고 단정할 수는 없습니다. 만일 귀하에게 그러한 따님이 있으시다면 그러한 광고를 따님에게 읽혀 주고 싶다고 생각하시겠습니까? 또 따님이 그런 이상한 질문을 하면, 귀하는 어떻게 하시겠습니까?

귀하와 같은 일류 신문에 어버이로서 딸에게 읽혀 주고 싶지 않은 대목이 설사 한 군데라도 있다면, 대단히 유감스러운 노릇입니다. 귀지를 애독하는 독자들도 아마 저와 비슷한 느낌을 지니고 있을 것입니다.

이틀 뒤 〈보스턴 헤럴드〉의 사장으로부터 B씨에게 답장이 왔다. B씨는 그 답신을 3분의 1세기 동안이나 보존해 오다가 나의 강습에 참석했을 때 내게 주었다. 1904년 10월 13일자 편지다.

전날 보내주신 친절한 편지 대단히 반갑게 받아 보았습니다. 취임 이래 이 문제에 대하여 본인도 몹시 고민해 왔는데 겨우 이제야 결단이 섰습니다. 그것도 귀하의 서신을 받아보고 나서 얻은 결단입니다.

다음 일요일부터 〈보스턴 헤럴드〉 지상에는 불량한 광고를 절대 싣지 않도록 최대한 노력하겠습니다. 낙태용 세척기 따위의 광고를 일절 싣지 않겠습니다. 또한 부득이 실어야 할 의료광고에 대해서도 절대로 불미스러운 점이 없도록 최선을 다해 편집해 싣도록 하겠습니다.

이솝은 크로에수스 왕궁에서 일하는 노예였는데, 예수가 탄생하기 600년 전 그가 쓴 불후의 명작인 《이솝 이야기》가 주는 교훈은 2,500년 전의 아테네에서나, 또 현대의 보스턴에서나 똑같이 진리인 것이다. 북풍이 벗기지 못했던 노인의 오버코트를 해가 벗길 수가 있었던 것이다.

친절, 사랑, 칭찬은 이 세상의 어떤 성난 목소리보다도 쉽게 사람의 마음을 움직여 주는 것이다.

링컨의 명언, "한 갤런의 쓴 물보다 한 방울의 꿀을 쓰는 편이 더 많은 파리를 잡을 수 있다"는 것을 머리에 잘 새겨둘 일이다.

[상대방을 내 편으로 만드는 설득의 기술 4]
부드럽게 말하라.

05 상대방이 수긍할 대화를 택하라

다른 사람과 이야기할 때 서로 의견을 달리하는 문제를 처음부터 화제로 삼아서는 안 된다. 쌍방이 의견이 일치하는 문제부터 시작하여 그것을 진행시켜 나가야 한다. 서로 동일한 목적을 향하여 노력하고 있다는 점을 상대방에게 이해시켜 주도록 하며, 의견의 차이는 다만 방법뿐이라는 점을 강조해야 하는 것이다.

처음에는 상대방의 입에서 '예스' 라는 말이 나올 문제만을 이야기하여 될 수 있는 대로 '노' 라는 말이 안 나오도록 하라.

오버스트리트 교수는 그의 저서 《감화를 주는 인간 처세술》에서 다음과 같이 말하고 있다.

"상대방이 일단 '노' 라는 말로 응답하게 되면 그것을 다시 후퇴시키기란 그리 쉬운 일이 아니다. '노' 라고 말한 이상 그것을 번복한다는 것은 자존심이 허락지 않는다. '노' 라고 말해 놓고 나서 후회할 경우가 있을지 모르겠으나, 가령 그렇더라도 자존심을 손상시킬 수는 없다. 한번 말한 이상 끝까지 그것을 고집하게 된다. 그러므로 처음부터 '예스'라는 말이 나오도록 대화를 이끌어 나가야 한다."

화술이 능한 사람은 먼저 상대방에게 몇 번이나 '예스'라고 해 놓는다. 그러면 상대방의 심리는 긍정적인 방향으로 움직이기 시작한다. 이는 마치 당구공이 어느 한 방향으로 굴러가기 시작한 것이나 마찬가지로 그 방향을 바꾸어 주려면 상당히 힘이 든다. 반대 방향으로 돌리기 위해서는 그보다 더 큰 힘이 필요하다.

이러한 심리의 움직임은 매우 분명한 태도로 나타난다. 인간이 진심으로 '노'라고 말할 때도 다만 그 말을 입 밖에 낸 데서 그치는 것이 아니라 동시에 여러 가지 부수 현상이 일어나는 것이다. 각종 인체 내의 분비기관, 신경 등의 전 조직이 일제히 거부반응을 나타낸다. 그리고 대개의 경우 약간 후퇴를 하거나 후퇴할 준비를 갖춘다. 때로는 이것을 분명히 감지할 수 있을 만큼 큰 동작으로 나타나는 수도 있다. 즉 신경과 근육의 전 조직이 거부반응을 취하는 것이다. 따라서 처음에 '예스'라는 말을 많이 하도록 하면 할수록 상대방을 이쪽이 원하는 방향으로 이끌어 가기가 용이해지는 것이다.

상대방으로 하여금 '예스'라고 말하게 하는 기술은 지극히 간단하다. 그런데도 이 간단한 기술이 그다지 활용되는 것 같지 않다. 처음부터 무조건 반대함으로써 자기의 중요감을 충족시키는 듯한 인상을 주는 사람들이 있다. 진보적인 사람이 보수적인 사람과 이야기를 하게 되면 당장 화부터 낸다. 대체 그렇게 해서 무슨 도움이 된단 말인가? 다만 어떤 쾌감을 느껴 보려고 그런다면 그것으로 좋을지 모른다. 그러나 어떠한 좋은 성과를 기대하고 있다면 그러한 사람은 인간의 심리에서 무식한 사람이라고 할 수밖에 없다.

제자이든 손님이든, 그 밖의 자기 아내나 남편 또는 자식이라도 처음에 '노'라고 말하도록 하면, 그것을 '예스'로 바꾸게 하는 데 상당한 지혜와 인내가 필요하게 된다.

뉴욕에 있는 그리니치 저축은행의 출납계 제임스 에버슨은 이 '예스'라는 말을 끌어내게 하는 테크닉을 써서, 자칫 잘못하면 놓칠 뻔한 고객들을 잡을 수 있었다. 에버슨 씨의 이야기를 들어 보기로 하자.

"그 사람은 예금계좌를 개설하기 위해 왔던 것입니다. 나는 용지에 필요한 사항을 기입하려고 했습니다. 대부분의 질문에는 자진해서 대답해 주었으나, 어떤 질문에는 처음부터 대답을 피했습니다. 내가 인간관계에 대한 공부를 시작하기 전이라면 질문에 대답해주지 않을 경우 계좌를 개설해 줄 수 없다고 딱 잘라 말했을 것입니다. 부끄러운 이야기입니다만 나도 그때까지 그런 식으로 이야기해 왔던 것입니다. 그렇게 해서 상대방에게 거절하면 확실히 통쾌한 일이기도 했습니다. 은행의 규칙을 방패 삼아 자기의 우위를 상대방에게 뽐내는 것이죠. 그러나 이런 태도는 일부러 은행을 찾아온 손님에게 절대로 호감을 갖도록 해 줄 수는 없는 것입니다.

나는 상식을 벗어나지 않는 태도를 취하기로 결심했습니다. 은행 측의 희망에 대해서가 아니라 고객의 입장에서 이야기하고, 처음부터 손님의 입에서 '예스'라는 대답이 나오도록 해 보겠다고 마음먹었습니다. 그래서 나는 손님의 뜻에 어긋나거나 마음에 들지 않는 질문에는 구태여 대답할 필요가 없다고 말했습니다. 그리고 이렇게 덧붙였습니다.

'그럼 만일 예금을 하신 뒤 선생께서 불의의 사고라도 일어나면 어떻게 하겠습니까? 법적으로 선생의 가장 가까운 친척에게 예금을 상속시켜야 되지 않겠습니까?'

그는 '예스'라고 대답했습니다. 나는 또, '이러한 경우 저희들이 착오 없이, 그리고 신속히 수속을 할 수 있도록 선생의 가장 가까운 친족의 성함을 저희들이 알아 두어야 하지 않겠어요?' 하고 물어 보았습니다. 그는 또 '예스'라고 대답하는 것이었습니다.

은행을 위해서가 아니라 그 자신을 위한 질문이라는 것을 알게 되자 손님의 태도는 변했습니다. 그 자신에 관한 모든 것을 이야기해 줄 뿐만 아니라, 나의 권고에 따라 그의 모친을 수취인으로 하는 신탁계좌를 개설하고 모친에 대한 질문에도 기꺼이 응해 주었습니다. 그가 동의하고 싶지 않았던 문제를 잊어버리고 결국 내가 말하는 대로 따르게 된 것은 처음부터 그에게 '예스'라는 대답만 나오게 하는 방법 덕택이라고 생각합니다."

웨스팅하우스사의 판매원 조지프 앨리슨의 이야기는 또 이렇다.

"나의 담당 구역 안에 우리 회사 제품을 꼭 팔아보고 싶은 사람이 있었습니다. 나의 전임자는 10년 동안이나 그 사람을 쫓아다녔으면서도 실패했다는 것입니다. 나는 그 구역을 맡고 나서 3년 동안 해보았지만 역시 허사였습니다. 그리고 다시 10년이 지난 다음에야 겨우 몇 대의 모터를 팔 수 있었습니다. 만약 그 모터의 성능이 좋으면 나중에 반드시 수백 대의 주문이 들어오리라는 것을 기대하고 있었지요.

성능은 물론 좋은 것입니다. 3주일 뒤, 나는 의기양양하게 그를 찾아갔습니다. 그러나 막상 가서 보니 공장장이 '앨리슨, 자네 회사 모터는 이제 사절일세!' 라고 말하지 않겠어요? 나는 깜짝 놀라며 '도대체 무슨 말씀입니까' 하고 반문했습니다.

그는 '당신 회사 모터는 너무 빨리 열을 받아 손을 댈 수가 없어요' 하고 말하는 것이었습니다. 그 말에 반박해 보았자 아무소용이 없으리라는 것은 오랜 경험으로 알고 있으므로 나는 상대방이 '예스' 라는 말을 하도록 해 보리라고 생각했습니다. 그래서 나는 '스미스 씨, 그렇게 말하는 것도 무리는 아니라고 봅니다. 사실 그렇게 열을 잘 받는 모터라면 더 구매해 달라고 말씀드릴 수가 없을지도 모릅니다. 협회가 정한 기준보다 열을 덜 받는 제품을 택하는 것이 당연합니다. 안 그렇습니까?' 라고 하자 그는 그렇다고 대답했습니다. 처음으로 '예스' 를 얻은 셈이죠.

그러고 나서 나는 '협회의 규격으로는 모터의 온도가 실내의 온도보다 40도까지 높아지는 것은 인정하고 있지 않은가요?' 하고 물어 보았습니다. 그는 다시 '예스' 라고 대답했습니다. 그리고 '그런데 저 모터는 그보다 더 뜨거워진단 말입니다' 하고 말했습니다. 나는 그 말에는 대답하지 않고 '그런데 이 공장 안의 온도는 얼마쯤 됩니까' 하고 물어 보았죠. 그의 대답은 24도 정도일 것이라고 했습니다. 그래서 나는 '그러면 공장 안의 온도를 24도라고 하고 거기에 40도를 더하면 64도가 됩니다. 64도의 뜨거운 물에 손을 넣으면 데겠죠?' 라고 물었습니다. 그는 또 '예스' 라고 말할 수밖에 없었습니다.

나는 '그렇게 되면 모터에 손을 대지 않도록 조심해야지 잘못하면 화상을 입게 됩니다'라고 말했습니다. 그는 과연 그렇다고 내 말에 고개를 끄덕이는 것이었습니다. 그런 다음 우리는 여러 가지 이야기를 주고받다가 드디어 그는 다음 달 분으로 약 3만 5,000달러 상당의 물품을 나에게 주문했습니다.

논쟁을 하면 결국 손해죠. 상대방의 입장에서 사물을 생각하는 것이 논쟁을 하는 것보다 더 재미있으며, 또 비교할 수도 없을 만큼 이익이 옵니다. 생각해 보면 나는 오랜 세월 동안 논쟁으로 막대한 손해를 본 셈입니다."

인류 역사에 큰 변화를 가져왔던 아테네의 철인 소크라테스는 사람을 설득하는 데 있어서는 고금을 통하여 제1인자라고 할 만한 사람이다.

소크라테스는 상대방의 잘못을 지적하는 일을 절대로 하지 않았다. 이른바 소크라테스식 문답법으로 상대방으로부터 '예스'를 거듭하도록 한다. 상대방이 감을 잡았을 때는 이미 처음에 부정했던 문제에 대하여 어느 새 '예스'로 대답하고 난 다음이다.

상대방의 과오를 지적하고 싶을 때에는 소크라테스를 생각하며 상대방으로 하여금 '예스'라고 대답하도록 노력하라.

중국의 옛 격언에 "때로는 부드러움이 강함을 이긴다"는 말이 있거니와 이는 5,000년의 역사를 가진 민족에게 걸맞은 명언이 아니겠는가.

[상대방을 내 편으로 만드는 설득의 기술 5]
'예스'라는 대답이 나올 문제를 골라서 대화를 하라.

상대방을 설득하려고 자기 말만 늘어놓는 사람이 있다. 세일즈맨 중에 이런 잘못을 저지르는 사람이 많다. 상대방으로 하여금 하고 싶은 말을 다 하도록 내버려둬야 한다. 상대방의 일은 상대방이 더 잘 알고 있다.

상대방이 하는 말에 이의가 있어 말을 가로막고 싶어지겠지만 꾹 참고 있어야 한다. 상대방이 꼭 말해야겠다고 마음먹고 있는 의견이 남아 있는 동안은 이쪽에서 무슨 말을 해도 헛수고일 것이다. 마음을 열어 인내와 성의를 갖고 귀를 기울여라. 그리고 그 사람이 자기 의견을 마음껏 발표할 수 있도록 기분을 돋우어 주어라.

이 방법을 비즈니스에 이용하면 어떻게 될까? 여기에 이 방법을 부득이 사용치 않을 수 없었던 어떤 사람의 체험담을 들어 설명하자.

몇 년 전 미국 굴지의 자동차 회사가 그들이 1년간 수요로 하는 차 내 장식용 천을 물색하고 있었다. 이름난 세 직물업자가 견본용으로 천을 만들어 제시했다. 자동차 회사 임원들은 그 견본을 검사한 뒤, 계약 여부를 결정하는 최종 설명회 날짜를 각 업자 대표에게 통보했다. 그중 한 직물업자 대표 R씨는 공교롭게도 심한 후두염에 걸린 채 지정된 장소에 출두했다.

다음 이야기는 R씨의 그때 경험담이다.

"내가 설명할 차례가 되었지만 나는 목소리를 낼 수가 없었습니다. 쉰 목소리조차도 나오지 않았습니다. 어느 방으로 안내되어 들어가 보니, 그곳에는 사장을 비롯해 각 부문의 책임자들이 앉아 있었습니다. 나는 일어서서 말을 하려고 했으나 쉰 목소리밖에 나오지 않았습니다. 그래서 나는 종이에 '목이 아파서 목소리가 나오지 않습니다' 하고 써서 내밀었습니다. 그것을 본 사장이 '그럼 내가 말해 주겠소' 하지 않겠습니까?

그는 내 견본을 펴 보이며 장점에 대한 자랑을 늘어놓았습니다. 그러고는 우리 제품의 장단점에 대한 토의가 진행되었습니다. 사장은 자신이 나를 대신해서 설명을 담당했기 때문에 토론에 있어서도 내 편을 들게 되었습니다. 나는 다만 미소를 띠며 고개를 끄덕이며, 가끔 몸짓으로 의사를 표하기만 하면 되었습니다. 이와 같은 진기한 회의 덕택으로 나는 50만 야드의 차내 장식용 직물을 주문받게 되었습니다. 금액으로 160만 달러 상당의 계약을 획득하는 데 성공했던 것입니다. 나로선 난생 처음 하는 큰 거래였습니다. 그때 내가 목소리를 낼 수 있었다면 이 주문을 받을 수 없었을지도 모릅니다. 나는 그때까지 세일즈 방법에 대해 당치도 않은 생각을 가지고 있었습니다. 내가 말하기보다 다른 사람으로 하여금 말하게끔 하는 것이 어느 경우에는 굉장한 이득을 가져다준다는 사실을 나는 그때까지 몰랐던 것입니다."

필라델피아 전기회사의 조지프 S. 웹 씨도 이와 똑같은 사실을 발견했다. 웹 씨는 펜실베이니아 주의 부유한 네덜란드인이 모여 사는 농장지대를 방문하고 있었다.

"이곳 사람들은 왜 전기를 사용하지 않지?"

그는 잘 닦인 농가 앞길을 지나면서 그를 수행하는 그 지역 담당자에게 물었다.

"지독한 구두쇠들이랍니다. 아무리 권해도 소용없어요. 게다가 회사에 대한 반감까지 가지고 있답니다. 지금까지 여러 차례 말해 보았지만 헛일이었습니다."

지역 담당자의 대답이다. 그럴 수도 있겠구나 했다. 그러나 웹 씨는 한번 부딪쳐 보리라 생각하고 그 농가의 문을 노크했다.

"우리가 전기회사 직원임을 알자 그 노인은 문을 탁 닫아 버리더군요."

웹 씨는 나의 강습회에서 이렇게 그때의 경험담을 이야기했다.

"나는 또 한 번 노크를 했습니다. 그러자 할머니가 다시 문을 열더니, 이번에는 험한 얼굴을 하고 우리에게 욕설을 퍼부었습니다. '드러켄브로드 부인, 귀찮게 해드려서 대단히 죄송합니다. 오늘은 전기를 팔려는 것이 아니라 달걀을 좀 사러 왔습니다.' 이렇게 말하자 문을 조금 더 열고는 못 믿겠다는 듯한 얼굴로 우리를 바라보았습니다.

'훌륭한 도미니크종을 기르고 계시는 것을 보았는데 신선한 달걀로 한 꾸러미만 샀으면 합니다.' 내가 이렇게 말하자 문이 조금 더 열리더니 '우리 집 암탉들이 도미니크종이라는 것을 어떻게 아셨죠?' 할머니의 이 물음에는 호기심이 고개를 쳐들고 있는 것이 역력히 보였습니다.

나는 '실은 저도 닭을 키우고 있지만 이 댁의 닭보다 훌륭한 도미니크종은 지금까지 본 적이 없습니다' 하고 말했습니다. '그럼 왜 집에서 낳는 달걀을 쓰지 않아요?' 할머니는 아직도 의심이 풀리지 않는 표정이었습니다. '우리 집 레그혼은 흰 달걀만 낳는데, 부인께서도 손수 요리를 하시겠지만 과자를 만드는 데는 노란 달걀을 따라갈 수가 없거든요. 더군다나 우리 집 안사람은 과자 만드는 솜씨가 가장 큰 자랑인데 말입니다.' 어느새 드러켄브로드 부인은 어느 정도 마음이 풀렸는지 현관 밖으로 나와 있었습니다.

그러는 동안 나는 사방을 훑어보고 이 농장에 낙농 설비가 갖추어져 있다는 사실을 알게 되었습니다. '혹시 제가 보기엔 바깥주인께서 하고 계시는 젖소에서 나오는 수입보다 부인의 양계에서 나오는 수입이 더 클 것 같은데 어떻습니까?' 하고 내가 물었습니다. 이 말이 적중했습니다. 이 말이야말로 그 할머니가 남에게 말하고 싶었던 것이었습니다. 그 할머니의 말로는 고집쟁이 남편은 자기가 지적한 사실을 좀처럼 인정하려 들지 않는다는 것입니다.

할머니는 우리를 양계장으로 안내하여 구경을 시켜주었는데, 그동안 나는 할머니가 자력으로 고안하여 만들어 놓은 여러 가지 작은 시설물들을 발견하고는 진심으로 찬사를 보냈습니다. 그리고는 사료와 양계장 온도에 대해 충고도 해 주었습니다.

이렇게 우리는 서로의 경험을 교환하는 유익한 시간을 갖게 되었던 것입니다. 이윽고 할머니는 이웃 양계장에 전등을 가설한 집이 몇 집 있어 그 성과가 대단히 좋다고 하는데, 과연 그런 성과를 낼 수 있는지 솔직한 내 의견을 말해 달라고 했습니다.

두 주일 뒤, 드러켄브로드 부인의 도미니크종 암탉들은 휘황찬란한 전등 빛 밑에서 만족스럽게 모이를 쪼아 먹고 있었습니다. 나는 주문을 받게 되고, 할머니는 더 많은 달걀을 얻게 되어 만사가 뜻대로 이루어진 것입니다.

이야기의 요점은 내가 그 할머니로 하여금 먼저 자기 이야기를 털어 놓도록 만들지 않았더라면 나의 세일즈는 보기 좋게 실패로 끝났을 것이라는 점입니다. 그런 사람들에게는 무엇을 팔아 보자고 해서는 안 되고 그들이 스스로 사도록 만들어야 하는 것입니다."

아주 최근에 뉴욕 〈헤럴드 트리뷴〉의 경제란에 뛰어난 능력과 오랜 경험을 가진 사람을 구한다는 광고가 난 것을 보고 T. 큐벨리스라는 사람이 응모했다. 며칠 뒤 그는 면접통지서를 받았다. 그는 면접을 보기 전에 월가를 돌아다니며, 광고를 낸 회사의 창업자에 대하여 자세히 알아보았다. 면접 때 그는 "이렇게 훌륭한 업적이 있는 회사에서 일할 수 있다면 더 이상 바랄 것이 없겠습니다. 제가 알기로는 28년 전에 무일푼으로 이 회사를 시작하셨다고 하는데 그게 사실입니까?" 하고 사장에게 물었다.

대개 성공한 사람들이란 젊었을 때 걸어온 길을 회상해 보고 싶어한다. 이 사람도 예외일 수는 없다. 그는 불과 450달러의 현금과 독자적인 아이디어만 가지고 발족했던 그 무렵의 고충을 장황하게 이야기했다. 일요일과 공휴일도 없이 모든 난관을 극복하여 현재의 회사를 이룩하게 되었으며, 오늘날은 월가의 인사들이 그의 의견을 구하러 오게끔 되었다고 한다. 그는 분명히 자랑할 만한 성공을 거둔 사람이었으며 그 이야기를 들려주는 일이 몹시 즐거워 보였다.

자신의 과거 고충담이 끝나자 그는 큐벨리스 씨의 경력을·간단히 물어 보고는 부사장을 불러들이더니 이렇게 말했습니다.

"이 사람이 바로 우리가 구하고 있던 사람이라고 생각하네."

큐벨리스 씨는 상대방의 업적을 조사하는 데 수고를 아끼지 않았다. 즉 상대방에게 관심을 표한 것이다. 그리고 상대방에게 말할 기회를 주어 좋은 인상을 주었던 것이다.

친구 사이라도 상대방의 자랑거리에 귀를 기울이기보다는 자기의 공적에 대해 이야기하는 것을 좋아하는 것이다.

라 로쉬푸코라는 프랑스 철학자는 이렇게 말한 적이 있다.

"적을 만들려거든 친구를 이겨라. 그러나 친구를 얻고자 한다면 친구로 하여금 이기도록 하여라."

왜 이 말이 진리일까? 사람은 누구나 친구보다 뛰어날 때는 중요감을 가지며 그 반대일 경우에는 열등감을 갖고 실망과 질투심을 일으키기 때문이다.

독일 속담에 이런 말이 있다.

"타인의 실패에 대한 기쁨보다 더 큰 기쁨은 없다."

이것을 다른 말로 표현하면 진정한 즐거움이란 다른 사람의 고난을 바라보며 맛보는 즐거움이라는 것이다.

분명 우리 친구들 중에는 우리의 성공보다 실패를 기뻐하는 자가 있을 것이다. 그러기 때문에 자기의 성공은 되도록 말하지 않는 편이 좋다. 이 방법은 반드시 적중한다.

어빈 콥은 이 점을 잘 알고 있다.

한번은 증언대에 선 콥에게 물었다.

"당신은 일류 작가라는 말을 들었는데 그것이 사실입니까?"

이 질문에 대하여 콥은 대답했다.

"제가 운이 좋았던 것이겠죠."

인간은 그렇게 뽐낼 만큼 대단한 것은 아니니까 우리는 겸손해야 한다. 우리는 어느 땐가는 죽어 없어질 것이고, 100년 뒤에는 사람의 뇌리에서 사라져 버릴 것이다. 인생은 짧다.

하찮은 자랑거리를 내세우지 말자. 내가 말하기보다 그들이 말하게끔 하는 것이다. 잘 생각해 보면 우리는 자랑할 만한 것이 아무것도 없는 것이다. 우리가 백치를 면한 것은 갑상선에 있는 약간의 요오드 덕분이다. 그 정도의 요오드는 불과 5센트면 살 수 있다. 갑상선에서 그 요오드를 제거하면 인간은 백치가 된다. 불과 5센트의 요오드가 우리와 정신병원을 격리시킬 수 있는 것이다. 아무리 뽐내더라도 뻔한 것이다.

[상대방을 내 편으로 만드는 설득의 기술 6]
상대방으로 하여금 이야기하게 하라.

우리는 남에게 강요당한 의견보다 스스로 생각해낸 의견을 더 소중히 여기는 법이다. 그렇다면 자기 의견을 다른 사람에게 강요하려는 것은 처음부터 잘못된 생각이라 할 수 있다. 암시를 주고 의견은 상대방이 내도록 하는 편이 보다 현명한 방법이다.

그 한 예로 나의 강습회에 참석했던 필라델피아 출신인 셀츠 씨의 이야기인데, 자동차 판매 부진으로 부하 판매원들이 의욕을 잃고 있기에 그들을 격려해 주어야 할 처지에서 판매회의를 열고 그들의 요구를 기탄없이 발표하라고 권했다. 그들의 요구사항을 칠판에 쓴 다음 그는 부하들을 향해 이렇게 말했다.

"여러분이 요구하는 일은 빠짐없이 모두 해 드리겠소. 그 대신 나에게도 여러분에 대한 요구가 있소. 이 나의 요구를 여러분은 어떻게 해 줄 것인지 그 결심을 들려주었으면 좋겠소."

이 말의 대답은 즉석에서 나왔다.

충실성, 정직, 적극성, 긍정주의, 협동, 하루 여덟 시간의 열성적으로 근무를 하겠다는 판매원도 있고, 그 중에는 하루 14 시간의 근무도 할 용의가 있다는 판매원도 나타났다. 이 회의는 용기와 의욕을 새롭게 다짐하는 것으로 끝났으며 그 뒤로 판매성적은 놀랄 만큼 좋아졌다고 한다.

셀츠 씨는 이렇게 말한다.

"판매원들은 나와 일종의 도덕적인 계약을 맺었습니다. 내가 계약에 따라 행동하는 한 그들 또한 그대로 행동하려고 결심한 것입니다. 그들의 희망과 의견을 들어 준 일이 활력소의 묘약이 된 것입니다."

남에게 강요된다든가 명령을 받고 있다든가 하는 느낌은 누구나 싫어하는 법이다. 그보다는 자주적으로 행동하고 있다고 느끼기를 원하는 것이다. 자기의 희망과 욕망과 의견을 다른 사람이 들어 준다는 것은 기쁜 일이다.

그 한 예로서 유진 웨슨 씨의 경우를 들어 보자.

그는 이 진리를 터득하지 못한 탓으로 수천 달러의 수수료를 손해 본 일이 있다. 웨슨 씨는 직물 제조업자에게 디자인을 공급하는 스튜디오에 스케치를 판매하는 직업이다. 웨슨 씨는 뉴욕의 어느 일류 디자이너를 매주 한 번씩 찾아가기를 3년 동안이나 해 왔다. 웨슨 씨는 이렇게 말했다.

"그 사람은 내가 찾아가는 것을 한 번도 거절한 적이 없었으나, 그렇다고 내 물건을 산 일도 없습니다. 매번 내가 가지고 간 스케치를 들여다보고는 '이번 것도 안 되겠습니다' 라고 하는 것입니다."

이렇게 150번의 실패를 거듭한 뒤에야 비로소 웨슨 씨는 머리를 달리 써야 할 필요성을 느꼈다. 그래서 그는 사람을 움직이는 법을 다루는 강습회에 매주 1회씩 나가기로 마음먹었다. 그리고 새로운 방법을 배우고 새로운 열의를 갖게 되었다. 그는 새로운 방법을 시험해 보기 위해 미완성인 그림 몇 장을 가지고 그 사람의 사무실로 달려갔다.

"실은 여기 미완성의 스케치 몇 장을 갖고 왔는데, 이것을 어떻게 완성해야 당신에게 소용이 되겠습니까? 바쁘시겠지만 좀 가르쳐 주십시오."

이렇게 부탁하자 디자이너는 스케치를 아무 말 없이 얼마 동안 쳐다보더니 이렇게 말했다.

"여기 두고 며칠 뒤에 오시오. 그때 오시면 말씀해 드리리다."

웨슨 씨는 사흘 뒤에 다시 그를 찾아가 여러 가지 의견을 들은 다음 스케치를 가지고 돌아와 주문대로 완성했다. 물론 모두 사들이게 되었다.

이것은 지금으로부터 9개월 전의 일이지만, 그 뒤 그 디자이너는 대량의 스케치를 웨슨 씨에게 주문을 받아 왔다. 그림은 물론 디자이너의 아이디어에 따라 그려졌다. 결국 웨슨 씨에게 돌아온 수수료는 1,600달러 이상이나 되었던 것이다.

"내가 그토록 오랫동안 이 수요자에게 하나도 팔아 보지 못한 까닭이 무엇인가를 알게 되었습니다. 그때까지 나의 의견을 강요해 온 것입니다. 그런데 지금은 상대방에게 의견을 말하게끔 하고 있습니다. 상대방은 자기가 디자인을 창작하는 것으로 의식하고 있으며 사실이 또한 그렇습니다. 그러므로 내 쪽에서 강매할 필요는 없습니다. 상대방이 필요해서 사는 것입니다."

그는 이렇게 말하고 있다.

테오도어 루스벨트는 뉴욕 지사로 있는 동안 대단한 업적을 이룩했다. 그는 정치 지도자들과의 친선을 유지해 가면서 한편으로는 그들이 몹시 싫어하는 여러 가지 개혁을 성공적으로 성취시킬 수 있었던 것이다.

그때의 방법을 소개해 보자.

어떤 중요한 직책에 누구를 임명해야 할 때는 으레 그들 정치 지도자에게 적당한 인물을 추천해 주도록 요청했다. 루스벨트는 이렇게 말했다.

"그들이 먼저 추천해 오는 인물은 대개 당에서 챙겨주어야 할 입장에 있는 변변치 못한 사람입니다. 나는 그런 사람은 시민이 용납하지 않으니까 안 된다고 말합니다. 그런데 그들이 두 번째로 추천하는 인물도 역시 당에서 그다지 쓸 만한 인물이 못 되는 퇴물 관리들이죠. 나는 그들에게 좀더 시민들이 납득할 만한 적임자를 골라 달라고 다시 부탁합니다.

세 번째로 추천해 온 인물은 쓸 만한 정도이기는 하나 그렇다고 완전히 만족스럽지는 못합니다. 나는 그들의 협력에 감사의 뜻을 표한 다음 한 번 더 수고해 주기를 부탁합니다. 그러면 네 번째는 내가 바라던 인물과 적중하는 인물이 옵니다. 나는 그때서야 그들에게 감사의 뜻을 표하고 그 사람을 임명하게 됩니다. 즉 이런 식으로 그들에게 부담을 주며 이끌어 가는 것입니다. 그러고는 끝으로 나는 그들에게 '당신을 기쁘게 해 주기 위해 이 사람을 임명하니 이번에는 나를 기쁘게 해줄 차례요' 라고 말해 둡니다."

사실 그들은 루스벨트를 기쁘게 해 주었다. 그들은 공무원법안, 프랜차이스 세법안과 같은 대대적인 개혁안에 지지표를 던져준 것이다. 요컨대 루스벨트가 취한 방법은 가능한 한 상대방과 상의하고 그

의견을 받아들여 그것이 자신의 발안이라는 것을 인식시켜 협력하도록 하는 것이다.

롱아일랜드의 자동차 상인은 중고차를 어느 스코틀랜드 부부에게 판매하는 데 이와 똑같은 방법을 사용했다. 이 상인은 스코틀랜드 부부에게 수 없이 차를 보여 주었으나 매번 무언가 트집을 잡았다. 이것은 마음에 안 든다, 저것은 엔진이 신통치 않다, 값이 비싸다 등인데 값은 언제나 문제였다. 이 상인은 나의 강습회의 수강자였기 때문에 이 문제를 강습회에 들고 나와 나의 의견을 물었다.

우리는 그에게 충고하기를 그 스코틀랜드 친구에게 팔려고 애쓸 것이 아니라, 사고 싶어지도록 만드는 일이 중요하다고 말해 주었다. 즉 그들 부부를 이쪽 뜻대로 움직이게 하는 것이 아니라, 반대로 이쪽이 그들 뜻대로 움직여 주어 그들의 의견에 따라 이쪽이 움직이는 것을 느끼게끔 해 주는 것이다.

맞는 이야기라고 생각한 그 상인은 며칠 뒤 어느 단골손님이 자기의 중고차를 새 차와 바꾸어 줄 것을 의뢰하여 왔을 때 이 방법을 시험해 보았다. 이 중고차가 틀림없이 스코틀랜드 부부 마음에 들 것임을 알고 있는 그 상인은 곧 그에게 전화를 걸어 '미안한 부탁이 있는데, 다름이 아니라 좀 오셔서 몇 마디 충고의 말을 해 주셨으면 감사하겠습니다' 라고 했다. 그가 도착하자 그 상인은 이렇게 말했다.

"당신은 물건을 사시는 데 철저할 뿐만 아니라 차 값을 매기는 데도 틀림없으리라고 봅니다. 이 차를 한번 검사해 보시고 내가 이 차를 얼마에 사면 될까 적당한 가격을 가르쳐 주십시오."

스코틀랜드인의 입가에는 만족스러운 미소가 번져 갔다. 마침내 그의 의견을 묻게 된 것이고 그의 능력이 인정된 셈이다. 그는 그 차를 몰고 퀸즈 불버드를 돌아 자마이카 홀리스까지 갔다 오더니, "300 달러면 적당하겠습니다"라고 말했다.

"내가 그 값으로 이 차를 사게 되면 당신이 이것을 사 주시겠습니까?"

그 상인은 물었다.

"물론 300달러면 사죠."

300달러라는 것은 그의 의견이며 그의 평가에서 나온 말이다. 따라서 거래는 금방 성립되었다.

어느 X광선 제작자가 블루클린에 있는 큰 병원에 이와 같은 심리를 이용하여 자사 제품을 팔았다.

X광선과를 주관하고 있는 L박사에게는 내로라하는 X광선 판매원들이 떼 지어 몰려와서는 저마다 자기 기재의 자랑을 늘어놓았다. 그 중에는 교묘한 업자가 하나 있었다. 그는 다른 업자와 비교할 수 없을 정도로 교묘하게 인간 심리를 사로잡았다. 그는 다음과 같은 내용의 편지를 L박사에게 보냈다.

> 저희 회사에서는 최근에 새로운 X광선 장비를 완성했습니다. 이 기계의 첫 제품이 지금 막 저희 사무실에 도착했습니다. 물론 이번 제품이 완전하다고는 생각하지 않습니다. 이 사실을 우리는 알고 있기 때문에 좀 더 개선하려고 노력하고 있습니다. 그래서 대단히 죄송스러운 말씀입니다만, 한번 귀하께서 와 주셔서 직접 보신 다음 개량 방법에 대한 의견을 말씀해 주시면 더 없는 영광으로 생각하겠습니다. 귀하의 바쁘신 직무를 잘 알고 있으므로 편리하신 시간을 내 주시면 차로 모시러 가겠습니다.

L박사는 그때의 경험담을 우리 강습회에서 다음과 같이 들려주었다.

"이 편지는 뜻밖이었습니다. 뜻밖이기도 했지만 기쁘기도 했습니다. 이와 같이 내 의견을 물어오는 X광선 제작자는 일찍이 본 일이 없었기 때문입니다. 이 편지는 나에게 중요감을 준 것입니다. 그 주간은 매일 저녁 약속이 있었지만 기계를 보러 가기 위하여 그날의 저녁 약속을 취소하고 말았습니다. 그 기계는 볼수록 마음에 들었습니다. 나는 그 기계를 사라고 강요받은 것은 아닙니다. 병원을 위해서 그 기계를 사기로 결정한 것은 나의 마음이 자발적으로 움직였기 때문입니다. 나는 기계의 우수함이 마음에 들어 곧 계약을 했습니다."

에드워드 M. 하우스 대령은 우드로 윌슨이 대통령으로 있을 무렵, 대내석으로나 대외적으로 대단한 영향력을 발휘한 사람이다. 윌슨 대통령은 중대한 문제의 의견 상대로 하우스 대령을 그의 각료들보다 더 신뢰하고 있었다.

대령은 어떤 방법으로 대통령의 신뢰를 얻게 되었나? 다행히 하우스 자신이 그 내용을 아더 D. 하우전 스미스에게 이야기해 주었고, 스미스는 〈새터디 이브닝 포스트〉의 한 투고란에 하우스의 말을 아래와 같이 인용해 주었다.

"내가 대통령과 알게 된 뒤 비로소 안 일이지만, 그의 생각을 바꾸게 하려면 그 의견을 아주 자연스럽게 그의 마음속에 심어 주어서 그가 관심을 갖게끔 하는 것이 가장 좋은 방법이었다. 즉 그가 스스로 생각해 낸 것처럼 느끼게 하는 것이다. 나는 우연한 기회에 이러한 효과를 발견하게 되었다. 어느날 나는 백악관을 방문하고 어떤 정책을 건의했는데 그는 이것을 반대하는 눈치였다. 그런데 며칠 뒤 어느 만찬회 자리에서 내가 건의한 정책을 마치 자기가 생각해낸 것처럼 자랑하는 것을 보고 깜짝 놀랐다."

여기서 하우스가 말을 가로채어, "그것은 대통령의 의견이 아니지 않습니까? 저의 의견입니다"라고 반박했을까? 천만의 말씀이다. 그는 그렇게 눈치 없는 행동은 하지 않았다. 그는 그런 것이 문제가 아니라 좋은 결과를 바랐을 뿐이다. 그 의견은 어디까지나 대통령의 것이고 대통령 자신이나 다른 사람에게도 믿게끔 했다. 대통령에게 영광을 안겨 준 것이다.

우리가 접촉하게 되는 모든 사람은 모두 이 우드로 월슨과 똑같은 인간이라는 것을 잊어서는 안 된다. 그러므로 하우스 대령의 방법을 우리도 적극적으로 이용해야 할 것이다.

뉴브런스위크에 사는 어떤 사람이 몇 해 전에 이 방법을 나에게 사용하여 나를 손님으로 만드는 데 성공한 적이 있다. 나는 그때 뉴브런스위크에 가서 낚시질과 뱃놀이를 해 보려고 계획하고 있던 참이었다. 그래서 여행사에 편지를 보내 필요한 정보를 알려 주기를 부탁했다. 내 이름과 주소가 어떻게 알려졌는지 당장에 방갈로와 안내소에서 몇십 통의 편지와 안내장이 쏟아져 들어왔다.

나는 얼떨떨하여 어디가 좋을지 알 수가 없었다. 그런데 한 방갈로에서 온 안내장이 아주 마음에 들었다.

그 안내장에는 그 방갈로에서 묵은 일이 있는 몇몇 뉴욕 사람의 이름과 전화번호를 알려주며 그 사람들에게 직접 알아보라고 쓰여 있었다. 신기하게도 그 이름 가운데에는 내가 아는 사람도 있었다. 나는 곧 그에게 전화를 걸어 알아본 다음 그 방갈로에 예약을 했다.

다른 사람들은 그들의 서비스를 나에게 팔려고 애썼으나 그 사람
만은 내 스스로가 사게끔 만들었다. 즉 그가 이긴 것이다.

[상대방을 내 편으로 만드는 설득의 기술 7]
자신이 스스로 생각해 낸 것으로 느끼게 하라.

상대방의 입장에서 생각하라

확실히 옳지 않은 사람이 있다 해도 본인 자신은 잘못되었다는 생각을 절대 하지 않는 법이다. 그런 사람은 비난을 해도 소용없다. 비난은 아무리 바보라도 할 수 있다. 이해하려고 노력해야 한다. 현명한 사람은 상대방을 이해하려고 노력한다.

상대방의 생각과 행동에는 각기 상당한 이유가 있는 것이다. 그 숨은 이유를 찾아내야 한다. 그러면 그의 행동과 나아가서는 그의 성격에 대한 열쇠까지도 파악할 수 있다. 정말 입장을 바꾸어 놓고 생각해 보는 것이다.

"만일 내가 그의 입장에서라면 과연 어떻게 느끼고 어떻게 반응할 것인가?" 하고 자문자답해 보아야 한다. 이렇게 하면 화를 내고 시간을 낭비하는 일이 어리석게 느껴진다. 원인에 흥미를 가지면 결과도 이해할 수 있게 된다. 뿐만 아니라 인간관계도 보다 원활해진다.

네케드 M. 구드는 그의 저서에서 다음과 같이 말했다.

"자신의 문제에 대한 강한 관심과 자기 이외의 것에 대한 적당한 관심을 비교해 보았을 때, 인간은 누구나 동일하다는 것을 생각해 보면 모든 비즈니스에 필요한 원칙을 파악할 수 있다. 즉 사람을 다루는 비결은 상대방의 입장을 동정하고 그것을 잘 이해하는 일이다."

나는 요 몇 해 동안 집 근처에 있는 공원에서 산책과 승마를 즐기면서 요양을 하고 있다. 떡갈나무에 대하여 경건에 가까운 애정을 품고 있는데, 그 어린 나무들이 부주의에서 오는 화재로 타 버리는 것을 보면 슬픈 생각이 든다. 화재의 원인은 담뱃불이 아니다. 대부분은 자연을 즐기려고 공원을 찾아오는 소년들이 숲속에서 소시지나 달걀 요리를 한 다음 뒤처리를 잘못하는 데에서 일어나는 것이다. 때로는 큰 화재로 변해 소방서에서 출동하는 일도 있다.

공원 주위에 '방화자는 벌금 또는 실형에 처함'이라는 경고문이 붙어 있기는 하나, 그 표지판은 공원에서도 통행이 뜸한 장소에 붙어 있기 때문에 이것을 읽어볼 수 있는 아이들은 드물다. 기마경찰관 한 사람이 이 공원을 순찰하고 있기는 하지만, 그 또한 철저한 단속을 못하는 탓으로 화재는 잇달아 일어났다. 언젠가 나는 순찰 경관에게 달려가서 화재가 지금 공원 일대에 급속도로 번지고 있으니 소방서에 이 사실을 알려 달라고 부탁하자, 그는 태연스럽게 그곳은 관할 구역이 아니기 때문에 자기가 관여할 일이 못 된다고 대답한 적이 있다. 이 말에 어이가 없어진 나는, 그 뒤로부터 말을 타고 공원을 산책할 때는 공원 보안관이 된 셈으로 행동했다. 그런데 처음에 나는 소년들의 입장을 생각해 보지 않았다. 숲속에 모닥불을 피우면 정의감에 불탄 나머지 잘못된 방법을 취하고 말았다. 소년들에게 달려가 모닥불을 피우면 벌을 받는다고 호통을 쳤다. 그래도 말을 듣지 않으면 경찰들에게 체포해 가라고 말하겠노라고 엄포를 놓았다. 나는 소년들의 입장은 조금도 생각하지 않고 내 감정대로만 행동했던 것이다.

그 결과 소년들은 내 말을 들었다. 속으로는 못마땅해서 투덜대면서도 내가 하라는 대로 했다. 내가 언덕을 넘어가 버리면 그들은 아마 다시 불은 피우기 시작했을 것이며, 속으로는 공원을 모두 불질러 버리고 싶었을지도 모른다.

그 무렵을 생각해 보면 지금은 나도 조금이나마 인간관계를 이해하게 되었고, 상대방의 입장에서 사물을 생각하게끔 되었다. 지금 같으면 틀림없이 다음과 같이 말했을 것이다.

"얘들아, 참 재미있어 보이는구나. 무슨 요리를 하는 중이야? 나도 어렸을 때는 너희들처럼 야외에서 요리를 만드는 것을 좋아했단다. 지금도 좋아하지. 그러나 너희들도 알겠지만 여기서 불을 피우는 것은 위험하다. 너희들이야 불을 내지는 않겠지만 개중에는 조심하지 않는 아이도 있거든. 너희들이 모닥불을 피웠던 자리를 보고 또 불을 피우게 되기 쉽지. 그리고 잘 끄지도 않고 집으로 가 버리면 그 불이 낙엽에 붙어 큰 불이 되기가 일쑤란다. 정신 차리지 않으면 이 공원은 몽땅 타 버린단 말이다. 여기서 불을 피우면 벌을 받게 되어 있지만 너희들의 즐거운 모습을 보니 심하게 나무랄 수도 없구나. 너희들이 즐겁게 노는 것을 보면 나도 흐뭇해지니까. 그 대신 불 가까이에 있는 낙엽은 먼 곳으로 밀어내라. 그리고 돌아갈 때는 흙을 많이 덮어 불을 잘 꺼야 한다. 요 다음에 불장난을 할 때는 저 언덕 넘어 모래밭에 가서 해라. 거기에는 불날 염려가 없을 테니까. 자, 그럼 재미있게들 놀아라."

같은 말이라도 이렇게 하면 효과는 전혀 다르다. 소년들도 협조하고 싶은 마음이 생긴다. 강제성을 띠지 않으므로 불평불만이 있을 수가 없으며, 그들의 체면도 세워준 셈이 된다. 상대방의 입장을 생각해 줌으로써 양쪽 다 기분 좋은 결과를 얻을 수 있는 것이다. 하버드 대학의 돈햄 교수는 이렇게 말하고 있다.

"나는 다른 사람과 만날 경우에는 미리 이쪽에서 할 말을 충분이 생각하고, 거기에 대해 상대방이 어떻게 대답할 것인가를 확실히 짐작되기 전에는 그 집 앞을 2시간이고 3시간이고 서성일 뿐 들어가지 않는다."

이 책을 읽고 상대방의 입장에 서서 사물을 분간할 줄만 안다면, 이 책은 당신의 생애에 있어 획기적인 역할을 할 것이다.

[상대방을 내 편으로 만드는 설득의 기술 8]
상대방의 입장에서 생각하라.

논쟁과 좋지 못한 감정을 없애고 상대방이 관심을 갖고 당신의 말을 열심히 듣도록 해 주는 마법의 말을 공개한다.

　"당신이 그렇게 생각하는 것은 당연합니다. 만일 제가 당신이라도 틀림없이 그렇게 생각했을 것이니까요." 이렇게 말을 시작하는 것이다.

　아무리 성질이 못된 사람이라도 이렇게 나오면 수그러들게 마련이다. 더구나 상대방의 입장이 되면 당연히 상대방과 같은 생각을 갖게 될 테니까 이 말에는 100퍼센트의 성의가 담긴 것이다. 가령 우리가 알 카포네와 똑같은 정신과 육체를 갖고 태어나 똑같은 환경에서 자라고 똑같은 경험을 쌓았다면, 카포네와 똑같은 사람이 되고 카포네와 같은 일을 할 것이다.

　우리가 뱀이 아닌 유일한 이유는 부모가 뱀이 아니기 때문이고, 우리가 소와 키스를 하지 않고 뱀을 성스럽게 생각하지 않는 유일한 이유는 우리가 인도의 힌두교 집안에서 태어나지 않았기 때문이다.

마음에 들지 않는 상대방이라도 그가 그렇게 된 데에는 그럴 만한 이유가 있을 것이다. 그러므로 가엾게 생각해 주어야 한다. 상대방을 동정해 주는 것이다. 존 B. 코프는 주정꾼을 보면 언제나, "하나님의 은총이 없으면 나도 저렇게 될 것이다"라고 말했는데, 이런 마음으로 다른 사람을 대해야 한다.

우리가 대하는 사람 가운데 4분의 3은 모두 동정에 굶주리고 있다. 그 사람들에게 그 동정을 주는 것이다. 그러면 그들은 틀림없이 우리에게 호감을 가질 것이다.

나는 언젠가 《작은 아씨들》의 작가 루이자 메이 올코트에 관해 방송한 일이 있다. 물론 나는 그녀가 매사추세츠 주의 콩코드에서 불후의 소설을 저술했다는 사실을 알고 있었는데, 무의식중에 그만 뉴햄프셔 주의 콩코드에 살았다고 말해 버렸다. 그것도 한 번이 아니라 두 번씩 말했으니 문제가 된 것이다. 순식간에 비난의 편지와 전보가 빗발치듯이 날아들었다. 대다수가 성난 내용이었고 개중에는 모욕적인 것도 있었다. 매사추세츠 주의 콩코드에서 자랐고 필라델피아에서 살고 있던 한 고지식한 부인은 펄펄 뛰었다. 내가 올코트 여사를 뉴기니에서 온 식인종이라고 불렀다 해도 이토록 화를 낼 수는 없었을 것이다. 나는 그 부인의 편지를 읽으면서, "주여, 이런 여자와 결혼 안 한 것을 감사하게 생각합니다"라고 자신에게 말할 정도였다. 나는 지리상의 과오를 범하기는 했지만, 당신은 예의상으로 더 크나큰 과오를 범하고 있다는 말을 편지로 써 보내고 싶었다. 그러나 그것은 아무리 바보라도 할 수 있는 일이다. 바보는 대개 그렇게 한다는 것을 알고 있다. 나는 바보가 되고 싶지 않았다. 그래서 나는 그녀의 적개심을 우정으로 바꾸어 보기로 마음먹었다. 말하자면 일종의 게임이다. 나는 스스로에게 타일렀다

"만일 내가 그녀였더라면 나도 그녀와 마찬가지로 느꼈을 것이다."

그래서 나는 상대방의 입장을 이해하려고 애썼다. 그 뒤 필라델피아에 들르는 기회에 그녀에게 전화를 걸어 다음과 같은 대화를 나누었다.

나: 지난번에는 일부러 편지까지 주셔서 정말 감사합니다. 전화로 실례인 줄 압니다만 인사 말씀 올립니다.

그녀: (야무지고 세련된 목소리로) 실례입니다만 누구신가요?

나: 아직 뵌 적은 없습니다만 제 이름은 데일 카네기라고 합니다. 부인은 제가 몇 주일 전에 루이자 메이 올코트에 대해 방송했던 것을 들으셨을 것으로 알고 있습니다. 그때 매사추세츠와 뉴햄프셔를 혼동하여 대단한 실언을 했던 일을 기억하시죠. 정말 제가 변변치 못해서 그랬습니다. 그 잘못을 사과드리려고 합니다. 친절하게 편지까지 주셔서 뭐라고 사례의 말씀을 드려야 할지 모르겠습니다.

그녀: 정말 죄송합니다. 그런 편지를 드려서… 그때 제가 왜 그랬는지 모르겠어요. 사과는 제가 드려야 합니다.

나: 천만의 말씀입니다. 사과드려야 할 쪽은 부인이 아니라 저입니다. 초등학교 학생이라도 알고 있는 일을 제가 실언해 버렸으니까요. 그래서 그 다음 일요일 방송에서 사과의 말씀을 전했지만 부인께는 직접 사과를 드립니다.

그녀: 아닙니다. 저는 매사추세츠 주의 콩코드 출신이고, 저의 집안은 매사추세츠 주에서 2세기 동안 잘 알려져 왔기 때문에 그 고장을 퍽 자랑스럽게 생각하고 있었습니다. 그래서 당신이 하신 방송을 듣고 그만 그런 편지를 썼답니다. 정말 부끄럽게 생각합니다.

나: 아닙니다. 부끄러운 것은 저입니다. 제 잘못이 매사추세츠 주의 이미지를 손상시키지는 않았겠지만 저로서는 마음의 타격이 컸습니다. 정말 잘 지적해 주셨습니다. 앞으로도 계속 지켜봐 주시기를 부탁합니다.

그녀: 그렇게 실례되는 편지를 그런 식으로 받아 주시는 것을 보니 참으로 훌륭하신 분 같 군요. 저야말로 잘 부탁드립니다.

이렇게 내가 그녀에게 사과를 하고 그녀의 입장에 동감을 하자 그녀도 나에게 사과하고 나의 입장에 동감해 주었다.

나는 울분을 참은 보람이 있어 유쾌한 기분을 가질 수 있었다. 상대방을 공격하기보다 상대방이 호감을 가져 주게 하는 편이 몇 배나 더 유쾌한 일이다.

역대 대통령들은 날마다 골치 아픈 인간관계에 직면하게 된다.

태프트 대통령도 그 예외일 수는 없었다. 그는 경험적으로 나쁜 감정을 삭이는 데는 동감이 가장 큰 힘을 지니고 있다는 것을 알고 있었다. 《봉사의 윤리학》이란 저서에서 태프트 대통령은 한 야심만만한 부인의 노여움과 그 아들의 실망을 어떻게 풀어 주었는가를 실례를 들어 재미있게 해설하고 있다.

'워싱턴에 사는 한 부인이 자기 아들을 어느 자리에 앉히려고 6주일 동안이나 날마다 나를 찾아왔다. 그 여자의 남편은 정계에서도 어느 정도 알려져 있는 사람이다. 그녀는 많은 상하의원을 통해 치열하게 로비를 했다. 그러나 그 직책은 기술적인 자격을 필요로 하는 것이기 때문에 나는 담당 국장이 추천하는 다른 사람을 그 자리에 임명해 버렸다. 그랬더니 그 부인은 나에게 편지를 보내어 내가 조금만 관심을 두었더라면 자기를 행복하게 만들 수 있었는데, 그렇게 하지 않았으니 은혜를 몰라보는 사람이라고 말했다. 뿐만 아니라 자기 주의 출신 의원과 함께 노력해 내가 특히 관심을 가지고 있던 행정의안에 찬표를 얻도록 해 주었는데도 불구하고 내가 이렇게 보답했다고 불만이 여간 아니었다.

누구나 이런 편지를 받았다면 그 무례함에 화기 머리끝까지 날 것이며, 쫓아가서 쥐어박고 싶은 생각이 들 것이다. 그래서 곧 반박의 편지를 쓴다. 그러나 현명한 사람은 그 편지를 곧 보내지 않는다. 책상 서랍에 넣어버린 다음 2, 3일 뒤 꺼낸다. (이런 편지는 2~3일 늦어도 상관없으니까.) 냉각기간을 두고 다시 읽어 보면 보낼 마음이 없어진다. 나는 이 현명한 사람의 방법을 취했다. 나는 다시 공손한 마음으로 편지를 썼다. 당신의 실망은 충분이 이해합니다만 그 인사 문제는 사실상 내 마음대로 할 수 있는 일이 아니고, 전문적인 기술을 가지고 있는 사람이라야 했으므로 담당 국장의 추천을 따르게 되었으니 이해해 주시기를 바란다고 말했다. 또한 당신의 아드님은 현재의 직책에서도 어머니의 기대에 충분히 보답할 수 있으리라 믿으니 격려해 주시기 바란다고 했다. 이 편지를 받아본 그녀는 화가 풀려 그런 편지를 보내 미안하다고 사과의 뜻을 전해왔다.

그런데 내가 지시한 발령이 아직도 나지 않고 있을 때이다. 같은 필체이기는 하나 그녀의 남편 이름으로 된 편지를 한 장 받았다. 그 편지에 의하면 그녀는 이 사건이 원인이 되어 실의로 병상에 눕게 되었고, 마침내 심각한 위암에 걸리고 말았다는 것이다. 이런 경우, 이미 지시한 임명을 취소하고 그의 아들을 임명하면 그녀의 병도 낫겠지만 그렇게 할 수는 없었다. 이번에는 그녀의 남편 앞으로 편지를 보냈다. 즉 진단이 오진이기를 바라며, 부인의 중병에 대해 무한한 위로를 드리는 바이지만 이 인사 문제는 변경할 수 없다고 말했다. 그 뒤 임명한 사람의 발령이 나고 발령 발표가 있은 지 이틀 뒤에 백악관에서 음악회가 열렸다. 그때 맨 먼저 우리 부부에게 인사를 하려고 나타난 사람은 다름 아닌 그 부부였다. …부인은 며칠 전까지만 해도 병석에 있었을 텐데….'

S. 휴럭은 미국에서 첫째로 꼽히는 음악 흥행사다. 그는 20년 동안 샬리아핀, 아사도라 덩컨, 파블로바와 같은 세계적인 연예인을 발굴해 냈다. 휴럭 씨는 말하기를 까다로운 연예인들을 관리한 결과로 터득한 첫 번째 교훈은 그들의 튀는 성격에 대한 동감이 절대로 필요하다는 것이다.

그는 샬리아핀의 흥행사로 3년 동안 일한 적이 있었다. 그런데도 샬리아핀에 대하여는 항상 골치를 앓고 있었다.

한 예를 들면 샬리아핀은 출연하게 된 날 낮에 휴럭 씨에 전화를 해서는, "휴럭 씨, 오늘은 영 컨디션이 좋지 않아요. 목의 상태가 좋지 않아 저녁에 노래를 부를 수가 없겠습니다" 하고 말하는 것이다. 휴럭 씨는 이럴 때 그와 논쟁을 했을까? 천만에. 흥행사는 연예인과 논쟁을 해보아야 아무 소용이 없다는 것을 잘 알고 있다. 그는 우선 샬리아핀이 묵고 있는 호텔로 달려가서 적극적으로 동감을 표하는 것이다.

"정말 안 됐소. 물론 오늘밤에는 노래를 부르면 안 되죠. 당장에 출연을 취소하겠소. 무리하게 노래를 불러 인기가 떨어지는 것보다야 그냥 몇천 달러 손해 보는 것이 낫지."

이렇게 울상이 되어 위로를 한다. 그렇게 되면 샬리아핀은 한숨을 내쉬고는, "오후 늦게 한 번 더 들러주지 않겠어요? 5시쯤에 오셔서 그때 상태가 어떨지 한번 보시죠" 하고 말하는 것이다.

5시에 휴럭 씨가 그의 호텔로 달려가서 또 동감을 표시하며 출연을 취소시키겠다고 고집을 부리게 되면 샬리아핀은 한숨을 내쉬며, "이따가 한 번 또 와 보시죠. 그때는 조금 더 나아질지 모르니까요"라고 한다.

7시 30분 출연 임박해서야 샬리아핀은 마침내 출연할 것을 승낙한다. 그 대신 휴럭 씨가 청중들에게 샬리아핀이 심한 감기에 걸려서 목소리가 매우 좋지 않은 상태라는 것을 미리 말하도록 당부한다. 휴럭 씨는 빈말이라도 그렇게 하겠노라고 약속하는데, 그 베이스 가수를 무대로 끌어내는 길은 그 도리밖에 없다는 것을 알고 있기 때문이다.

아더 I 게이츠 박사의 유명한 저서 《교육 심리학》에 이런 말이 쓰여 있다.

인간은 일반적으로 동정심을 바란다. 어린아이늘은 상처를 보여주고 싶어 한다. 때로는 동정을 받고 싶은 욕심에서 스스로 상처를 내는 수도 있다. 어른도 마찬 가지다. 상처를 보여주고 재난이나 병에

대한 이야기를 한다. 특히 수술을 받았을 때의 이야기는 상세히 이야
기하고 싶어 한다. 불행한 자신에 대하여 자기 연민을 느끼고 싶어
하는 마음은 정도의 차이는 있지만 누구에게나 있는 법이다.

[상대방을 내 편으로 만드는 설득의 기술 9]
상대방의 입장에 동감을 가져라.

아름다운 심정에 호소하라

나는 미주리 주에 있는 제시 제임스의 고향에서 자랐다. 그래서 제시 제임스의 아들이 아직도 살고 있는 미주리 주 케니의 제임스 농장을 방문한 일이 있다.

그의 부인은 제시가 어떻게 기차를 습격하고 은행을 털었으며, 그 돈을 이웃 농민에게 주어 빚을 갚게 했는가를 이야기해 주었다. 제시 제임스도 쌍권총 크롤리, 알 카포네 등과 마찬가지로 자신을 이상주의자로 생각했던 모양이다. 모든 인간은 자기 자신을 훌륭한 이타적인 인물이라고 생각하고 싶어 하는 법이다.

미국의 대은행가이며 수집가로도 유명한 J. P. 모건은 인간의 심리를 해부하여, "보통 인간의 행위에는 두 가지 이유가 있다. 하나는 아주 아름답게 윤색된 이유, 또 하나는 참된 이유다"라고 말했다.

참된 이유는 다른 사람이 뭐라고 하지 않아도 본인이 잘 알고 있을 것이다. 인간은 누구나 이상주의적인 경향이 있어 자신의 행위에 대해서 아름답고 윤색된 이유를 붙이려고 한다. 그러므로 상대방의 생각을 바꾸려면 이 아름다운 이유를 붙이고 싶어 하는 마음에 호소하는 것이 유효하다.

이런 사실을 비즈니스에 응용하면 어떻게 되는가. 펜실베이니아 주의 글리놀덴에서 아파트 임대업을 하고 있는 해밀튼 J. 파렐의 경우를 들어 생각해 보기로 하자.

파렐 씨의 아파트에 계약 기간이 4개월이나 남아 있는데도 이사를 가겠다는 사람이 있었다. 월세는 55달러였다. 파렐 씨는 나의 강습회에서 다음과 같이 말했다.

"이 사람은 1년 중 관리비가 가장 많이 나오는 겨울 동안을 우리 집에서 살아온 것입니다. 가을까지는 새로운 입주자를 구하기가 퍽 힘든 일이라는 것을 나는 잘 알고 있어도, 생돈 220달러를 내놓아야 했으니 나는 화가 날 수밖에 없었습니다. 다른 때 같으면 그 사람에게 계약서를 들이대며 기어코 이사를 가겠다면 계약기간까지의 집세를 내고 가라고 호통을 쳤을 겁니다. 그렇게 못할 것도 없어 그렇게 해 버릴까도 생각했습니다. 그러나 그런 소동을 벌이지 않고 해결할 방법은 없을까 생각하고 다음과 같이 말해 보았습니다.

'듀우 씨, 당신이 하는 말씀은 잘 알았습니다만, 저는 아무래도 당신이 이사를 하신다는 생각이 들지 않습니다. 저는 오랫동안 임대업을 하다 보니 사람을 볼 줄 아는 눈이 생기게 되었는데 제가 당신을 처음 보았을 때 믿음이 갈 만한 분이라는 것을 알았습니다. 이것만은 절대로 빈말이 아닙니다.' 나는 계속 이렇게 말을 했습니다. '이 문제는 2, 3일 뒤에 다시 한 번 생각해 주시겠습니까? 그때 가서도 마음이 바뀌지 않으시면 당신의 의견에 따르겠습니다. 저의 판단이 잘못되었다고 체념할 수밖에 없겠죠. 어쨌든 당신은 계약을 어기실 분이 아니라고 믿고 있습니다만, 사람이 하는 일이니 서로 잘못 보고 잘못 생각하는 수도 있겠죠.'

그러고 나서 며칠 뒤 그 사람은 자기 손으로 집세를 치르러 왔습니다. 그는 아내와 다시 의논한 끝에 이사를 가지 않기로 한 겁니다. 역시 계약을 이행하는 일이 인간으로서 가장 중요하다는 결론을 내린 모양이었습니다."

고 노드 클립 경이 한번은 어떤 신문사가 허락도 없이 자기 사진을 실은 것을 발견하고 그 편집자에게 편지를 보냈다. 그러나 '마음에 안 드니 그 사진을 신문에 싣지 마시오' 이렇게 쓰지는 않았다. 그는 오히려 아름다운 마음에 호소했다. 누구나가 품고 있는 어머니에 대한 존경과 애정에 호소하여 다음과 같이 써 보냈다.

"그 사진은 신문에 싣지 마십시오. 저의 어머니가 몹시 싫어 하시니까요."

존 D. 록펠러 2세도 아이들의 사진이 신문에 실리는 것을 막기 위해 인간의 아름다운 심정에 호소했다.

"아이들의 사진이 신문에 실리는 것은 내가 찬성을 할 수 없습니다" 하고 말하지 않고, 아이들을 해치고 싶지 않다는 모든 사람의 공통된 심정에 호소했다.

"당신들도 아이들을 키우고 있는 분이 있어 아시고 있으리라 생각합니다만, 세상에 너무 노출되면 아이들에게 가혹한 일입니다."

사이러스 H. K. 커티스는 유명한 〈새터데이 이브닝 포스트〉와 〈레이디스 홈 저널〉의 창시자인데, 메인 주의 가난한 집에서 태어나 백만장자가 된 입지적인 인물이다. 처음에 그는 다른 잡지사처럼 원고료를 지불할 능력이 없었다. 하물며 일류 작가에게 원고를 부탁한다는 일은 생각할 수도 없었으므로 부득이 그들의 아름다운 심정에 호소해 보리라 생각했다. 그는 그 무렵의 유명 작가 올코트 여사에게 원고를 써 달라고 부탁하고 100달러의 수표를 썼는데, 그 수표는 그녀에게 준 것이 아니라 그녀가 적극적으로 지지하고 있는 자선단체 앞으로 보내어 성공을 거두었다.

독자 중에는 '그런 방법은 노드 클럽 경이나 록펠러나 감상적인 소설가에게는 적용될지 모르나, 심한 빚 독촉을 받았을 때도 과연 통용될 수 있을까' 라고 의문을 갖는 사람도 있을 것이다.

옳은 말이다. 적용되지 않는 경우도 있을 것이고 사람에 따라서는 통용될지도 모른다. 당신이 이보다 더 좋은 방법을 알고 있고 그 결과에 만족하고 있다면 구태여 이 방법을 쓸 필요가 없다. 그렇지 않다면 한번 실험해 볼 만한 일이다.

어쨌든 다음 이야기는 제임스 L. 토머스라는 사람이 우리 강습회에서 발표한 체험담인데 꽤 흥미롭다.

한 자동차 회사의 고객 여섯 명이 수리비 지불을 거부한 적이 있다. 청구서 전액에 대하여 거부하는 것이 아니라, 저마다 청구서 일부가 부당하다고 주장하는 것이다. 회사 입장에서는 수리를 할 때마다 서명을 받았기 때문에 절대로 잘못된 일이 없다고 믿고 그대로 손님에게 주장했다. 이것이 첫 번째 실수였다. 즉 수금원이 다음과 같은 방법으로 미수금을 받으려 했는데, 과연 이 방법으로 소기의 목적을 달성할 수 있었을까?

① 각 고객을 방문하여 청구서를 내놓고 여러 달이 되었으니 이 달에
   는 지불해 달라고 직접 말했다.
② 청구서는 절대로 잘못되지 않았다. 그러니 잘못된 것은 고객이라
   고 분명히 밝혔다.
③ 자동차 수리에 대한 일은 회사 측이 고객보다 훨씬 잘 알고 있다.
   그러니 무슨 잘못이 있을 수 있겠느냐고 설명했다.
④ 그 결과 심한 다툼이 일어났다.

이런 방법으로 고객이 미불금을 치를 것인지는 누구나 생각해 보
아도 알 수 있을 것이다. 수금원은 끝내 법적인 수단에 호소하려고
했는데 마침 지배인이 눈치를 채게 되었다. 지배인이 조사해 보니 문
제의 고객은 평소 돈 계산이 분명한 사람이라는 것을 알았다. 어딘가
에 잘못된 점이 있는 것이 틀림없다. 그래서 그는 토머스 씨를 불러
이 문제를 해결하라고 명령했다.
토머스 씨는 다음과 같은 방법을 썼다고 설명했다.

① 밀린 수리비에 대해서는 한마디도 하지 않고 다만 지금까지 해온
   회사의 서비스 상태를 조사하고자 찾아왔다고 말했다.
② 고객 측의 경위를 들어보기 전에는 아무 의견도 말할 수 없다는
   입장을 밝히고, 회사 측도 틀림없는 주장만을 한다고는 볼 수 없
   다고 말했다.
③ 내가 알고 싶은 것은 고객의 차에 대한 일이고, 고객의 차에 대해
   서는 고객보다 더 잘 알고 있는 사람은 있을 수 없으며, 따라서 전

문가는 고객이라는 것을 말해 주었다.

④ 고객으로 하여금 말하게 하고, 나는 그냥 관심과 그가 바라고 기대하고 있던 동정만을 표시하며 경청해 주었을 뿐이다.

⑤ 마지막에 고객이 어느 정도 마음이 가라앉은 다음 문제의 전말을 털어놓고 그의 공정한 판단에 호소했다. 즉 그의 아름다운 심정에 호소한 것이다.

"우리가 미숙하여 번거롭게 해 드린 데 대해 정말로 죄송하게 생각합니다. 수금원의 태도에 화가 많이 나셨으리라고 생각합니다. 정말 잘못된 일입니다. 제가 회사를 대표하여 사죄합니다. 말씀을 듣고 보니 당신의 공정하고 관대한 인품에 감탄했습니다. 실은 부탁이 있는데 이건 당신이 아니면 할 수 없는 일이며, 당신이 가장 잘 알고 계시는 일입니다. 다름이 아니라 이 청구서입니다. 이것을 당신이 정정해 주시면 그대로 인정하겠습니다. 당신이 저의 회사 사장이 되신 입장에서 바로잡아 주십시오. 모든 일을 당신에게 맡기고 정정한 대로 하겠습니다."

이것이 보기 좋게 효력을 발생했다. 여섯 사람 중에 한 사람만 끝까지 청구서가 잘못되었다고 고집을 부리고 일부 대금을 치르지 않았지만, 나머지 다섯 사람은 기분 좋게 전액을 지불했다. 더욱 놀랄 일은 그 뒤 2년간에 걸쳐 이 여섯 고객으로부터 각기 새 차의 주문을 받은 일이다.

토머스 씨는 이에 이렇게 말하고 있다.

"상대방의 신용 상태를 잘 모를 때에는 그를 훌륭한 신사로 보고 거래를 하면 틀림없다는 것을 나는 경험으로 알고 있다. 요컨대 인간은 누구나 정직하고 의무를 다하려고 하는 것이다. 이에 대한 예외는 비교적 적다. 남을 속이는 사람이라도 상대방이 진심으로 믿고, 정직하고 공정한 인물로 취급해 주면 여간해서 부정한 일은 할 수 없는 법이다."

[상대방을 내 편으로 만드는 설득의 기술 10]
상대방의 아름다운 심정에 호소하라.

11   극적인 연출을 하라

몇 년 전의 이야기이지만 〈필라델피아 이브닝 블리틴〉이 이상한 소문으로 곤경에 처한 적이 있다. 악의에 찬 소문이 퍼졌던 것이다.

대부분 광고뿐이고 기사 내용은 적어 독자는 흥미를 잃었으며 광고를 내도 효과가 적다는 소문이다. 급히 대책을 세워 소문의 뿌리를 끊어버려야 했다. 그래서 다음과 같은 방법이 취해졌다.

〈블리틴〉은 어느 하루에 실린 모든 기사를 분류, 한 권의 책으로 꾸며 출판했다. 이 책은 《하루》라는 제목이 붙여져 307쪽이나 되었고, 값은 적어도 2달러짜리는 되어 보였다. 그것을 단돈 2센트에 판 것이다.

이 책은 〈블리틴〉에 재미있는 기사가 많이 실려 있다는 사실을 효과 100퍼센트로 알린 것이다. 참으로 멋진 연출 솜씨라 하겠다. 단순히 숫자를 들거나 말로 떠들거나 했으면 하루 종일 걸려도 안 될 일을 한꺼번에 해치운 것이다.

　뉴욕대학의 리처드 보든과 알빈 부세는 1만 5,000건의 상담을 분석하여 《논쟁에서 이기는 방법》이라는 책을 냈고, 같은 내용을 《판매의 여섯 가지 원칙》이라는 제목을 붙여 강의를 했으며, 또 그 뒤에 영화화하여 수백 개의 대기업체 판매원들에게 보여 주었다.

　그들은 연구의 결과를 단순히 사실만이 아니라 실례로 보인 것이다. 청중 앞에서 논쟁을 벌이고 판매의 올바른 방법과 잘못된 방법을 실연으로 가르친 것이다.

　현대는 연출의 시대다. 단순히 사실만을 설명해서는 부족하다. 사실에 움직임과 흥미를 더하여 연출하지 않으면 안 된다. 흥행적인 수법을 써야 할 필요가 있다. 영화, 라디오, 텔레비전 등도 다 이 수법을 쓰고 있다. 사람의 주의를 끌려면 이렇게 하는 것이 무엇보다 효과적이다.

　쇼윈도 전시의 전문가들은 연출의 효과라는 것을 충분히 알고 있을 것이다. 이를테면 새 쥐약을 내놓은 생산업자가 거래처의 쇼윈도에 살아 있는 두 마리의 쥐를 전시하게 했더니, 그 쥐를 전시한 동안의 한 주일은 다른 때의 5배의 매상이 올랐다고 한다.

　〈아메리칸 위클리〉의 제임스 B. 보인튼은 상세한 시장조사 보고서를 제출할 일이 있었다. 어떤 일류 콜드크림 제조회사가 제품 값을 내리느냐 마느냐에 대해 긴급히 자료가 필요하다고 한 것이다. 그는 조사 결과를 의뢰자에게 가지고 갔다. 이 의뢰자는 업계의 거물로 꽤 까다로운 사람이었다. 보인튼이 첫 번째 보고서를 가지고 갔을 때는 실패하고 말았다. 보인튼 씨의 이야기를 소개해 보자.

"내가 첫 번째 들어갔을 때에는 조사 방법에 관해 쓸데없는 토론을 하느라고 빗나가고 말았습니다. 그도 따지고 나도 따지고 했습니다. 결국 논쟁 끝에 내가 이겨 울분을 풀기는 했으나 생산적인 결과는 아무것도 얻지 못했습니다.

두 번째 갔을 때에는 숫자나 표에 구애받지 않기로 하고 조사한 사람들을 극적으로 연출해 보였습니다. 내가 그의 사무실에 들어갔을 때 그는 전화를 하느라 바빴습니다.

전화를 거는 동안 나는 들고 간 가방을 열고는 그의 책상 위에 32통의 콜드크림을 쌓아 놓았습니다. 이들 모두는 그가 잘 알고 있는 그의 경쟁사 제품이었던 것은 물론입니다.

통마다 시장조사의 결과를 기입한 쪽지를 붙여 놓았고, 그 쪽지에는 그 크림의 매출 상태를 간단명료하게 적어 넣었습니다.

그 효과는 대단했습니다. 지난번처럼 논쟁을 벌일 필요가 없었습니다. 그는 크림 통 하나하나를 들고 쪽지에 적힌 내용을 읽었습니다. 우리 두 사람은 친근한 대화가 오가고 간단한 질문을 몇 마디 했습니다.

그는 상당한 흥미를 가졌던 모양입니다. 약속된 10분은 이미 지나가 버리고 20분, 40분, 1시간이 지나도록 우리들의 이야기는 계속되었습니다. 이번에도 지난번과 똑같은 조사결과를 제공했습니다. 하지만 연출 효과를 낸 점이 다를 뿐이었습니다. 연출 수법에 이렇게 큰 효력이 있는 줄은 몰랐습니다."

[상대방을 내 편으로 만드는 설득의 기술 11]
극적인 연출을 하라.

12 도전의식을 자극하라

찰스 슈워브가 담당하고 있는 공장 가운데 실적이 오르지 않는 공장이 있었다.

슈워브는 공장장을 불러서 물어 보았다.

"자네와 같이 유능한 사람이 공장을 제대로 운영하지 못해서야 어떻게 하겠나?"

"글쎄요, 저도 까닭을 모르겠어요. 잘 달래 보기도 하고 강압적으로 해 보기도 하며 온갖 수단은 다 써 보았지만 직원들이 움직여 주지를 않습니다."

마침 그때 저녁 교대가 시작될 시간이 되었다. 슈워브는 분필을 집더니 낮에 근무한 직원에게 물었다.

"자네 조는 오늘 몇 번이나 주물을 부었나?"

"여섯 번입니다."

이 말에 슈워브는 아무 대답도 없이 판에다 큼지막하게 '6'을 그려

놓고서는 나가 버렸다. 야근 직원들이 들어와 이 '6'을 보고 그 뜻을 주간 직원들에게 물어보았습니다.

"슈워브 씨가 오늘 왔는데, 나보고 오늘 몇 번이나 주물을 부었느냐고 물어보지 않겠나. 그래서 여섯 번이라고 했더니 판에다 이렇게 써 놓더군."

다음날 아침에도 슈워브는 공장을 돌아보았다. 야간 당번들은 '6'을 지워버리고 대신 '7'을 큼지막하게 써 놓았다. 야간 근무반이 성적을 더 올린 셈이다. 주간 근무자들이 이를 보자 대항 의식이 생겨 그들은 일을 열심히 했고, 퇴근 때에는 '10'을 써놓을 수 있었다. 이렇게 되어 이 공장의 실적이 나날이 달라진 것이다. 실적이 부진했던 이 공장은 마침내 다른 공장을 누르고 생산율에서 제1위를 차지하게 되었다.

이에 대한 슈워브 씨의 말을 들어 보기로 하자.

"일을 하는 데는 경쟁심이 중요합니다. 악랄한 돈 벌이의 경쟁력이 아니라 남보다 뛰어나고 싶어 하는 경쟁심을 이용해야 합니다."

뛰어나고 싶어 하는 의욕, 대항 의식, 지기 싫어하는 마음, 남자의 기백에 호소하는 법이다. 이 지기 싫어하는 마음이 자극되지 않았더라면 테오도어 루스벨트도 결코 미국 대통령이 될 수 없었을 것이다. 그는 스페인과의 전쟁에서 돌아오자마자 뉴욕 주지사 후보로 지명되었다. 그러나 반대파에서는 그가 뉴욕의 합법적 거주자가 아닌 것을 발견하고 이를 문제 삼기 시작했다. 루스벨트는 당황하여 주지사 후보를 사퇴하겠다고 했다. 그러자 토머스 콜리아 플래트가 그를 보고 소리쳤다.

"자네는 그러고도 산 주안 힐 전선의 용사라 할 수 있나? 비겁하게!"

루스벨트는 마음을 돌려 끝까지 싸울 결심을 했다. 그 뒤의 일은 역사가 말해준 대로이다. 그가 루스벨트의 지기 싫어하는 마음을 자극한 이 한마디는 그의 생애를 바꾸어 놓았을 뿐 아니라 미국 역사에도 지대한 영향을 끼치게 했던 것이다.

찰스 슈워브 자신도 이 같은 자극이 지니는 위력을 잘 알고 있었다. 알 스미스도 역시 그것을 알고 있었다.

알 스미스가 뉴욕 주지사로 있을 때 어려운 문제에 당면한 일이 있었다. 싱싱 교도소 소장 자리가 비어 있었고, 교도소의 관리들이 부패하여 아주 나쁜 소문이 떠돌았다. 스미스 지사는 이 싱싱 교도소를 관리할 수 있는 강력한 사람이 필요했다. 고심 끝에 그는 뉴햄프턴에 있는 루이스 E. 로즈를 불러오게 했다.

"싱싱을 한번 맡아보는 게 어떤가? 상당한 경험이 있는 사람이 필요한 곳이네."

스미스 지사가 분명하게 말했다.

로즈는 당황했다. 싱싱 교도소 소장이 되는 일은 좀 생각해 볼 문제였다. 정치 세력의 바람을 잘 타는 자리인 것이다. 소장은 쉴 새 없이 바뀌고 있었다. 부임한 지 3개월 밖에 안 가는 경우도 있었다. 덮어놓고 떠맡는 것은 위험하다고 로즈는 생각했다. 그가 망설이고 있는 것을 보자 스미스는 몸을 뒤로 젖히고 웃으면서 이렇게 말했다.

"보통일이 아니니까 자네도 선뜻 대답할 수 없겠지. 젊은 친구, 자네가 겁을 먹는 것을 나무랄 수야 없지. 참으로 힘든 자리니 웬만한 사람이 아니고는 해낼 수 없을 거야."

상대방의 지기 싫어하는 마음을 자극한 것이다. 여느 사람은 해낼 수 없다는 그 힘든 일을 한번 해보아야겠다는 마음이 생긴 것이다.

로즈는 곧 부임하여 분발했다. 그런 보람이 있어 지금은 모르는 사람이 없을 만큼 유명한 소장이 되었다. 그가 저술한 《싱싱의 2만년》이란 책은 몇십만 부가 팔렸다. 라디오 방송으로도 나갔다. 그의 저서를 소재로 한 영화가 여러 편 제작되었다. 또 그의 죄수 대우 개선론은 교도소에 기적적인 개혁을 가져오게 했다.

유명한 파이어스튼 고무 회사의 창립자인 하베 S. 파이어스튼은 이렇게 말했다.

"급료만 주면 사람이 모여들고 인재가 확보된다고 할 수 없다. 승부욕을 내세워야 한다."

성공한 사람은 승부를 좋아한다. 자기표현의 기회가 주어지기 때문이다. 자기 능력을 충분히 발휘하여 상대방을 이겨내는 기회, 이것이 여러 가지 경주나 경기를 성립시킨다. 우위를 차지하고 싶은 욕구, 중요감을 얻고 싶은 소망, 이것을 자극하는 것이다.

[상대방을 내 편으로 만드는 설득의 기술 12]
도전의식을 자극하라.

나는 최근 어느 브리지 놀이에 초대되어 갔다. 사실 나 자신은 브리지 놀이를 할 줄 몰랐다. 그곳에는 역시 나처럼 브리지 놀이를 하지 못하는 한 금발 여인이 와 있었다.

나는 로월 토머스가 라디오에 출연하여 유명해지기 전에 그의 매니저 노릇을 한 일이 있다. 그의 그림이 들어가는 여행기의 준비를 돕느라고 유럽 여러 곳을 여행하고 다닌 일이 있는데, 그런 사실을 알게 된 그 금발 여인은 나에게 그 이야기를 해 달라고 했다.

"아참, 카네기 씨. 선생님께서 여행하신 훌륭한 장소와 아름다운 경치에 대한 말씀을 해주시지 않겠어요?"

나와 나란히 안락의자에 앉자 그녀는 최근 남편과 함께 아프리카 여행에서 돌아온 지 얼마 안 되었다는 사실을 알려 주었다.

"아프리카라고요?"

나는 깜짝 놀라며 말했다.

"참 재미있었겠군요. 나는 오래전부터 아프리카를 가 보는 것이 소원이었는데, 알제리에서 24시간 머무는 것밖에는 한 번도 가 본 일이 없습니다. 맹수들이 있는 지방에도 가셨었던가요. 참 좋은 구경을 하셨겠군요. 정말 부럽습니다. 아프리카 이야기 좀 들려주십시오."

그러자 그녀는 45분 동안에 걸쳐 아프리카 이야기를 해 주었다. 나의 여행담을 들려 달라는 말은 두 번 다시 하지 않았다. 그녀가 바라고 있었던 것은 자기 이야기를 귀담아 들어 주어 자아를 만족시켜 줄 만한 사람이 필요했던 것이다. 그렇다면 그녀는 정신적인 어떤 문제가 있는 것일까? 아니, 그렇지 않다. 극히 보편적인 여자인 것이다.

한 예로서 나는 최근 뉴욕에서 출판사를 하는 J. W. 그린버그 씨가 베푼 만찬회에서 한 저명한 식물학자를 만난 일이 있다. 나는 일찍이 식물학자와는 이야기해 본 적이 없었던 탓으로 그가 하는 이야기에 매혹되고 말았다.

회교도가 마취제로 쓰는 대마 이야기, 식물의 새로운 종을 많이 만들어낸 루터 버뱅크의 이야기, 그 밖의 실내 정원과 감자 이야기 등 나는 그야말로 넋을 잃고 듣고 있었다. 우리 집에도 작은 실내 정원이 하나 있어서 몇 가지 의문스러운 점이 있었는데 나는 그의 이야기를 듣고 그 의문이 풀렸다.

우리는 만찬회 자리에 있었으며 그곳에는 10여 명의 낯선 손님도 함께 앉아 있었으나 나는 다른 손님들에게 실례되는 줄 알면서도 아랑곳하지 않고 그 식물학자하고만 몇 시간이나 이야기했던 것이다. 밤도 깊었으므로 나는 여러 사람에게 작별 인사를 하고 일어섰다. 그때 그 식물학자는 그 집주인에게 나를 입에 침이 마르도록 칭찬했다. 즉 내가 아주 재미있는 이야기꾼이라는 것이다.

내가 재미있는 이야기꾼이라고? 도대체 내가 무슨 말을 했다는 건가? 식물학에 대해서 아는 것이라고는 전혀 없기 때문에 화제를 바꾸지 않는 한 말하고 싶어도 한마디도 할 수 없었던 내가 아닌가?

그러나 말하는 대신 열심히 듣고 있었다. 나는 진심으로 흥미를 가졌기 때문에 귀를 기울이고 있었으며, 그 또한 이 사실을 인식했다. 이런 것들이 자연히 그를 기쁘게 만든 것이다. 이처럼 상대방의 말에 귀를 기울여 준다는 것은 누구에게나 표할 수 있는 최고의 칭찬인 것이다. 이것은 잭 우드포드의 말이지만 나는 이야기에 정신을 빼앗겼을 뿐 아니라 아낌없는 칭찬을 보낸 것이다.

"정말 즐겁게 이야기를 들었고 배운 것도 많았습니다."

"저도 그만한 지식이 있었으면 좋겠습니다."

"당신을 따라 들판을 쏘다녀 보고 싶습니다."

나는 이런 찬사를 말했는데 모두 진심에서 우러나온 말이었다. 다만 나는 좋은 경청자가 되어 주고 그에게 이야기하는 의욕을 북돋아 주었을 뿐인데도 그로 하여금 훌륭한 이야기꾼인 것으로 생각하게 했던 것이다.

상담의 비결에 대하여 찰스 W. 엘리어트는 이렇게 말한다.

"상담에는 별다른 비결이 없다. 당신에게 이야기하고 있는 사람에게 전적인 주의를 기울이는 것이 가장 중요하다. 어떤 아첨의 말이라도 이보다 더 효과적인 방법은 없을 것이다."

이 말은 너무도 잘 알려진 말이다. 대학을 나오지 않아도 누구나 알 수 있는 말이다. 비싼 매장을 임차해서 좋은 상품을 들여놓고, 눈길을 끌도록 진열장을 꾸며 놓고, 많은 돈을 들여 광고를 하면서도 손님의 말을 귀담아듣고 재치 있게 서비스하는 직원을 고용하지 못하는 상인은 허다하다. 손님의 말을 가로채고 손님의 말에 대들어 손님을 쫓아버리는 직원을 아무렇지도 않게 고용하고 있는 것이다.

여기에 J. C. 우튼의 경험을 예로 들어 보자. 그는 이 이야기를 내 강습회에서 발표했다.

그는 뉴저지 주 뉴워크 시의 어떤 백화점에서 양복 한 벌을 샀다. 얼마 안 가서 그 양복은 물감이 빠져서 셔츠의 칼라를 더럽혔다. 그는 양복을 싸들고 백화점을 찾아가 먼저 그 직원을 붙들고 이 사실을 말했다. 아니 말하려고 했다. 그런데 상대방은 말할 기회를 주지 않았다.

"우리는 이와 같은 양복을 몇천 벌이나 팔아왔습니다."

이렇게 직원이 역습해 왔다.

"그런데도 이렇게 항의를 하러 온 것은 당신이 처음입니다."

직원의 말을 옮기면 이렇지만 그의 말투는 마치 너한테 속을 줄 아느냐는 식이었다.

"댁에서는 거짓말을 하고 계십니다. 말하자면 저희들에게 무엇인가 뒤집어씌울 심사가 아니십니까? 그렇죠. 그렇다면 여기서 다른 것을 한두 개 보여드리죠."

이렇게 한참 말다툼을 하고 있을 때 이 모습을 지켜보고 있던 직원 하나가 참견을 했다.

"검은 양복이란 원래 처음에는 조금 물이 빠집니다. 그 값으로는 그 정도의 양복밖에 살 수 없을 겁니다. 결국 물감이 좋지 않은 것이죠."

우튼 씨는 그때의 모습을 이렇게 말했다.

"이렇게 되니 나도 더 이상 참고만 있을 수는 없었습니다. 첫 번째 직원은 나의 정직성을 의심했고, 두 번째 직원은 내가 산 물건이 싸구려라는 것을 알려 준 셈입니다. 내가 화를 참을 수가 없어 막 그 양복을 상대방에게 내동댕이치려는데 마침 백화점 지배인이 다가왔습니다. 그 사람은 영업하는 요령을 잘 알고 있었으므로 화난 내 마음을 완전히 바꿔 놓았습니다. 그는 성난 사람을 흡족해 하는 단골손님으로 만들어 놓았습니다. 그가 쓴 방법은 다음 세 가지였습니다.

　첫째, 그는 내 이야기를 처음부터 끝까지 한마디의 대꾸도 하지 않고 들어 주었습니다.

　둘째, 내 이야기가 끝나고 직원들이 다시 그들의 의견을 내세우려 들자, 그는 그 직원들을 상대로 나의 입장에 서서 말다툼을 벌였던 것입니다. 내 칼라에 묻은 검은 색깔은 양복에서 묻은 것이 틀림없다는 사실을 지적했을 뿐만 아니라, 이 매장에서는 손님을 완전히 만족시켜 주지 못하는 물건은 앞으로 결코 팔아서는 안 된다고까지 주장했습니다.

　셋째, 이 옷에 결점이 있는 것을 몰랐다고 하며 자기의 잘못을 사과하고 '걱정 마시고 양복을 어떻게 해 드리면 되는가를 말씀해 주십시오. 손님이 원하시는 대로 해 드리겠습니다' 하고 말한 것입니다.

　몇 분 전까지만 해도 그 마땅치 않은 양복을 돌려주고 싶은 생각이었던 나였지만, 이렇게 대답했습니다. '이렇게 물이 빠지는 상태가 일시적인가요? 그렇다면 이를 방지할 수 있는 무슨 방법이라도 일러 주십시오.'

　그는 1주일만 더 입어 보면 어떻겠느냐고 권하면서, '그때 가서도 마음에 안 드신다면 가져오십시오. 마음에 드시는 것으로 바꿔 드리겠습니다. 정말 죄송합니다' 하고 말했습니다.

나는 흐뭇한 마음으로 백화점을 나왔습니다. 1주일이 지나자 그 양복은 아무런 이상이 나타나지 않았고, 따라서 그 백화점에 대한 나의 불신감도 완전히 사라졌습니다."

이 지배인은 역시 지배인다운 점이 있다. 그러나 이와는 반대로 그 직원들은 평생을 두고 직원 노릇밖에는 하지 못할 것이다. 아니 어쩌면 영영 손님들과의 접촉이 없는 포장부로 전출될지도 모른다.

사소한 일에도 화를 내는 사람이 있다. 개중에는 꽤 심한 사람도 있으나 그런 심한 사람이라도 끈기 있게 앉아 상대방의 이야기를 들어 주는 사람, 아무리 코브라처럼 독이 올라 있어도 끝까지 열심히 귀를 기울여 주는 사람에게는 대개 수그러들게 마련이다.

몇 년 전의 일이지만 이런 일이 있었다. 뉴욕 전화국 가입자 중에 교환수를 잘 울리는 말썽꾸러기 한 사람이 있었다. 차마 입에 담지 못할 욕을 교환수에게 퍼붓는 것이다. 청구서가 부당한 것이므로 요금을 내지 않겠다고 억지를 부리고, 여러 신문지상에 투고를 하는가 하면, 끝내는 공익사업위원회에 청원서를 제출하고, 전화국을 상대로 소송을 내기도 했다. 마침내 전화국에서는 이 극성스러운 사람과 이야기를 나누기 위해 가장 능숙한 해결사를 한 사람 보냈다. 이 해결사는 상대방이 마음껏 울분을 터뜨리도록 내버려 두고 당연한 말이라는 듯 고개를 끄덕이며 '네, 네' 대답만 하고 그의 불만에 동정을 나타내면서 그저 듣고만 있었다.

그 해결사는 필자의 강습회에서 그때의 경험을 이렇게 말했다.

"그는 악을 바락바락 쓰고 있는데 나는 근 세 시간 동안이나 가만히 듣고만 있었습니다. 그리고 그 뒤에도 몇 번을 이렇게 계속했습니다. 나는 그와 모두 네 번을 면담했는데, 네 번째 방문할 때는 나는 이미 그가 추진하고 있는 어떤 모임의 발기인이 되어 있었습니다.

그 모임의 명칭은 '전화가입자보호협회' 라 부르고 있었습니다. 나는 지금도 그 모임의 회원입니다. 내가 알기론 이 지구상에서 그 모임 회원이란 그 사람을 빼놓고는 나뿐일 것입니다. 나는 줄곧 그의 입장에서 이야기를 들어 주었습니다. 그는 전화국 사람이 그에게 이런 태도로 말하는 것을 일찍이 본 적이 없었기 때문에 나중에는 친구를 대하듯 했습니다.

그를 무엇 때문에 찾아갔는가 하는 점을 첫 번째 방문 때도 두 번째, 세 번째 방문 때에도 말하지 않다가 이 사건을 완전히 매듭지은 네 번째 방문에서 그의 요금 미납액 전액을 치르게 했을 뿐 아니라, 위원회에 대한 그의 청원도 취하하게 했습니다."

그 사람은 틀림없이 대중의 권리를 방어하는 전사로 자처하고 있었을 것이다. 그러나 그가 실상 바라고 있었던 것은 자기의 중요감이었다. 자기의 중요감을 얻기 위해 그는 불평을 터뜨린 것인데, 전화국 직원이 그 중요감을 채워주자 그의 망상이 만들어낸 불평은 씻은 듯이 사라져 버린 것이다.

데트머 모직물 회사는 이제 세계에서도 손꼽힐 만한 회사로 자랐지만, 창립 후 얼마 안 되어서의 일이다. 초대 사장 줄리언 F. 데트머의 사무실에 한 성난 고객이 뛰어들어왔다.

데트머 사장은 그때의 일을 나에게 이렇게 말해 주었다.

"그 사람은 우리에게 15달러의 미수금이 남아 있었습니다. 그러나 본인은 그렇지 않다고 펄쩍 뛰었습니다. 하지만 절대로 틀림없는 일이므로 또다시 독촉장을 보냈습니다. 그러자 그는 화를 내며 시카고에 있는 나의 사무실까지 달려와 결제는커녕 앞으로 데트머 회사와는 거래를 일절 끊겠다고 했습니다.

나는 그가 말하고자 하는 말을 참을성 있게 듣고만 있었습니다. 말을 가로막고 싶은 충동을 받으면서도 그것이 좋지 않은 수법임을 알고 있었기 때문에 그가 하고 싶은 말을 다 마칠 때까지 내버려 두었던 것입니다. 마음껏 떠들고 난 그는 흥분도 가시고 이쪽 이야기도 알아들을 것 같기에 나는 조용히 말했습니다.

'선생께서 이 말씀을 하시기 위하여 일부러 시카고까지 오신 데 대해 감사하게 생각합니다. 담당자가 그런 실수를 선생께 저질렀다면 다른 고객들에게도 역시 그런 실수를 저지르고 있을지도 모릅니다. 그렇다면 이것은 보통 일이 아닙니다. 선생께서 와 주시지 않았더라면 제가 찾아뵐 문제입니다.'

이런 말이 내 입에서 나오리라고는 꿈에도 생각하지 않았을 겁니다. 나를 단단히 혼을 내주려고 일부러 시카고까지 찾아왔는데 오히려 고맙다는 말을 들었으니 다소 기대에 어긋났을 것입니다. 나는 계속해서 이렇게 말했습니다.

'우리 직원들은 수천에 이르는 거래처의 계산서를 취급해야 합니다. 그러나 선생께서는 꼼꼼하신 데다 우리가 드린 계산서 하나만을 취급하시면 되니까 아무래도 잘못은 우리 쪽에 있는 것 같습니다. 15달러 건은 없었던 것으로 하겠습니다.'

나는 그가 느끼고 있던 것을 이해할 수 있으며, 내가 그 입장이라면 역시 똑같이 느꼈을 것이라는 점을 말해 주었습니다. 또한 그는 앞으로 우리 회사의 물건은 아무것도 사지 않겠다고 했으니까 나로서는 그에게 다른 회사를 추천해 주기로 했습니다.

전부터 그가 시카고에 오면 함께 점심식사를 하는 전례가 있었으므로, 그날도 나는 그와 점심을 같이하기로 했습니다. 그는 달갑지 않은 것같이 나를 따라나섰으나 점심식사를 마치고 함께 다시 사무실로 돌아오자, 그는 일찍이 없었던 많은 물건을 주문했습니다. 기분 좋게 돌아간 그는 완전히 다른 사람이 되어, 다시 한 번 청구서 철을 조사하여 잘못된 그 15달러짜리 청구서를 찾아내고는 사과와 함께 그 돈을 수표로 송금해 주었습니다.

그 뒤 그가 아들을 갖게 되어 데트머라는 이름을 지어 주고, 그가 세상을 떠날 때까지 25년 동안 나의 친구이며 회사의 고객으로 오래오래 지냈습니다."

몇 해 전의 일이다. 이민 온 한 불쌍한 네덜란드 소년이 학교 수업이 끝나면 주 50센트 벌이로 빵가게 유리창을 닦고 있었다. 그들 네덜란드 가족은 몹시 가난했기 때문에 날마다 포대 자루를 들고 거리에 나와서 석탄 운반차가 흘리고 간 탄 부스러기를 주워 모으곤 했던 것이다.

에드워드 보크라는 이 소년도 평생 동안 6년밖에는 학교를 다녀 보지 못했지만, 훗날 미국에서도 손꼽히는 잡지사 편집자가 되었다. 그의 성공 비결은 한마디로 말해 이 장에서 말한 원리를 응용한 것이다.

그는 13세에 학교를 그만둔 뒤 주급 6달러 5센트를 받고 웨스턴 유니언 회사에 사환으로 들어갔다. 그러나 잠시도 공부하겠다는 생각을 버리지 않고 계속 독학을 했다. 그는 교통비를 아끼고 점심을 굶기까지 해가며 모은 돈으로 미국 인물사전을 사 가지고는 그때까지 아무도 해보지 않았던 일을 했던 것이다. 그는 저명인사들의 전기를 읽고서는 본인 앞으로 편지를 내어 그들의 어린 시절에 관한 상세한 이야기를 해 달라고 부탁했다. 그는 역시 좋은 경청자였던 것이다. 그는 저명인사들에게 그들 자신에 대한 이야기를 하게끔 한 것이다. 그는 그 무렵 대통령 입후보자이던 제임스 A. 가필드 장군에게 서신을 내어 그가 소년시절에 어느 운하에서 배를 모는 일을 한 것이 사실인가를 물었다. 가필드로부터 답장이 왔다. 또 그는 그랜트 장군 (미국 남북전쟁 당시 북군의 총사령관이었으며 제18대 대통령)에게 편지를 써서 어느 전투에 대하여 질문했는데 장군은 지도를 그려 설명한 답장을 보내고는, 이 14세 소년을 저녁식사에 초대해서 이야기해 주느라고 온 저녁 시간을 그와 함께 보냈다.

그는 또한 에머슨에게도 편지를 보냈고 그도 기꺼이 자신에 대한 이야기를 하게끔 했다. 이 웨스턴 유니언 회사의 사환은 얼마 안 가서 온 나라의 저명한 인사와 편지를 주고받게 되었다. 즉 에머슨, 필립스 브루크스, 올리버 웬델홈스, 롱펠로, 에이브러햄 링컨 여사, 루이자 메이올코트, 셔먼 장군, 제퍼슨 데이비스 등 여러 인사들이다.

그는 이들 저명인사와의 교신뿐 아니라, 휴가를 받으면 그들을 방문하여 따뜻한 환영을 받았다. 이러한 경험으로 얻은 자신감은 그에게 귀중한 것이었다. 이들 저명인사들은 이 소년의 꿈과 희망을 크게 부풀게 했으며 마침내는 그의 생애를 바꿔 놓고 말았다. 이것이 바로 이 장에서 다루고 있는 원리를 이용한 것이다.

유능한 탐방기자로 이름난 아이작 F. 마코슨은 많은 사람들이 상대방의 말에 주의깊게 귀를 기울이지 않기 때문에 좋은 첫인상을 주는 데 실패하고 있다고 단언하고 있다.

"자기가 할 말만 생각하기 때문에 귀를 놀리는 사람이 많다. 여러 거물급 인사들은 화술이 능한 사람보다 잘 들어주는 경청자를 좋아한다. 그러나 남의 말을 잘 듣는 재능은 다른 재능보다 훨씬 얻기 힘든 일이다."

그는 이렇게 말하고 있으나 좋은 경청자를 바라는 것은 거물급 인사뿐만이 아니고 보통사람들도 역시 마찬가지다. 언젠가 〈리더스 다이제스트〉에 이런 말이 실려 있는 것을 보았다.

"세상에는 자기 이야기를 들어줄 사람이 필요해서 의사를 부르는 환자가 많다."

남북전쟁의 암흑기에 링컨이 일리노이 주 스프링필드에 있는 한 친구에게 편지를 보내 워싱턴으로 초청했다. 링컨은 그와 의논할 문제가 생겼다고 전했던 것이다. 그 친구가 백악관에 도착하자 링컨은 몇 시간 동안이나 노예해방 선언을 발표하는 일이 과연 올바른 정책인가를 그에게 이야기했다. 자기 의견을 모두 말하고 나자 이번에는 투서와 신문기사를 읽어 주었다.

어떤 사람은 노예해방에 반대하고 어떤 이는 찬성하고 있다. 몇 시간을 이렇게 이야기한 뒤 링컨은 그 친구와 작별인사를 하고는 그의 의견조차 물어보지도 않고 일리노이 주로 돌려보냈다. 처음부터 끝까지 링컨은 이렇게 자기 할 말만 하고 말았다. 이렇게 함으로써 그의 마음은 후련해졌을 것이다. 훗날 그 친구는, "그는 이야기를 실컷 하고 나더니 퍽 마음이 편해진 듯이 보였습니다" 하고 말했다.

링컨은 상대방의 의견을 들을 필요는 없었던 것이다. 다만 그는 그의 짐을 내려 줄 만한 사람, 즉 내 일처럼 열심히 들어 줄 사람이 필요했던 것이다. 이는 마음에 괴로움이 있을 때는 누구나 바라는 일이다. 흔히 화난 고객, 불만스러운 고용인, 또는 마음을 상한 친구들이 좋은 경청자를 바라고 있는 것이다.

사람들이 당신을 싫어하고 등 뒤에서 비웃고 당신을 경멸하도록 하려면 다음 사항을 지키면 된다.

① 처음부터 끝까지 당신 말만 하라.
② 다른 사람의 말을 절대로 오랫동안 경청하지 마라.
③ 다른 친구와 이야기하고 있는 동안 무슨 생각이 떠오르면 그의 말이 끝나기를 기다리지 말고 가로채라.
④ 그는 당신과 같이 예민하지 못하다. 무엇 때문에 그런 친구의 부질없는 잔소리를 경청하느라고 시간을 낭비하는가?

당신은 이런 부류의 사람을 본 일이 있을 것이다. 나 역시 불행히도 이런 사람들을 알고 있다. 더욱 놀라운 것은 그들 가운데 몇 사람의 이름이 사회 명사록에 들어 있다는 사실이다.

그런 인간은 정말 골치 아픈 상대다. 자아에 도취하고 자기만 위대하다고 생각하는 사람들이다. 자기 말만 하는 사람은 자기만 생각하는 사람이다.

"자신만을 생각하는 사람은 교양이 없는 사람이다. 많은 교육을 받았다 하더라도 그는 교양이 몸에 배지 않은 사람인 것이다."

컬럼비아 대학 총장인 니콜라스 머레이 버틀러 박사가 한 말이다.

훌륭한 화술가가 되려면 훌륭한 경청자가 되어야 한다. 찰스 N. 리 부인은 이에 대하여 다음과 같이 말했다.

"자신에게 흥미를 갖게 하기 위해서는 우선 이쪽에서 흥미를 가져야 한다. 상대방이 기꺼이 대답할 수 있는 질문을 하는 것이다. 상대방 자신의 일이나 자랑거리로 여기고 있는 일을 말하도록 의욕을 북돋아 주어라."

당신이 이야기하고 있는 상대는 자기 자신과 자신의 소원과 문제에 대하여 당신과 당신의 문제에 대해서보다 더 많은 관심을 가지고 있다는 사실을 상기하라. 그가 앓는 치통은 그에게 100만 명을 사망케 한 중국의 기근보다 더 큰 의미를 갖게 하는 것이다.

목의 염증은 아프리카에서 일어난 마흔 번의 지진보다도 그에게는 더 큰 관심의 대상인 것이다. 언제나 내 이야기 차례는 다음이라는 것을 생각하라.

[상대방을 내 편으로 만드는 설득의 기술 13]
좋은 경청자가 되어라.

14 진심으로 칭찬해 주어라

뉴욕의 8번가에 있는 우체국에서 나는 등기우편을 부치려고 줄을
서서 차례를 기다리고 있었다. 등기 담당 직원은 어제도 오늘도 우편
물의 무게를 달고 우표와 거스름돈을 내 주며 영수증을 발행해 주고
하는 똑같은 일이 되풀이되는 것에 아주 진력이 나는 모양이었다. 그
래서 나는 잠시 생각해 보았다.

'한번 이 사내가 나에게 호의를 갖도록 해 보자. 그렇게 하려면 내
일이 아니라 그의 일에 관하여 무엇인가 호의에 찬 이야기를 해 줘야
겠는데, 그 사람에 대해서 내가 정말 감탄할 만한 것은 무엇인가?'

이것은 매우 어려운 문제이며, 특히 상대방이 초면인 경우에는 더
욱 어려운 것이다. 그런데 우연히 그 일이 쉽게 해결되었다. 나는 그
에게서 실로 훌륭한 것을 곧 발견할 수 있었던 것이다.

그가 내 봉투의 무게를 달고 있을 때, 나는 진심으로 부러운 듯이
이렇게 말했다.

"당신의 그 아름다운 머리카락! 참 부럽습니다."

약간 놀라움이 섞인 표정으로 나를 쳐다본 그의 얼굴에는 미소가 번지고 있었다.

"뭘요. 요즘은 아주 볼품이 없어졌는걸요."

그는 겸손하게 대꾸하는 것이었다.

전에는 어떠했는지 알 수 없으나 하여튼 멋있는 머리카락이라고 나는 마음속으로 감탄했다. 이런 나의 눈치를 알아차린 그의 기쁨 또한 큰 모양이었다. 우리는 다시 몇 마디 유쾌한 말을 주고받았는데, 나중에 그는 "사실 멋있는 머리카락이라고들 하기는 합니다" 하고 실토를 하고야 말았다.

그날 그는 즐거운 기분으로 점심식사를 하러 나갔을 것이다. 저녁에 집에 돌아가서는 아내에게도 이야기했을 것이다. 거울을 혼자 들여다보면서, "과연 근사하군!" 하고 중얼거렸을 것이다.

이 이야기를 나는 어느 공개석상에서 한 적이 있다. 그러자 내 이야기를 듣고 나서 나에게 "그래 당신은 그 사람에게서 무엇을 얻었습니까" 하고 질문하는 사람이 있었다.

내가 무엇을 기대하고 있었느냐고? 이 얼마나 쑥스러운 질문인가?

타인을 기쁘게 하고 칭찬을 했으니까 무엇을 바라야 한다는 인색하고 좁은 소견을 가진 사람들은 결국 실패하고 말 것이다.

아니 실은 나도 대가를 바라고 있었다. 내가 바랐던 것은 돈으로는 못 사는 것이었다. 그리고 확실히 나는 그것을 얻었다. 그에게 기분 좋은 말을 해 주고 그러면서도 그에게 아무런 부담도 지우지 않았다는 후련한 기분, 바로 그것이다. 이러한 기분은 언제까지나 즐거운 추억으로 남게 되는 것이다.

인간의 행위에 관하여 중요한 법칙이 하나 있다. 이 법칙에 따르면 대개의 난관은 피할 수가 있다. 이것을 지키기만 한다면 친구는 점점 많아질 것이며 항상 행복을 느낄 수 있다. 그러나 이 법칙을 깨뜨리면 곧 난관에 부닥치게 될 것이다. 이 법칙이란 다름이 아니다.

늘 상대방에게 중요감을 갖도록 하라.

이미 설명한 대로 존 듀이 교수는 중요한 인물이 되고 싶다는 욕망은 인간의 가장 뿌리깊은 욕구라고 말하고 있다. 또 윌리엄 제임스 교수는 인간성의 바탕을 이루고 있는 것은 다른 사람으로부터 인정을 받고자 하는 갈망이라고 단언했다. 이 욕망이 인간과 동물을 구별 짓는다는 것은 이미 말한 바이지만 인류의 문명도 이러한 인간의 욕망에 의하여 발전되어 온 것이다.

인간관계의 법칙에 대하여 철학자들은 수천 년에 걸쳐 사색을 기울여 왔다. 그리고 그 사색 가운데서 단 한 가지 중요한 교훈이 탄생했다. 그것은 결코 새로운 교훈이 아니다. 그것은 인간의 역사만큼이나 오래되었다. 3,000여 년 전의 페르시아에서는 조로아스터가 그 교훈을 교도들에게 전해 주었다. 2,400여 년 전의 중국에서는 공자가 그것을 설파했다. 도교의 창시자인 노자도 그것을 제자들에게 가르쳤다. 예수보다 500여 년이나 빨리 석가는 거룩한 갠지스 강 기슭에서 이를 가르쳤다. 이보다 1,000여 년 전에 힌두교의 성전에도 이것이 설명되어 있다. 예수는 1,900여 년 전에 유대의 바위산에서 이 교훈을 가르쳤다. 예수는 이를 다음과 같은 말로 이야기했다. 그것은 이 세상에서 가장 중요한 법칙이라고도 할 수 있을 것이다.

"남이 나에게 해 주기를 원하는 것처럼 남에게 행하라."

인간은 누구나 주위 사람들에게서 인정받기를 원하고 있다. 자기의 진가를 인정받고 싶은 것이다. 작으나마 자신의 세계에서는 자기가 중요한 존재라고 느끼고자 하는 것이다. 속이 훤히 들여다보이는 겉치레 말은 듣고 싶지 않지만 진정한 칭찬에는 굶주려 있는 것이다. 찰스 슈워브의 말대로 자기 주위 사람들에게서 '마음속으로부터의 인정과 아낌없는 칭찬'을 받고 싶은 것이 누구나의 공통된 마음이다.

그러므로 앞에 말한 황금률(黃金律)에 좇아서 남이 나에게 해 주기를 원하는 바를 내가 남에게 해주면 되는 것이다.

그러면 그것을 어떻게, 언제, 어디서 할 것인가? 언제든지 어디서나 행하라.

이런 예가 있다. 어느날, 나는 라디오시티(뉴욕 RCA 빌딩에 있음)의 안내원에게 헨리 수벤의 사무실 호수를 물어보았다. 단정한 제복 차림의 그 안내원은 자랑스러운 듯이 가르쳐 주었다.

"헨리 수벤… 18층… 1816호실입니다."

또박또박 말마디 사이에 간격을 두고 그는 대답해 주었다.

나는 급히 승강기 있는 쪽으로 가다가 다시 돌아와서 안내원에게 말했다.

"당신이 지금 그 말해 주는 방식이 아주 좋은데요. 명료하고 정확하여 일종의 예술이라 할 정도입니다. 나는 절대로 흉내도 낼 수 없겠는데요."

이 말에 그는 얼굴에 기쁜 빛을 감추지 못하며 왜 그러한 방식으로 발음을 했으며, 어째서 말마디 사이에 간격을 두었는가 하는 까닭을 나에게 설명해 주었다. 내가 한 몇 마디의 말에 그는 가슴이 울렁거릴 정도로 기뻤던 것이다. 18층까지 올라가면서 나는 인류 행복의 총량을 조금이나마 증가시킬 수 있었다는 사실의 즐거운 여운을 맛보고 있었다.

이 칭찬의 철학은 외교관이나 자선단체의 회장이 되기 전에는 응용할 길이 없는 사치품이 아니다. 매일 응용하여 마술 같은 효과를 거둘 수 있는 것이다.

예컨대 음식점에서 종업원이 주문한 것과 다른 것을 가지고 왔을 때, "미안하지만, 나는 커피가 아니라 홍차를 시킨 것 같은데요" 하는 식으로 정중히 말하면 종업원은 기꺼이 바꿔다 줄 것이다. 상대방에게 경의를 표했기 때문이다. 이러한 공손하고 점잖은 말씨는 단조로운 일상생활의 톱니바퀴에 치는 윤활유 구실을 하며 동시에 교양의 수준을 증명해 주기도 한다.

또 한 가지 예를 들어 보자. 홀 케인은 《그리스도교도》, 《재판관》, 《맨 섬의 사람》 등의 소설을 쓴 유명한 작가이지만 원래 대장장이의 아들이었다. 학교는 8년 남짓밖에 다니지 않았으나, 마침내는 세계에서도 손꼽히는 작가가 되어 큰 부를 누렸다.

홀 케인은 '14행 시'나 민요를 좋아하여 영국의 시인 단테 가브리엘 로제티의 작품을 탐독하고 있었다. 그 결과 그는 로제티의 예술적 공적을 찬양하는 기고문을 쓰고 그 사본을 로제티에게 보냈다. 로제티는 기뻐했다.

'나의 능력을 이처럼 높이 평가해 주는 청년은 필경 훌륭한 인물임이 틀림없다.'

로제티는 아마 이렇게 생각했을 것이다.

그리고 이 대장간 집 아들을 런던으로 불러내어 자기 비서로 삼았던 것이다. 이것이 홀 케인 생애의 전환점이 되었다. 이 새로운 일사리에서 그는 당시의 유명한 문학가들과 친하게 사귈 수 있었고, 그들의 조언이나 격려에 힘입어 새로운 인생을 개척하여 후일에는 세계에 문명을 떨칠 수 있게 되었다.

맨 섬에 있는 그의 저택 글리버 캐슬은 세계 각지에서 밀려오는 관광객의 메카가 되었다. 그가 남긴 재산은 250만 달러에 이르렀다고 하는데, 만일 그가 유명한 시인에 대한 찬사의 기고문을 쓰지 않았던들 그는 가난한 무명인사로 일생을 마쳤을는지도 모른다.

마음으로부터의 아낌없는 칭찬은 이와 같이 무궁무진한 위력을 지니고 있는 것이다. 로제티는 자기를 중요한 존재라고 생각하고 있었다. 당연한 일이다. 인간은 거의 예외 없이 그렇게 생각하고 있다. 이 지구상의 인간은 누구나 다 그렇게 생각하고 있는 법이다.

미국인 중에는 일본인에 대해 우월감을 느끼고 있는 사람이 있다. 그러나 일본인 역시 미국인보다 훨씬 우수하다고 생각하고 있다. 백인이 일본 부인과 춤을 추고 있는 것을 보고 분개할 만큼 보수적인 일본인도 있는 것이다.

힌두교도에 대하여 우월감을 느끼든 안 느끼든 그것은 외국인의 자유겠지만, 어쨌든 힌두교도들은 외국인에 대하여 한없는 우월감을 가지고 있다. 그러므로 이교도인 외국인의 그림자가 스쳐 지나갔던 음식물에는 더럽다고 절대로 손도 대지 않는다.

에스키모에 대해 누가 우월감을 갖든 안 갖든 그것은 각 개인의 자유겠지만 에스키모 자신은 백인에 대하여 어떠한 생각을 갖고 있는가를 한번 살펴보기로 하자.

에스키모 사회에도 부랑자가 있는데 이처럼 게으르고 쓸모없는 인간을 에스키모는 백인 같은 족속이라고 욕하는 것이다. 이 말보다 더

심한 경멸을 뜻하는 말은 달리 없다고 한다.

어느 국민이라도 스스로는 타국민보다 우수하다고 생각하고 있다. 그것이 애국심을 낳고 때로는 전쟁까지도 일으킨다.

사람은 누구나 모두 타인보다 어느 점에서는 우수하다고 생각하고 있는 것이다. 따라서 상대방의 마음을 내 손에 꼭 휘어잡으려면 상대방이 상대방 나름의 세계에서 중요한 인물임을 사실대로 인정해 주고, 그 점을 상대방에게 잘 말해 줘야 한다.

에머슨이 "누구나 사람은 나보다 어느 면에서는 우수하고 또 배울 점을 갖추고 있다"라고 한 말을 기억해 주기 바란다.

그런데 참 보기에도 딱한 것은 남에게 자랑할 만한 아무런 장점도 없으면서 그로부터 오는 열등감을 터무니없는 자만이나 자기 자랑으로 얼버무리려 하는 사람들의 모습이다.

셰익스피어는 이러한 모습을 "오만 불손한 인간들! 보잘것없는 것을 내세워 천사라도 통곡할 만한 거짓말을 태연히 하는 사람들"이라고 표현하고 있다.

칭찬의 원칙을 응용하여 성공을 거둔 세 사람의 일화를 소개해 보겠다. 세 사람 모두 나의 강습회의 수강생이었다.

먼저 코네티커트의 변호사 이야기를 하겠는데, 본인은 친척에 대해 피해를 줄 수도 있으니 익명으로 해 달라는 부탁이 있기에 그저 R씨라고만 해 두겠다. 나의 강습회에 참석한 지 얼마 안 되어 R씨는 아내와 더불어 롱아일랜드에 있는 처가 친척집에 다니러 갔다.

연로하신 숙모님 댁에 도착하자, 아내는 R씨를 숙모님 댁에 남겨두고 자기는 다른 친척집을 방문하러 갔다. R씨는 칭찬의 원칙을 실험한 결과를 강습회에 보고하도록 되어 있었으므로, 먼저 이 나이 많은 처숙모님에게 시험해 보려 했다. 그래서 그는 집 안을 두루 살피면서 진심으로 칭찬해 줄 만한 일을 찾아내려고 애썼다.

"이 집은 1890년 무렵에 지은 것이겠죠?"

그가 묻자, 숙모는 바로 1890년에 지었다고 대답했다.

"저의 생가도 이와 똑같은 집이었습니다. 참 훌륭한 건축 양식입니다. 여러모로 쓸모 있는 집이죠. 널찍하고… 요즈음은 이런 집을 잘 짓지를 않더군요."

그 말을 듣자 숙모는 과연 그렇다는 듯이 내 말에 맞장구를 쳤다.

"정말 그래요. 요즘 젊은 사람들은 주택의 미관에는 전혀 관심이 없는 것 같아요. 좁은 아파트에 전기냉장고, 그리고 놀러 돌아다니기 위한 자가용차 따위를 들여놓는 것이 요즘 젊은 사람들의 이상인 모양이에요."

좋았던 옛날을 회상하는 듯이 그녀는 목소리에 감정을 담으면서 말했다.

"이 집이 나에게는 꿈에 그리던 집이랍니다. 이 집에는 사랑이 깃들어 있죠. 이 집이 다 지어졌을 때 남편과 나와의 오랜 꿈이 실현되었다고나 할까요? 설계도 건축가에게 의뢰하지 않고 직접 우리 손으로 한 것이랍니다."

그리고 나서 그녀는 R씨를 안내하여 집 안을 두루 구경시켜 주었다. 그녀가 여행 기념으로 수집하여 소중히 간직하고 있는 아름다운 귀중품을 본 R씨는 마음속으로부터 찬탄을 금할 수가 없었다. 스코틀랜드의 페이즐리 산 숄, 오래된 영국의 찻잔, 웨지우드의 도자기, 프랑스제 침대와 의자, 이탈리아의 회화, 프랑스 귀족의 저택에 장식

되어 있었다고 하는 비단 포장 등이 있었다.

집 안 구경이 끝나자 숙모는 R씨를 차고로 데리고 갔다. 거기에는 신품이나 다름없는 패커드 차 한 대가 잭으로 괸 채 놓여 있었다. 그 자동차를 가리키며 숙모는 조용히 말했다.

"남편이 세상을 떠나기 직전에 이 차를 샀는데 나는 아직 이 차를 한 번도 타 보지 못했답니다. 당신은 물건의 값어치를 알아보실 만한 분이라고 생각되어 이 차를 드리기로 하겠어요."

"숙모님, 그것은 곤란합니다. 물론 후의는 대단히 감사합니다만, 이 차를 받을 수는 없습니다. 저는 숙모님과 무슨 핏줄이 닿은 것도 아니고, 자동차는 저도 산 지 얼마 안 된 새 차를 가지고 있으니까요. 이 패커드를 가지고 싶어할 가까운 친척도 여러 분 계실 텐데요."

R씨가 간곡히 사양하자 숙모는 펄쩍 뛰는 것이었다.

"가까운 친척이라고요? 물론 있죠. 이 차가 탐이 나서 내가 어서 죽기를 기다리는 일가 나부랭이들이 있죠. 그러나 그런 사람들에게 이 차를 넘겨 줄 수는 없어요."

"그렇다면 중고 자동차 거래상에 팔아 버리시면 될 것 아닙니까."

"판다고요? 내가 이 차를 팔 것 같아요? 어디 사는지, 이름 석 자가 무엇인지도 모르는 사람한테 이 차를 팔아서 제멋대로 타고 다니는 꼴을 내가 보고 견딜 것 같아요. 이 차는 남편이 나를 위해 사 준 차인데 팔다뇨! 생각조차 할 수 없어요. 그냥 당신한테 선물하고 싶군요. 당신은 좋은 물건의 진가를 알아줄 만한 사람이니까요."

R씨는 어떻게든 그녀의 기분을 상하지 않게 하고 거절하려고 했지만 도저히 어쩔 수가 없었다.

넓은 방 안에서 그저 홀로 주억을 더듬어 녹수공방을 시키며 살아온 이 노부인은 자그마한 칭찬의 말에 굶주려 왔던 것이다. 그녀도 한때는 젊고 아름다웠으며 남자들이 귀찮게 쫓아다니던 때가 있었을 것이다. 사랑의 보금자리를 짓고, 유럽 각지에서 사 모은 골동품으로 방을 꾸미던 시절도 있었을 것이다. 그러나 지금은 늙고 고독한 과부의 몸, 누가 조그만 칭찬이나 위로의 말을 해 주기만 하면 그것이 큰 감동을 주는 것이다.

그런데 아무도 그것을 제공해 주려고 하지 않는 것이다. 따라서 그녀는 R씨의 자상한 태도에 접하자 사막에서 오아시스를 만난 듯이 기뻐하며 패커드를 주지 않고는 못 배기겠다는 것이었다.

다음은 도널드 M. 맥마흔 씨의 이야기이다. 뉴욕에 있는 루이스 앤 밸런타인 조경회사의 부장인 맥마흔 씨의 경험은 이렇다.

"강습회에서 〈사람을 움직이는 법〉의 강습을 받은 다음 얼마 안 되어 나는 어느 유명한 법률가의 저택에서 정원공사를 맡아 일하게 되었습니다. 그러자 그 집주인이 정원에 나와 나에게 석류나무와 진달래 꽃 심을 자리를 지시해 주었습니다. 나는 그에게 '선생님, 참 마음이 흐뭇하시겠습니다. 저렇게 좋은 개를 여러 마리나 기르고 계시니 말입니다. 에디슨 스퀘어가든 품평회에서 댁의 개들이 많은 포상을 받았다면서요?' 하고 말을 걸었습니다. 그는 이러한 찬사에 놀랄 만한 반응을 보여 주었습니다.

주인은 신이 나는 듯 '그거야 물론 말할 수 없이 기쁘죠. 어디 개들 구경 좀 시켜 드릴까요?' 하고 말하는 것이었습니다.

한 시간쯤이나 그의 자랑거리인 개며 상패를 차례차례 보여주면서 그 개들의 족보까지 끄집어냈습니다. 그리고 개의 우열을 좌우하는 혈통에 관해서 열심히 설명해 주는 것이었습니다.

마지막에 그는 '당신 집에 아들이 있소?' 하고 물어 보기에 있다고 대답하니 '그 아이가 강아지를 좋아합니까?' 하고 또 물어 보았습니다. '네, 물론 참 좋아합니다' 하고 나는 대답했습니다. 그러자 그는 '그렇다면 강아지 한 마리를 그 아이에게 선물하겠습니다' 하고 말했습니다. 그는 강아지 키우는 법을 설명하기 시작했는데, 잠깐 생각하더니 '말로만 일러주면 잊어버리기 쉬우니까 내가 종이에 써 드리도록 하겠습니다' 라고 말하고는 집 안으로 들어갔습니다.

그리고 족보와 개 사육법을 타이프로 친 것과 함께, 돈을 주고 사려면 100달러는 됨직한 강아지를 나에게 주었습니다. 그뿐만 아니라 그의 귀중한 시간을 한 시간 반이나 할애해 준 셈입니다. 이것이 모두 그의 취미와 그의 성과에 대하여 내가 표명한 솔직한 찬사의 부산물이었던 것입니다."

코닥 사진기로 유명한 조지 이스트만은 이른바 영화 제작에 불가결한 투명 필름을 발명하여 거부가 된 세계에서 몇 안 되는 대실업가이다. 그렇게 큰 사업을 해낸 사람인 그도 여러분이나 나와 마찬가지로 자그마한 칭찬에 대하여 대단히 민감한 반응을 보여준 것이다. 그 사람의 일화를 하나 소개해보기로 하자.

퍽 오래전의 이야기이지만, 이스트만은 로체스터에 이스트만 음악학교와 그의 어머니를 기념하는 킬본 홀 극장을 건설 중이었다. 뉴욕 고급 의자 제작회사의 제임스 애덤슨 사장은 이 두 건물에 시설할 좌석 의자를 주문받으려 했다. 그래서 애덤슨은 건축가에게 연락을 취하여 이스트만과 로체스터에서 만나기로 되어 있었다.

애덤슨이 약속한 장소에 이르자, 그 건축가가 그에게 주의를 주는 것이었다.

"당신은 주문을 꼭 맡고 싶겠죠. 그러나 만약 당신이 이스트만의 시간을 5분 이상 빼앗으면 성공할 가망은 거의 없어요. 이스트만은 굉장히 성질이 까다로운 분인데다 아주 바쁜 사람이기 때문에 빨리 이야기를 끝내 버리는 것이 좋을 겁니다."

애덤슨은 들은 대로 할 작정이었다. 방으로 안내되어 들어가자 이스트만은 책상을 향해 앉아 산더미처럼 쌓인 서류를 들여다보고 있었다. 이스트만이 고개를 들고 안경을 벗고 나서는 건축가와 애덤슨 쪽으로 걸어오더니 말을 걸었다.

"어서 오십시오. 그런데 두 분이 찾아오신 용건은?"

건축가의 소개로 인사를 마치고 애덤슨은 이스트만에게 말을 꺼냈다.

"아까부터 저는 이 방의 훌륭한 시설과 장식에 감탄하고 있었습니다. 이처럼 훌륭한 방에서 일을 하면 참 기분도 좋고 능률도 오르시겠습니다. 저는 실내장식이 전문이지만 이렇게 훌륭한 방은 본 적이 없습니다."

이스트만이 말을 받았다.

"글쎄, 그렇게 말씀을 하시니 이 방을 꾸몄을 당시의 일이 생각납니다. 그저 쓸 만한 방이죠. 완성되었을 당시에는 나도 몹시 기뻐했는데, 요즘은 바빠서 몇 주간이나 이 방이 좋은 것도 잊고 지낼 때가 많답니다."

애덤슨은 판자벽을 손으로 매만지면서 말을 이었다.

"이것은 영국산 참나무군요. 이탈리아산 참나무와 결이 좀 다르죠."

그러자 이스트만이 대답했다.

"그렇습니다, 영국으로부터 수입한 것입니다. 목재에 대하여 잘 알고 있는 친구가 특별히 나를 위해서 골라 준 것입니다."

그리고 이스트만은 방의 균형, 색채, 조각된 장식품 및 그 밖에 그 자신이 고안해 낸 것을 이것저것 애덤슨에게 보여 주고 설명해 주었다.

두 사람은 공들여 꾸며진 실내 구조를 두루 살피고 나서 창문 있는 곳으로 가더니 걸음을 멈추었다. 이스트만이 사회사업으로 자기가 건립한 여러 시설에 대하여 부드러운 어조로 천천히 이야기를 꺼낸 것이다. 애덤슨은 이스트만에게서 로체스터 대학, 종합병원, 사랑의 집, 아동 구호 병원 등의 이름을 듣고서는 이처럼 그가 인류의 고통을 덜어 주고자 그의 재산을 제공하는 이상주의적인 사업과 공헌에 대하여 마음속으로부터 경의를 표했다.

이윽고 이스트만은 유리로 된 케이스를 열고서 그가 최초로 장만했다는 사진기를 꺼냈다. 어느 영국인으로부터 사들인 발명품이었다.

애덤슨은 이스트만이 사업을 처음 시작했을 무렵의 고생스러웠던 일들에 대하여 질문했다. 그러자 이스트만은 가난했던 소년시절을 회고하며 홀어머니가 싸구려 하숙집을 경영하는 한편 자기가 일급 50센트로 어느 보험회사에 근무했었던 이야기를 실감나게 들려주었다. 가난의 공포에 밤낮 시달려 온 그는 어떻게 해서든지 가난을 이겨내어 어머니를 하숙집 여주인의 중노동으로부터 해방시켜 드리기로 결심했노라고 말했다. 애덤슨은 질문을 계속하며 건판(乾板) 실험을 하고 있을 무렵의 이야기에 귀를 기울였다. 사무실에서 하루 종일 일하며 약품이 작용하는 얼마 안 되는 시간을 이용하여 수면을 취하면서 밤새워 실험을 했었다는 일이며, 때로는 72시간 동안 잠잘 때나 일할 때나 옷 입은 채로 지냈다는 일 등 이스트만의 이야기는 끝이 없었다.

제임스 애덤슨이 처음 이스트만의 방에 들어간 것은 10시 15분이었다. 그리고 5분 이상 시간을 빼앗으면 안 된다는 경고를 미리 들은 바도 있었다. 그러나 이미 한 시간이 지났고 두 시간도 넘었는데 아직도 이야기는 끝날 줄 몰랐다. 끝으로 이스트만이 애덤슨을 보고 이렇게 말했다.

"얼마 전 일본에 갔을 때 의자를 사가지고 와서 집 현관에 놓았죠. 그런데 오래되자 칠이 벗겨져서 요전에 페인트를 사다가 내가 다시 칠을 했습니다. 내가 페인트칠한 솜씨를 한번 보시렵니까? 그러면 내 집으로 갑시다. 점심식사나 같이한 다음에 보여 드리겠습니다."

점심을 같이한 다음 이스트만은 애덤슨에게 의자를 보여 주었다. 한 개에 1달러 50센트도 될까말까한 싸구려 의자여서 억만장자에게는 어울리지 않는 물건이었는데, 자기 손으로 페인트칠했다는 것이 큰 자랑인 모양이었다.

9만 달러어치나 되는 의자 주문은 과연 누구의 손에 맡겨졌을까? 그것은 말할 필요도 없다. 그때 이후로 이스트만과 애덤슨은 평생의 친구가 되었다.

우리는 이 훌륭하고 즉각적인 효과를 가진 칭찬의 법칙을 먼저 자기 가정에서부터 시험해 보자. 가정만큼 이를 필요로 하는 곳도 없으며, 가정만큼 그것이 등한시되는 곳도 없다. 어떠한 아내에게도 반드시 어떤 장점이 있다. 적어도 남편이 그 점을 인정했으므로 결혼이 성립되었을 것이다. 그러나 여러분은 아내의 매력에 대하여 찬사를 보내지 않은 지 벌써 몇 년이나 되었는가를 한번 반문해 보아라.

수년 전 나는 뉴브런스위크 주의 미라미치 강 상류로 낚시를 간 일이 있었다. 캐나다의 깊숙한 숲속, 인가가 없는 곳에 자리를 잡고 캠프를 쳤다. 읽을 것이라고는 지방신문이 한 장 있을 뿐, 그것을 샅샅이 광고도 하나 빼놓지 않고 모두 읽었는데, 그 안에는 도로시 딕스 여사가 쓴 기사가 실려 있었다. 대단히 좋은 기사였기에 나는 그것을 오려서 오늘날까지 간직해 오고 있다. 그 기사에 의하면 여사는 신부에게 주는 교훈은 귀가 아프도록 들어왔지만, 오히려 신랑에게 다음과 같은 교훈을 주어야 한다는 것이다.

칭찬의 말을 능숙하게 할 수 있을 때까지는 결코 결혼해서는 안 된다. 독신으로 있는 동안은 여성을 칭찬하거나 말거나 자유겠지만, 일단 결혼을 하고 나면 상대방 배우자를 칭찬해 주는 것이 필수조건이 되는 것이다. 이것은 자기의 안위를 위해서도 불가결하다.

솔직한 언행은 금물이다. 결혼생활은 외교 전장인 것이다.

만족한 일상생활을 영위하려면 결코 아내의 살림하는 방법을 비난하거나 짓궂게 자기 어머니의 방법과 비교를 한다든지 해서도 안 된다. 반대로 항상 아내가 살림 잘한다는 것을 칭찬하고 재색 겸비한 이상적인 여성과 결혼할 수 있었던 행운을 감사하는 것처럼 행동하라.

가령 비프스테이크가 소가죽처럼 질기게 되고, 토스트가 숯처럼 타 있어도 결코 불평을 해서는 안 된다. "오늘은 평소처럼 잘 되지 않았군" 하는 정도로 가볍게 말해 준다. 그러면 아내는 남편의 기대에 어긋나지 않게 하려고 더욱 노력할 것이다.

이 방법은 갑자기 시작하기는 좀 어색하다. 아내가 이상하게 행각할 것이다. 그러니 오늘 밤이나 내일 밤쯤 아내에게 꽃이나 과자를 선물로 사 가지고 집에 돌아가 보면 어떨까.

"옳지, 그것도 그럴 듯한 이야기군" 하는 정도로 말만 해서는 아무소용이 없다. 실제로 실천해야 한다. 그러고는 얼굴에 웃음을 담고 다정한 말도 한두 마디 한다. 이를 시행하는 남편이나 아내가 많아지면 많아질수록 이 세상에서 이혼율도 6분의 1쯤 줄어들 것이다.

여성으로부터 사랑을 받는 방법을 알고 싶다면 그 비결을 하나 가르쳐 주겠다. 그것은 대단히 효과가 있는 방법인데, 실은 내가 발견해 낸 것이 아니라 도로시 딕스 여사에게 배운 것이다. 여사는 스물세 명의 여자의 마음과 그 여인들의 저금통장을 차례차례 손아귀에 넣은 유명한 결혼사기꾼과 인터뷰를 한 일이 있었다. 인터뷰의 장소는 교도소였다. 여성의 사랑을 얻는 방법에 대하여 질문하자 그는 이렇게 대답하더라는 것이다.

"별로 힘든 일이라고는 아무것도 없죠. 상대방의 이야기만 하고 있으면 되니까요."

이 방법은 남성에 대해서도 효과가 있다.

"상대방 남성에 대한 일만을 이야기하라. 상대방은 몇 시간이라도 귀를 기울이고 싫증을 내지 않을 것이다."

이것은 유명한 영국의 대정치가 디즈레일리가 한 말이다.

여기까지 읽었으면 한번 책을 덮고 그 칭찬의 철학을 여러분의 주변에 있는 사람에게 응용해 보라. 그 효과는 놀라울 것이다.

[상대방을 내 편으로 만드는 설득의 기술 14]
상대방에게 중요감을 준다. 그것도 성의 있게 진심으로 행동해야 한다.

15 우선 칭찬하라

캘빈 쿨리지 대통령 집정 당시, 내 친구 하나가 어느 주말 백악관에 초청되어 방문한 적이 있었다. 대통령의 내실로 안내를 받아 들어가면서 그는 쿨리지 대통령이 그의 한 여비서에게 이렇게 말하는 것을 들었다.

"오늘 입고 온 옷이 아주 잘 어울리는군. 볼수록 미인이란 말이야."

말 없기로 알려진 쿨리지가 이런 찬사를 여비서에게 보냈다는 것은 놀라운 일이다. 너무나 뜻밖이었기 때문에 그 여비서는 얼굴을 붉히고 말았다. 그러자 대통령은 이렇게 말했다.

"그렇게 굳어질 필요 없어요. 지금 내가 한 말은 마음을 좀 풀어주기 위해서 한 말이니까. 다음부터는 구두점에 조금 더 주의해야겠어요."

그의 이러한 수법은 다소 노골적이었는지는 모르지만 심리적인 효과는 만점이다. 우리는 칭찬을 받은 뒤에는 조금 유쾌하지 않은 말을 들었다 하더라도 그다지 마음에 걸리지 않는 법이다.

이발사는 면도를 하기에 앞서 비누칠을 한다. 매킨리가 1896년 대통령에 입후보했을 때 이 이발사의 방법을 그대로 사용했다. 어느 유명한 공화당원이 선거연설의 초고를 써서 일대 명연설이라고 자부하며 매킨리에게 읽어 주었다. 들어보니 잘된 곳도 있으나 전체적으로 쓸 만한 것이 못 되었다. 비난을 살 우려가 여러 곳 있었다. 매킨리로서는 이 사람의 자존심을 상하게 하지 않는 동시에 그 열의는 존중해 주어야 했다. 그런데 아무리 생각해도 이 연설문은 받아들일 수 없었다. 그는 이 난처한 처지를 재치 있게 해결했다.

"참으로 훌륭한 연설문일세. 정말로 잘 쓴 연설문인데. 이런 연설문은 자네 아니고서는 만들 수 없을 걸세. 적당한 경우에 사용하면 100퍼센트의 효과가 있겠네. 그러나 이번 경우에는 좀 어색하지 않을까 하는 생각이 드네. 물론 자네 입장에서 본다면 이보다 훌륭한 것은 없겠지만, 나는 당의 입장도 생각해야 되기 때문이네. 그러니 집에 돌아가서 이번에는 내가 일러주는 방향으로 한번 다시 써 보고 초안을 내게 보내주게."

상대방은 그의 말뜻을 잘 알아듣고 매킨리가 원하는 대로 다시 썼으며, 유능한 응원 연사로 큰 활약을 했다.

에이브러햄 링컨의 편지 가운데서 두 번째로 유명한 것을 한번 보자. (가장 유명한 것은 싸움터에서 다섯 명의 아이들을 잃은 빅스비 여사에게 보낸 애도의 서한이다.) 링컨은 이 서한을 아마 5분도 안 들여 썼을 것이라고 짐작은 되지만, 1926년에 있었던 경매에서 이 서한은 1만 2,000달러란 비싼 값에 팔렸다. 이 액수는 링컨이 반세기 동안에 갖은 고충을 다 겪으며 저축할 수 있었던 액수보다 더 큰 것이다.

이 편지는 남북전쟁이 절정에 다다랐던 1863년 4월 26일에 쓰인 것인데, 그 무렵 링컨 휘하의 장군들은 18개월 동안이나 연방군을 이끌고 참패의 고비를 거듭하고 있던 때이다. 그야말로 무의미하고 어리석은 인간 도살의 계속이었고, 온 국민들은 전쟁의 공포에 전전긍긍하는 가운데 나날을 보냈다. 몇천 명의 군사들이 이탈하고 상원의 공화당 의원들까지도 링컨을 백악관에서 몰아내기 위해 반기를 들 때였다.

"우리는 지금 파멸에 직면해 있습니다. 하나님조차도 우리를 저버린 것 같은 생각이 듭니다. 나는 한 가닥 희망의 빛줄기도 찾아보지 못하고 있습니다."

링컨의 이 편지는 그 유명한 편지를 만들게 한 암담한 슬픔과 혼란한 시기를 말했던 것이다. 국가의 운명이 한 장군의 역할에 달려 있는 위급한 시기에 링컨이 어떻게 하여 그 완고한 장군의 생각을 고칠 수 있었던가의 사정이 적혀 있었다.

이 편지는 그가 대통령 취임 뒤에 쓴 편지 가운데 가장 통렬한 것이다. 특히 후커 장군의 중대한 과실을 책망하기 전에 그를 칭찬해 주었다는 점을 잊어서는 안 된다. 이 과실이야말로 참으로 중대한 것이었으나 링컨은 이것을 과실이라고 부르지 않았다. 가능한 한 신중하고 외교적인 태도를 취했다.

"나는 귀관에 대하여 충분히 만족스럽지 못하다고 생각한 몇 가지 일이 있습니다."

얼마나 재치 있고 외교적인 말이냐.

후커 장군에게 보낸 편지는 다음과 같다.

나는 귀관을 포토맥 군단의 책임자로 임명한 바 있습니다. 물론 이렇게 임명한 데는 충분한 까닭이 있습니다. 내가 귀관에 대하여 충분히 만족스럽게 생각할 수 없는 몇 가지 일이 있다는 사실을 귀관이 인정해 주면 다행으로 생각하겠습니다.

나는 귀관을 용감하고 전략에 능한 군인으로 믿고 있으며, 또한 이 사실을 기쁘게 여기고 있습니다. 그리고 귀관이 정치와 혼동치 않는 인물이라고 확신합니다. 그것은 올바른 일입니다. 귀관은 야심에 찬 자신감을 지니고 있습니다. 이 자신감은 꼭 필요하다고 할 수는 없지만 크게 존중되어야 할 일이라 생각합니다.

귀관에게는 야심적인 의욕이 있습니다. 이 역시 도가 지나치지 않으면 대단히 좋은 일입니다. 그러나 귀관이 번사이드 장군 휘하에 있을 때, 귀관은 공명심에 급급한 나머지 명령을 어기고 마음대로 행동하여 국가와 명예로운 장군에 대해 중대한 잘못을 저질렀습니다. 들리는 말에 따르면 귀관은 정치 및 군사상에 있어 독재자의 필요성을 역설하고 있다고 합니다. 물론 나는 그런 사실을 알고도 귀관을 지휘관으로 임명했습니다. 그러나 그것은 결코 귀관의 견해에 동의했기 때문이 아닙니다.

독재자를 인정하려면 그로 인해 성공이 보장되어 있지 않으면 안 됩니다. 내가 귀관에게 희망하는 것은 우선 군사적으로 성공하는 일입니다. 그러기 위해서는 독재자의 길을 걸어도 좋다고 본인은 생각하고 있습니다.

앞으로 정부는 온 힘을 다해 다른 지휘관이나 다름없이 귀관을 원조할 것입니다. 귀관의 언행에 영향을 받아 군대 내에서 상관을 비난하는 풍조가 일어나 마침내는 귀관 자신에게 화살이 돌아갈까 두려워하는 바입니다. 그러나 가능한 한 귀관을 도와 그 같은 사태의 발생을 막아내려고 생각합니다.

그런 경향이 나타나면 쿠리관이나 나폴레옹이라 할지라도 우수한 군
대를 만들 수는 없을 것입니다. 경솔한 언동을 엄중히 삼가 주시기
바랍니다. 경솔한 언동을 삼가 최후의 승리를 얻도록 전력을 다해 주
시기 바랍니다.

우리는 쿨리지도 아니고 매킨리도 아니고 링컨도 아니다. 우리가
알고 싶은 것은 이 방법이 평상시의 비즈니스에 어떤 효과가 있느냐
하는 문제일 것이다. 그럼 필라델피아의 와크 건설회사에 근무하는
W. P. 고우 씨의 경우를 살펴보자. 고우 씨는 우리와 마찬가지로 평
범한 시민의 한 사람이다. 그는 필라델피아에서 열린 나의 강습회의
일원이다.

와크 회사는 필라델피아에서 한 건축공사를 청부 맡아 지정된 기
간에 완공하려고 공사를 서두르고 있었다. 모든 일이 순조롭게 진행
되었으나 준공 일보 직전에 갑자기 건물 외부 장식에 쓰이는 청동장
식의 하청업자로부터 기일 안에 납품을 할 수 없다는 통지를 받았다.
일은 터지고야 말았다. 이 한 업자로 말미암아 작업은 중단되고 막심
한 손해를 보지 않을 수 없게 된 것이다. 장거리 전화로 언쟁과 열띤
대화가 오고갔으나 해결되지 않았다. 이때 고우 씨는 호랑이 굴에 뛰
어들 각오로 직접 담판을 하려고 뉴욕으로 향했다.

"브루클린에는 사장님과 성씨가 같은 사람이 한 사람도 없더군요."

하청업체 사장실에 들어가면서 고우 씨가 물은 말이다.

"그래요. 그건 나도 모르고 있던 사실인데요."

사장이 놀라면서 대답하자 다시 이렇게 말했다.

"글쎄 아침에 기차에서 내리시 진화빈호부를 들추이 보았더니, 브

루클린의 전화번호부에는 사장님의 성씨가 꼭 하나밖에 없더군요."

"그래요? 전혀 모르고 있던 사실인데요."

사장은 이렇게 말하고는 재미있다는 듯이 직접 전화번호부를 들추어 보았다.

"그렇군 그래. 흔한 성씨가 아니니까."

그는 자랑스러운 듯이 말하고는 계속해서, "본래 우리 조상은 200여 년 전에 네덜란드에서 뉴욕으로 옮겨왔지요" 하며 그의 집안과 선조들에 관한 이야기를 몇 분 동안이나 늘어놓았다. 사장의 이야기가 끝나자 고우 씨는 그의 공장의 규모와 설비를 칭찬했다.

"제가 본 중에서 가장 깨끗하고 정돈된 공장입니다."

"사실, 이 사업을 일으키느라고 내 평생을 바쳤습니다. 나는 참으로 자랑스럽게 여기고 있습니다. 공장을 한번 구경해 보시겠어요?"

공장을 돌아보는 동안 고우 씨는 공장 조직에 대하여 칭찬을 아끼지 않으며, 다른 업자들을 압도하기에 충분하다고 부추겨 주었다. 그가 이상한 기계를 보고 감탄을 하자 사장은 그것이 자신이 발명한 것이라고 자랑하며 기계의 작동 장면을 보여 주고, 그 우수한 성능을 설명하느라고 꽤 많은 시간을 소비했다.

그는 또한 고우 씨와 점심식사를 같이하자고 간청했다. 이러는 동안에도 고우 씨는 찾아온 목적에 대해서는 한 마디도 말하지 않았다.

점심식사가 끝나자 사장이 입을 열었다.

"자, 이제 용건으로 들어갑시다. 물론 당신이 찾아온 목적은 잘 알고 있습니다. 우리의 이야기가 이렇게 즐거운 시간이 될 줄 정말 뜻밖이군요. 다른 주문을 미루는 한이 있더라도 당신 회사에서 주문한 자재는 틀림없이 제작해서 수송해 드릴 것을 약속하겠으니 그리 알고 돌아가십시오."

구우 씨는 한 마디의 부탁도 하지 않고 그 목적을 완전히 달성한 셈이다. 약속한 자재는 예정대로 도착되고 건물은 계약이 끝나는 당일 완공되었다.

만일 고우 씨가 이런 경우에 흔히들 사용하는 과격한 방법을 택했더라면 이렇게 순조롭게 해결될 수는 없었을 것이다.

[상대방을 내 편으로 만드는 설득의 기술 15]
우선 칭찬하라.

16 또 칭찬하라

로스앤젤레스에서 가정연구소 소장인 폴 포피노 박사는 이렇게 말했다.

"남자가 아내를 고를 때 대부분은 부드러운 여자를 원한다. 또한 너무 똑똑한 여성은 멀리하려고 한다. 유능한 고급 여사원도 한 번쯤은 점심 식사에 초대할 것이다. 하지만 대학에서 배운 '현대철학의 주조'에 대한 강의를 화제로 꺼내거나, 자기 식대는 자기가 내겠다고 고집을 부리거나 하면 그 결과 그녀는 다시 초대되는 일이 없게 된다. 이에 반하여 대학을 나오지 않은 타이피스트가 점심 식사에 초대를 받으면 상대방의 남자에게 열띤 눈초리를 보내며 '당신 이야기를 더 해 주세요' 하고 조를 것이다. 그러면 그는 그녀에 대해 누가 물으면 '그다지 미인이라고는 할 수 없지만 아주 이야기를 잘하는 여자야'라고 말하게 된다."

남자는 자기를 아름답게 보이려는 여자의 노력을 칭찬해 주어야 한다. 여자는 옷차림에 대하여 놀랄 만큼 관심을 갖고 있다. 이 일에 대하여 모든 남자들은 지나치게 무관심하다. 이를테면 한 쌍의 남녀가 길거리에서 다른 한 쌍의 남녀를 만났다고 하자. 여자는 여간해서 남자를 보지 않는다. 상대방 여자의 옷차림을 보는 것이다.

우리 할머니는 지난해 98세로 돌아가셨다. 눈을 감기 직전, 30여 년 전에 찍은 할머니의 사진을 보여 드렸는데 할머니는 눈이 어두워 잘 보이지 않았다. 그러자 할머니는 '내가 무슨 옷을 입고 있니?' 하고 물었다. 백 살이 다 된 노인이 30년 전의 자기 옷차림에 관심을 갖고 있는 것이다. 나는 깊은 감명을 갖고 할머니의 말을 들었다.

남성은 5년 전에 자기가 입고 있던 옷과 속옷을 생각해 내지 못하며, 또 생각해 보려고도 하지 않는다. 그러나 여성은 다르다. 남성은 이 사실을 이해해야 한다. 프랑스의 상류사회에서는 남성은 부인의 옷차림에 대해 하룻밤에도 몇 번이나 칭찬하도록 어렸을 때부터 교육시키고 있다. 참으로 현명한 교육이다.

재미있는 이야기를 하나 소개해 본다. 물론 지어 낸 이야기라고 생각되긴 하지만 수긍이 가는 이야기다.

어느 농가의 주부가 들에서 일을 하고 돌아온 남자들의 저녁상에 건초를 잔뜩 쌓아 놓았다. 이를 본 남자들이 화를 내자 그녀는 태연히 대답했다.

"어머, 당신들은 이제 알아차렸나요? 나는 당신들을 위해 20년 동안이나 요리를 만들어 왔지만 당신들은 건초를 먹고 있지 않다는 사실을 한 번도 말한 적이 없지 않나요?"

제정시대의 러시아 귀족들은 그 점에 있어 잘 알고 있었다. 요리가 마음에 들었을 때는 식후에 요리사를 일부러 식당으로 불러내어 칭찬하는 것이 상류사회의 습관이었다.

세상의 남편들은 아내에 대하여 꼭 이렇게 해야 할 것이다. 요리를 잘 만들었을 때는 그 사실을 인정하고 칭찬해 주어야 한다. 건초를 먹고 있지 않다는 것을 알고 있다는 태도를 보여 주는 것이다. 그리고 그녀 덕분에 아주 행복하다는 말을 스스럼없이 분명히 말해 주는 것이다. 앞에서도 보았듯이 '아내는 내 목숨보다도 소중한 사람' 이라고 디즈레일리는 공공연히 말하지 않았던가.

며칠 전 어느 잡지에 에디 캔터의 이야기가 나와 있었다.

"오늘날의 내가 있는 것은 모두 아내 덕분이다. 우리는 소꿉동무로 아내는 내가 옆길로 새지 않도록 언제나 성심껏 돌봐 주었다. 결혼 뒤에는 저축에 힘쓰며 현명하게 투자하여 나를 위해 재산을 만들어 주었다. 귀여운 아들딸을 다섯 명이나 낳아 주고 아내의 노력으로 집안은 언제나 봄바람이 불 듯 훈훈했다. 앞으로도 내가 무슨 일로 성공하는 일이 있다면 그것은 다 아내의 덕분이다."

할리우드에서는 결혼은 도박과 같은 것이다. 그들의 이혼율에는 보험회사도 꽁무니를 뺄 것이다. 그러나 워너 벅스타의 결혼만은 이상하게도 성공을 거두고 있다. 부인은 여배우인 위니프렛 브라이슨이었는데 그녀는 화려한 무대생활을 떠나 그와 결혼했다. 그녀의 희생은 컸다. 그러나 그 희생은 충분히 보상받았다. 벅스타는 이렇게 말하고 있다.

"그녀는 무대에서 갈채를 받는 기회를 잃었다. 그러나 그녀는 늘 나의 갈채를 받고 있다. 여성이 남편에게서 행복을 받고 있다면 그 행복은 남편의 칭찬과 애정 이외에는 없다. 그리고 그 칭찬과 애정이 진실한 것이면 그로 인해 남편의 행복도 또한 보장된다.”

[상대방을 내 편으로 만드는 설득의 기술 16]
진심으로 또 칭찬하라.

Human Relations,   Persuasion Technique

상대방을 내 편으로　만드는 인간관계 기술

제2부

Human Relations, Persuasion Technique

01   성공과 실패도 인간관계에서 좌우된다

어느 부랑자(浮浪者)의 죽음

나의 대학 시절 친구인 조지 피스를 몇 년 만에 다시 만난 것은 1947년도로 그는 나에게 이런 이야기를 해 주었다. 같은 기숙사에서 지냈던 벤트 헤이워드의 이야기다.

이 이야기는 제2부 전체를 꿰뚫는 핵심 주제를 매우 극적으로 설명하고 있으므로 먼저 소개하는 것이다. 피스는 벤트에 관한 지난 일들을 생각해 내면서 이야기하기 시작했다.

그 녀석은 적극적이어서 누구나 다 처음에는 그를 좋아했지. 아무런 나쁜 버릇도 없는 것처럼 보였어. 그렇지만 조금 지나자 사람들과 대립이 여기저기서 나타나는 거야. 대단치도 않은 일로 이쪽에 있는 친구와는 말다툼을 하고, 저쪽에 있는 친구에 대해서는 오해를 하는 식으로 말이야. 오래지 않아 기숙사의 누구나가 벤트에게서 멀어져 가게 되었지. 자네였다면 그런 그를 두고 "자신의 둘레에 벽을 쌓아 버렸다"라고 말하겠지. 그런 뒤로 잠잠해지는 것 같았어. 그리고 내가 졸업하고 그곳을 나올 때에는, 벤트는 거의 모든 친구들이 싫어하는 상태가 되었다네. 벤트와 만나지 못한 것은 아마 그로부터 20년 이상이나 되었을 거야. 그런데 어느날 오후, 벤트가 내 사무실에 들렀더란 말이야. 그는 어딘지 모르게 초라해 보였어. 양복은 퍽 낡아 있었고, 태도도 어쩐지 대범하지 못했어. 5시가 지날 무렵까지 이야기를 했는데, 이제는 집으로 돌아가야 할 시간이라고 그에게 말했지. 그랬더니 그는 나에게 이런 부탁을 하는 게 아닌가.

"자네 집에서 저녁을 좀 먹게 해 주지 않으려나?"

속으로 나는 '묘한 녀석이구나' 하고 생각했지만 이렇게 대답했지.

"아 좋고말고. 가세."

그는 우리 집에 오는데, 꽤나 큼직한 꾸러미를 안고 왔어.

그날 밤, 저녁식사가 끝난 뒤에 나는 잠시 자리를 비웠었어. 벤트는 내 아내와 앉아서 이야기를 하고 있더군. 잠시 후 다시 돌아와 보니, 놀랍게도 우리 집사람과 무언가 옥신각신하고 있는 게 아닌가. 알아본즉, 그는 싸구려 담요를 부득부득 내 아내에게 강매하려 하고, 내 아내는 거절하느라 실랑이를 벌이는 거였어.

벤트는 그동안 여러 가지 직업을 전전해 왔더군. 1930년 대공황 (大恐慌) 때에 일자리를 잃은 뒤로 불행하게도 다른 일자리를 얻을 수 없게 되자, 마침내 엉터리 담요를 한 집 한 집 찾아다니며 팔고 다니는 행상인이 되어 버렸다는 거야. 그것이 1935년의 일인 거지.

그런데 오늘 빌 윌슨과 이야기를 하다가 벤트의 이름이 화제에 올랐어. 그러자 빌이 벤트에 관해 나와 헤어진 이후의 일을 들려주는 거야.

"2년 전, 애리조나의 철도 위에서 한 부랑자가 죽어 있는 것이 발견되었는데, 그는 기차에 치여서 죽었던 거야. 그 죽은 부랑자가 벤트 헤이워드였어. 윗저고리 포켓에서 나온 명찰로 그라는 것을 알았던 거야. 명찰의 이름은 그가 아니었지만, 그가 입고 있던 윗저고리라는 것이 몇 달인가 전에 어렸을 적의 친구에게서 얻어 입은 옷이었던 거라네."

벤트 헤이워드의 비극적인 최후의 이면에는 무엇이 있었을까?

다른 사람을 신나게 하거나 안타깝게 만드는 그의 버릇이 그렇게 된 원인인 것일까. 아니면 친구를 모조리 잃고, 다른 사람과의 교제 관계도 모두 소원해져 버린 것이 희망 없는 부랑자가 된 원인일까?

이것은 이름이나 장소가 바뀌어져 있을 뿐 정말로 있었던 이야기인 것이다. 다음에 나오는 다른 이야기도 모두 그렇다. 많은 이야기를 남긴, 옛날에는 자존심이 강했던 이 젊은이와 같은 사람들의 일을 우리 다시 한번 생각해 보기로 하자.

성공도 실패도 인간관계에서 좌우된다

제2차 세계대전이 일어나기 조금 전, 미국의 어떤 대기업 사장이 갑자기 죽었다. 그래서 중역들 중에서 후계자를 지명하는 문제가 생겼다. 그들은 연 매출 5억 달러가량을 올리는 회사의 운영을 해 갈 사람을 찾아내야만 했던 것이다.

처음에는 지도자를 회사 밖에서 찾으려고 했다. 적격인 사람이 회사 안에서 없을 때에는 그런 방법도 필요한 것이다. 그러나 이 회사에는 마침 아주 적역(適役)인 사람이 내부에 있었다. 그의 동료들, 종업원들, 회사의 고객들 모두 그가 사장이 되는 데 찬성했다. 그가 사장에 임명된 후 그의 활약으로 회사의 경영 위기는 아무런 문제없이 해결되었고, 그 자리에는 정말로 그가 적임자라는 것이 증명된 것이다.

모든 사람들이 다 같이 그가 새 사장에 적임자라는 데에 의견이 일치되었던 것은 어째서였을까? 그 가장 큰 이유는 다른 사람과의 교제가 오랫동안에 걸쳐 매우 원만하게 잘되어 있었기 때문이다. 확실히 그는 능력도 있었고, 끈기도 있었고, 집념도 있었으며, 또 가장 낮은 지위에서부터 올라갔으므로 기초가 탄탄했다. 그러나 그의 무엇보다도 큰 힘은, 그가 사람 관리 업무에 뛰어난 수완을 지니고 있었다는 것이다.

그는 일을 하는 데 있어 자기를 위해 다른 사람의 도움을 얻는 방법을 알고 있었다. 그의 동료는 이렇게 말하고 있었다.

"그는 누구보다도 함께 일하기 가장 편한 사람입니다. 그는 절대로 명령하지 않습니다. 넌지시 암시를 하든가 자연스러운 협조를 구하든가 할 뿐입니다."

또 종업원 중의 한 사람인 버크 조지는 이렇게 말하고 있었다.

"우리는 그가 필요합니다. 왜냐하면 그는 사람을 다루는 데 있어 언제나 공평하고 친절합니다. 어쩌다 길에서 만나도 꼭 한마디쯤 말을 걸어 주고, 사무실이나 현장에 올 때에는 우리 아랫사람들에게도 일일이 찾아 에로사항을 들어줍니다. 또한 그는 우리의 개인적인 일에도 관심을 갖고 있는 것처럼 보였습니다."

그가 가장 잘하는 말은, "나는 사람을 좋아해요"라는 말인데, 이것은 매우 의미 깊은 말이다.

이 중역의 성공한 이야기는 심리학자인 알프레드 아들러 박사가, "우리가 살아가는 데 있어 결국 인간관계 문제를 빼놓고는 아무런 문제도 없는 것 같다. 그리고 그 문제는 우리가 다른 사람에게 흥미를 갖는 것만으로도 해결할 수 있는 것이다" 하는 원리를 설명하고 있는 것으로 생각된다. 좀 더 단적으로 말하면 그 이야기는, "인간관계는 당신을 성공하게도 하고 실패하게도 하는 것이다"라고 하는 극히 실체적인 사실을 설명하고 있는 것이다.

1946년 4월 8일, 샌프란시스코의 어떤 높은 빌딩 꼭대기에서 몸을 던진 여성이 있었다.

"내게는 친한 친구가 없다. 인생은 살아갈 가치가 없다."

그녀는 늘 동료들에게 이렇게 말하고 있었다. 그녀는 젊었다. 그녀의 앞에 놓인 인생은 행복과 성공으로 가득 찬 것이었다. 그런데도 그녀는 어째서 자신의 삶을 끝내고 말았을까?

그녀는 자신이 열악한 환경과 쪼들리는 살림의 희생이 되고 있다고 생각했으며, 의지할 만한 친구가 한 명도 없이 외롭게 생활하고 있었다. 그녀는 술로 나날을 보냈고 마지막에는 자살의 길로 영원히 달아났던 것이다.

당신은 아마도 불행하다고 생각한 사람이 무언가 위기에 처했을 때 방향을 바꾸지 못해 자살한다는 말을 들은 일이 있을 것이다. 자살은 인간관계에 실패한 결과다. 그래서 인간관계라는 것은 현실에 있어서 사느냐 죽느냐 하는 문제가 아니겠는가?

인간관계가 인생을 좌우한다

캘리포니아 대학의 공학부 학과장인 M. 오브라이언 교수는 다음과 같이 말하고 있다.

"나에게 있는 기록으로는 기술적인 실력이 없어서 실패한 졸업생은 거의 없다. 실패한 졸업생들은 기술 성적은 선두를 달렸지만 다른 사람과 어떻게 일을 잘해 나가는가를 몰라서 실패했던 것이다. 물론 공업 방면에서는 기술적인 실력이 있어야만 한다. 그러나 무엇보다도 신뢰받을 만한 사람이어야 하고, 사귐성 있는 교제 수단이 진정한 성공을 얻는 데 필요한 요소였다."

엔지니어의 세계에서도 인간관계가 필요한 것인데 세일즈라든가 가정생활 또한 사회생활에서도 좋은 인간관계를 만드는 재능이 중요한 것인가를 생각해 보라.

"기술적인 재능만으로는 성공하는 데 충분하지 않다. 산업의 지도자들은 기술적으로 뛰어나게 훌륭한 재능을 지닌 사람을 구하기는 비교적 간단하다. 그러나 최고 경영자가 가장 필요로 하는 사람은, 다른 사람의 일을 조직하고, 지도하며, 격려하고, 조화시킬 수 있는 관리자인 것이다. 판매나 서비스의 일에서는 '예의'와 '다른 사람에 대한 배려'가 성공을 위해 우선 요구되는 것이다."

남부 태평양 철도의 A.T. 마르세르 사장의 말이다.

당신 자신의 경험으로 미루어 잘 생각해 보라. 당신의 성공, 사업 상에서나 사회생활상에서의 성공은 누군가가 당신의 일에 영향을 미쳤던 덕분이 아닐까. 물론 당신이 유능하고 실력이 없어서는 안 되는 것이지만, 그 이상으로 다른 사람의 좋은 의견이 행동에 옮겨져서 당신에게 성공을 가져다준 것이다.

실패도 성공의 경우와 같은 것이다. 다른 사람의 가치 없는 시시한 의견이 일자리를 잃게 할 수도 있고, 실패하게 할 수도 있다. 그래서 이런 말이 나오는 것이다.

"매우 많은 사람이, 지식이나 재능이 없기 때문보다도 타인의 사적인 편견과 야비한 행동으로 일자리를 잃게 되는 법이다."

우리를 행복하게 하기도 하고 슬프게 하는 것은 무엇일까. 다른 사람의 의견이다. 자기 혼자의 힘으로 어떤 성과를 올렸을 때에 행복하다고 생각할지도 모른다. 그러나 정말로 우리를 행복하게 하는 것은 다른 사람의 칭찬이며 다른 사람의 인정을 받는 일이다. 이것은 사업상의 현실일 뿐만 아니라 사회생활에 있어서도 진실인 것이다.

누구나 나이에 관계없이 사람을 다루는 습관을 바꾸거나 고칠 수 있다. 이것을 바꾸는 데에는 끊임없는 사려와 인내가 필요하다. 그러나 한번 옛날의 습관을 없애 버리면 그 다음은 수월하다. 즐겁기도 하다. 그와 동시에 산 아래로 굴러 내려가는 눈사람처럼 좋은 일이 자꾸만 쌓여 가게 마련이다.

다른 사람과 좋은 관계를 만들 수 있는가 어떤가는 전적으로 우리 자신의 책임이다. 변명하거나 책임을 회피하거나 다른 사람을 비난하는 일이 있어서는 안 된다. 적극적으로 나서서 다른 사람의 이해

(利害)와 자신의 이해를 일치시켜야 한다.

[성공과 실패도 인간관계에서 좌우된다]

① 우리는 다른 사람이 해 주기 전에 먼저 친절한 말이나 행위로 대하면, 우리의 의도대로 사람을 다룰 수 있다.
② 작은 문제라도 다른 사람과 논쟁하는 버릇은 친구를 잃는 원인이 된다.
③ 인간관계는 사느냐 죽느냐 하는 문제를 결정할 수도 있다.
④ 다른 사람들이 나를 좋아하게 만드는 일은 좋은 인간관계를 만드는 데 있어 가장 중요한 일이다.
⑤ 직업을 잃게 되는 주된 원인은 우리에 대한 다른 사람의 평가나 행위 때문이다.
⑥ 다른 사람이 우리를 바라보는 태도는 우리가 다른 사람을 바라보는 태도에 의해 결정된다.
⑦ 다른 사람에게 바라고 싶은 일이 있다면 다른 사람이 우리에게 원하는 일을 먼저 해 주어야 한다.

세계와 고립된 자기만의 세계

어떤 사람이라도 자신이 확실하게 하고 있는 행동에 대해 방해하면 성을 내게 마련이다. 자동차 운전수는 다른 자동차가 자기 차를 추월하여 진로를 방해하면 성을 내게 되어 있고, 길을 걸어가는 사람은 다른 사람과 부딪히는 것을 싫어한다. 만약 당신이 진하고 뜨거운 커피를 좋아한다면 엷고 미지근한 커피를 내놓으면 마음이 불편할 것이다. 누구나 자신의 모습을 바꾸기를 바라지 않는다. '나는 나다!' 라는 것이다.

많은 사람들은 이렇게 말한다. "나는 통신 교육형의 인간이 되고 싶지 않다. 나는 '위조품 같은' 사람도 되고 싶지 않다. 사람들은 나를 '있는 그대로'의 사람으로 보아 수는가 그렇지 않으면 내버려 두었으면 좋겠다"라고.

　이런 태도를 취하는 대부분의 사람은 자신은 '매우 이성적이다'고 생각하고 있지만 실제로는 반대로 허영심에 지배되어 있는 것은 아닐까. 자동차 조작법과 같은 기술이 필요한 거나 마찬가지로 대인관계를 갖는 데 세심한 기술이 필요하다는 사실은 아무래도 그들에게는 기분 좋은 일이라고는 할 수 없을 것이다.

　다른 사람과 의기(意氣)가 투합하도록 노력하기를 싫어하는 사람은 모두 인생으로부터 만족을 얻는 데 실패하기 마련이다. 일자리를 잃는 사람도 있을 것이고, 친구나 연인을 잃는 사람도 있을 것이다. 또 어떤 사람은 인생을 견디기 어려운 것으로 만들고 말 것이다.

　이 고집스럽고 무의미한 태도는 '지나치게 민감한 자아(自我)를 지키려는 고집 때문이다'라고 심리학자는 말하고 있다.

　어떤 철도 역무원의 이야기를 예로 들어 보겠다.

　승객이 가까이 오면 그는 언제나 느릿느릿 출찰구 쪽으로 걸어간다. 그리고 천천히 손님을 본다. 그는 좀처럼 인사 같은 것을 하지 않지만, 어쩌다가 하더라도 아무렇게나 건성으로 하는 것이다. 손님이 물으면, "뭐라고요?" 하며 얼빠진 듯이 도무지 흥미도 없는 것처럼 되물었으며, 얼굴에는 아무런 표정도 없다. 그는 자기 쪽에서 먼저 이야기하는 일은 없었다. 손님을 기다린다는 불쾌한 일거리에서 어떻게든지 빠져나가고 싶어하는 것처럼 보였다.

　어느날 밤 레스토랑에서 그 역무원과 가족들이 우리의 옆자리에 앉게 되었다. 그는 접시를 들여다보거나 창문으로 밖을 내다보고 있거나 그렇지 않으면 아내나 아이들을 보고 있거나 할 뿐 다른 곳에는 전혀 눈길을 주지 않았다. 그는 누군가 말을 걸어 줄 때까지 아무 말도 하지 않았으며, 또 말을 걸어 주어도 무뚝뚝하게 대답할 뿐이었다. 그의 자녀들은 버릇이 좋지 않았으며 거칠어서 소동만 일으키고 있었다. 그러자 갑자기 그는 소리를 버럭 지르고 아이들 가운데 한 아이가 앉아 있는 의자를 꽝 찼다. 그것은 주위 손님들의 주의를 끌기에 충분했다.

그때 나와 함께 식사를 하던 친구에게 물어 보았다,

"자네는 심리학자가 아닌가. 저 남자가 언제나 주변 사람에 대해 무뚝뚝하고 붙임성이 없이 행동하는 것은 어째서인지 알 수 있겠지? 그리고 오늘의 행동은 도대체 무슨 의미인가?"

"그에게는 임피리얼리티 콤플렉스의 징후가 있군."

그는 계속해서 이렇게 나에게 대답해 주었다.

"저 남자는 '다른 사람이 자신을 업신여기거나 얕보지 않을까' 하고 언제나 겁을 먹고 있는 걸세. 다른 사람에게 관심을 갖지 않기로 하고 사람을 대수롭지 않게 보려고 하기도 하고, 자신이 훌륭하다고 생각하는 것일세. 말하자면 그의 방어 수단이지. 하찮은 일을 하는 사람만이 저런 것은 아니지. 자신이 하는 일에 불안감을 느끼거나, 자신감 없는 윗자리에 앉은 상사들도 곧잘 그렇게 되는 법이야. 그러한 사람은 비열하면서도 거칠고 공연히 뻐기기도 잘한다네.

저 불쌍한 남자의 진짜 불행은 스스로 자신을 불행하게 만들고 있는 거라네. 그의 저러한 아집은 정말 비극이야. 자기의 고집을 지키려고 하는 태도는 가정생활까지 연장이 되니까 아내와 아이들도 불쌍한 거지."

그 역무원은 오래지 않아 역에서 사라져 버렸다. 그의 농료들에게 그가 어떻게 되었느냐고 물어 보았더니, 그 중 한 사람이 이렇게 대답했다.

"아! 네, 그 사람 말인가요? 그 사람은 무언가에 성이 나서 홧김에 그만두고 말았습니다. 사무실의 모든 사람이 자신을 적대시한다고 생각한 모양입니다."

이것은 상식이라는 것을 전혀 생각하지 않고, 다만 감정적으로 행동하고 무의미한 자아(自我) 때문에 사회에서 쫓겨난 하나의 예다. 그는 자기의 이익만을 생각하고 행동하여 실패한 수많은 사람 가운데 하나의 예인 것이다. 그러한 사람은 자기 자신도 불행하고 다른 사람의 불행의 원인이 되기도 한다. 결국 그러한 사람은 일에도 가정생활에서도 사회생활에서도 실패하게 마련이다.

어째서 사람은 이렇게 행동하는 것일까. 다른 사람의 이익이 되도록 행동하는 것은 무언가 나쁜 일이거나 부끄러운 일인 것일까. 다른 사람을 인정하거나 예의바르게 행동하거나 다른 사람을 돕거나 하는 습관은 자신을 하찮은 사람으로 보이게 하는 것일까? 아니면 훌륭한 사람처럼 보이게 하는 것일까?

지금 이야기한 역무원과 같은 사람은 열등감으로 괴로워하고 있는 사람인 것이다. 그는 매우 불행하며 우리는 그러한 사람을 불쌍하게 생각해야 한다. 그러한 사람과 그들이 하는 식으로 격투를 벌여서는 안 된다. 페르시아의 철학자 사우디는 이렇게 충고하고 있다.

"성질이 비뚤어진 사람에게는 친절한 마음으로 대하라. 무거운 칼로는 부드러운 비단을 자를 수 없다. 상냥한 말과 온화한 태도로 대하면 코끼리도 머리카락 하나로 이끌 수 있는 것이다."

물론 다른 사람과 잘 지내기가 어려운 때도 종종 있는 것은 사실이다. 일반적으로 그 이유는 마찬가지다. 즉 마음속의 열등감, 또는 자기 자신의 가치가 확실하지 않은 때다. 그러한 사람은 반드시 큰소리를 친다. 그리고 의식적으로든 무의식적으로든 자신은 중요한 인물이니 뭐니 하고 다른 사람에게 과시하려 주의를 끌려고 한다. 그러나 결국은 언제나 그것에 실패하고 만다. 곁에 있는 사람은 그런 사람을 예의범절이 나쁜 불쌍한 성격을 지닌 사람이라고밖에는 생각하지 않는다.

만일 공중(公衆)에 봉사하는 일에 종사하고 있는 사람이 세일즈맨과 같은 생각을 가졌다면 좀처럼 실패하지 않는다. 영리한 세일즈맨은 아무리 손님이 오만하고 건방지더라도 누구에게나 서비스를 하는 것이다. 그것이 세일즈맨이 할 일이니까.

열등감이 있는 사람은 가끔 마음과는 다른 형태로 행동한다고 한다. 틀림없이 당신은 자신을 망치게 하는 생각을 가슴에 품고 있는 사람을 알고 있을 것이다. 자신의 성미가 급하다는 것을 자랑스럽게 생각하는 사람도 있는가 하면, 또 어떤 사람은 세상이 온통 자신에게 반대하고 있으니까 자기는 파멸할 것이라고 생각하며 자신만의 세계에서 위안을 찾는다. 이러한 생각은 모든 다른 사람에게 반항하는 태도로 나타나 결국은 실패하고 만다.

감정으로 인간관계를 엉망으로 만들지 말라

누구나 나 갖는 자연스러운 감성이 있다.

'자신의 이해(利害)에 따라 행동한다'는 것이다.

그러나 말은 이렇게 하지만 재미있는 것은 자신에게 가장 이익이 되도록 행동하지 않는 사람도 많은 것이 사실이다. 이 알 수 없는 일의 이유는 대부분의 사람이 대인관계에서 감정적으로, 충동적으로 아무런 합리적인 이유도 없이 행동하기 때문이다.

사람이 감정에 지배된다는 것, 다시 말해서 생각하는 것보다 느끼는 일에 지배되는 성격이라는 것은 옛날부터 인정되어 온 일이다. 우리의 이 불합리한 감정을 누를 수 없는 것이 다른 사람과의 교제를 곤란하게 만드는 것이다. 이것은 내가 잘 아는 변호사로부터 들은 다음의 이야기로 설명할 수 있다.

최근 공공 서비스 계통의 큰 단체에 자문역을 맡고 있는 변호사에게 그곳 직원이 민원인과 심한 말다툼을 해서 그 민원인이 단체를 고소하겠다고 위협을 했노라면서 의논을 하러 왔다.

이 싸움질에 능하고 기운차게 잘도 떠들어 대는 직원은 자신의 행위를 정당화하려고 숨도 쉬지 않고 지껄여 댔다.

"그 민원인은 많은 사람들 앞에서 저를 모욕했습니다. 저도 어느 정도의 존경을 받고 있는 처지인데 그대로 그 사람을 보내 줄 수는 없는 일 아니겠습니까?"

분개한 듯 콧김도 세게 뿜으며 말했다. 이 말에 변호사가 다음과 같이 대답했다.

"그렇지만 그 민원인도 당신과 똑같이 생각할 것이오. 여기에 당신이 민원인과 주고받은 녹취록이 있어요. 둘 다 아주 비슷하군요. 두 사람 다 욕설을 퍼붓고, 협박을 하고, 남들이 보는 자리에서 창피를 주었다고 노발대발한 겁니다. 아시겠어요? 아마 어떤 사람일지라도 자기 자신을 완전히 객관적으로 볼 수는 없을 거요. 내 경험이 당신에게 해답을 줄지는 모르겠습니다.

　나는 지금까지 공개 법정에서 검사나 판사나 또 여러 사람들로부터 무척 많은 비난을 받았습니다. 나도 그것이 기분 좋지 않았지만 그래도 나는 자신이 바보 취급을 받았다거나 나를 업신여겼다고는 느끼지 않았습니다. 나는 나 자신이 훌륭한 변호사며 또 원만한 성품을 지니고 있다고 자신하고 있습니다. 다른 사람과의 트러블에 휩쓸려들기에는 내가 너무 현명하다는 게 솔직한 내 생각입니다. 만약 상대의 보잘것없는 전술로 나의 개인적 이해관계를 공격한다고 해도 나는 그런 것은 무시해 버리고 맙니다. 내가 나 자신의 격한 감정을 누를 수 있는 이유는 내가 다른 사람보다 뛰어난 사람이라는 신념을 갖고 있기 때문입니다.

　당신의 경우는, 당신은 회사의 규칙이나 법률로 볼 때 일단 기술적으로는 옳지만, 민원인 쪽도 관습상 절대로 잘못하지 않았습니다. 도덕적으로는 그가 옳은 겁니다. 우리는 민원인과 법정에 가고 싶지 않습니다. 왜냐하면 민원인이나 우리나 결국 무언가를 잃기 때문이죠. 민원인은 정신적인 고통을 받게 될 것이고, 그리고 당신과의 다툼을 해결하지 않으면 그는 더욱더 괴로워하겠죠.

　그리고 당신은 어떻소? 윗사람이나 우리와 불쾌한 시간을 보내야만 할 것이고, 얼른 이 사태를 해결하지 않으면 당신은 사람을 다루는 데 방해만 되는 인물이라는 인상을 주게 되고 말 거요. 솔직히 말해서 당신은 나쁜 평판에서 헤어날 수 없게 되는 겁니다.

　이런 말다툼이나 싸움은, 처음에 누군가가 소리를 높여 거칠게 이야기했던가, 아니면 '당신 따위가 뭘 할 수 있겠어' 라는 식의 노골적으로 독단적인 말투로 말했던가, 그런 것으로 시작되었을 겁니다.

그런데 거칠게 말을 하거나 독단적인 말투로 말하는 사람은 대개 나쁜 뜻을 갖고 그러는 것이 아니라 버릇입니다. 그러나 듣는 사람은 그것을 알지 못하죠. 그래서 명령조라느니, 오만하다고 생각하고, 자기도 모르게 후끈 달아 버리는 겁니다. 그래서 두 사람은 결국 도가 지나치는 말다툼을 하게 되는 것입니다. 어느 쪽이든 한 사람이 자신을 조금만 누를 수 있고, 사태를 잘 다스릴 수 있으면, 자신도 살 수 있고 상대방도 살 수 있을 텐데 말입니다."

결국 이 사건은 원만하게 수습이 되어 좋은 관계가 이루어졌다고 한다. 그러나 그것은 이 이야기의 중요한 일이 아니다. 중요한 것은 이러한 감정적인 말다툼을 피하기 위해 그 원인이 무엇인가 하는 것을 이해해야 한다는 점이다. 우리가 사물을 있는 그대로 올바르게 보면, 우리 마음도 평상심을 유지할 수 있는 것이다.

독불장군은 언제나 패하고 만다

우리는 사물을 보는 방법을 그릇되게 만들고, 사람을 무턱대고 무시하고 마는 감정적인 생각을 과감히 버려야 한다. 그러면서도 자기 자신이 지닌 가치에 자신감을 갖도록 해야 한다. 그렇게 하면 다른 사람과의 좋은 관계가 틀림없이 생길 것이다. 행복해 보이려는 태도는, 행복 자체를 부른다. 마치 성공할 것 같다는 확신이 성공을 불러오는 것처럼.

당신은 이렇게 말할지도 모른다.

"좋습니다. 그것은 좋지만, 그렇다면 식위가 높은 사람 가운데 기본적인 분별력 없이 행동하는 사람은 왜 그렇습니까?"

잘못된 인상과 의혹에서 그들에게는 별로 합당하지 않은 나쁜 평판이 나오고 마는 것이다. '잔인한 사나이', '탐욕스러운 사나이'는 결국 자신의 친구들에 대한 자기 자신의 철학 때문에 패하고 만다. 그러한 사람은 스스로 자신에게 작용하는 강한 영향에 의해 퇴보하게 되는 것이다.

'친구란 단순한 이름에 지나지 않는다.', '나는 아무도 사랑하지 않는다.' 권력의 사도(使徒) 나폴레옹은 이렇게 말했다. 그러나 그 평범하지 않은 이상적(異常的) 재능, 통찰력, 거대한 정력이 있었음에도 그는 쓸쓸히 유배지에서 생애를 마감했다. '검(劍)으로 살고, 검에 죽는다'는 말처럼 된 것이다.

히틀러는 인간의 존엄성에 대해 모욕을 주어 온 세계의 눈길을 자신에게 돌리게 했지만 그 최후는 비참했다. 그가 패배한 것은 이미 그의 〈나의 투쟁〉 속에 뿌리내려 있었다.

이와 마찬가지로 히틀러와 같은 사람들이 얻는 어떠한 성공도 결국은 한줌의 재로 돌아가게 마련이며 괴로움의 씨앗이 되어 버린다.

"좋아요. 그런 보잘것없는 그리고 분별없는 행위가 결국은 자신을 못 쓰게 만드는 것이라는 점은 인정하겠어요. 그러나 이유도 없이 다른 사람에게 호감을 갖게 하려고 노력하는 것은 꽤나 자연스럽지 못한 일인 것처럼 생각되는데요. 나는 자주성 없이 남의 의견만 좇는 '예스맨'이나, 점잖은 체하는 사람, 겉모습만을 꾸미는 사람, 그런 사람은 되기 싫습니다."

위와 같이 말하는 사람도 있을 것이다. 누구나 그런 남의 비위를 맞추려고 듣기 좋은 말만 하는 사람이나, 자기 맘대로인 사람과 사귀기를 싫어하는 것은 당연하다. 그러나 다른 사람과 잘 어울려 일해 나가려는 정직한 노력은 인생에 성공하는 비결인 것이다.

위대한 과학자, 역사가, 철학자가 지구상에서 벌어지는 일은 하나의 연속적인, 결코 쉼 없는 재적응의 과정이라는 것을 인정하고 있다. 발전하는 긴 과정에서는 변화하는 환경에 적응할 수 없거나 또는 적응하지 않는 생활의 형태는 무정하게 자연에 의해 베어져 지구에서 사라지는 것이다. 인간 생활에 있어서는 이 연속의 재적응은 다른 사람에 대한 태도를 말하는 것이다. 이것은 생존을 위해 절대로 필요하다.

그러므로 생존을 바라는 인간은 재적응을 잘하는 사람이라고 할 수 있다. 인생이라는 흐름 속에 적응하기 위해선 유연해져야 한다. 자신의 목적이나 이해를 다른 사람의 생각이나 욕망이나 행위와 잘 들어맞게 하기 위해, 다른 사람과 적응하는 일에 유능해져야 한다.

인간관계를 개선하려고 의식적으로 노력하는 것을 떳떳하지 못하다고 느낄 필요는 결코 없다. 반대로 만약 그렇게 하지 않는다면 그것을 부끄러워해야 할 일이다. 자기를 훈련하는 것은 문명인의 특히 눈에 띄는 자랑스러운 특성이다.

자신을 개선해 가려고 노력하면 나이와 신분 따위는 불문하고 인간관계를 개선할 수 있다. 제2차 세계대전 중 집단작업 공장에서 겪은 경험으로, 중년인 사람들뿐만 아니라 나이 많은 사람도 새로운 기술을 간단하게 익힐 수 있으며, 어떤 면에서는 젊은 사람보다도 오히려 쉽게 습득한다는 것을 알 수 있었다. 심리학자는 지능은 25세에서

30세까지에 정점에 이르지만 그로부터 나이가 들어도 지력(知力)은 떨이지지 않는다고 말한다.

인간관계의 새로운 재능을 만들려고 할 때에는 나이가 많은 사람은 우선 지금까지 오랫동안 길러져 온 습관을 제거해야만 한다. 인간관계를 맺는 결과로 얻어지는 이익을 생각해 본다면 주저할 일도 못된다. 오히려 어떤 의미로는 나이가 많은 사람이 젊은 사람보다 유리하다고 할 수 있다. 왜냐하면 일반적으로 다른 사람과 좋은 관계를 만들려면 상당한 인간적인 경험을 거쳐야 하는 시간이 필요하기 때문이다.

다른 사람에게 자신을 적응시킬 수 있게 하면 나이든 사람은 정신적으로는 젊음과 유연성을 오래 유지하게 된다. 그리고 긴장을 줄이고 편안함과 행복함을 느끼게 될 것이다. 변화는 우리를 젊게 만들고, 변화를 싫어하는 것은 노쇠(老衰)를 의미한다.

[어울리지 않으면 살아남을 수 없다]

① 허영심은 다른 사람에게 적응하는 일에 방해가 되는 것이다.
② 다른 사람을 경멸하고 자신을 훌륭하게 보이려고 노력하면 인간관계에 반드시 실패한다.
③ 인간이 반드시 자신에게 이익이 되도록 행동하지 않는다는 것은 비극이다.
④ 필요 없는 하찮은 말다툼은 처음에 별다른 뜻도 없이 거칠거나 명령투로 말하는 일에서 시작되는 수가 있다.

⑤자기 자신의 가치에 자신감을 갖고 있는 사람은 절대로 모욕 받지 않고 모욕감을 느끼지도 않는다.

⑥ 히틀러처럼 사람을 강제로 억누르려는 신념을 갖고 있는 독불장군은 자신의 철학으로 자멸하고 만다.

⑦ 환경에 적응하려고 하지 않는 사람을 자연은 도태시킨다. 살아남기 위해서는 언제나 자신을 환경에 적응시켜야만 한다. 대인관계에서도 마찬가지다.

⑧ 늙은 사람이라도 사람을 다루는 방법을 개선할 수 있다. 그렇게 하면 젊음을 오래 유지하는 것을 돕는다.

⑨ 인간관계에 있어서 용서하기 어려운 것은 개선하려고 노력하지 않는 일이다.

03 인간관계의 지름길, 상대를 인정하라

행복한 부부의 파국(破局)

제2차 세계대전이 일어나기 6년쯤 전, 동부의 어떤 도시에서 매우 우수하고 인기 있는 대학의 운동선수가 아름답고 유능한 간호사와 결혼했다. 이 도시에서 눈에 띄게 두드러졌던 두 사람이 결혼한 것은 굉장한 평판을 불러일으켰다.

몇 해가 지나 남편의 부동산 사업이 번창하여 그 방면의 전문가로서 인정받게 되었다. 그는 아내에게 최고의 호강을 아낌없이 누리게 해 주었다. 그렇다고 해서 아내에게 무엇을 요구하는 것도 아니었고, 어떤 일이건 별로 충고나 도움도 원하지 않았다. 그는 활기차고 자신만만한 전형적인 기업가였다고 할 수 있었다.

어느날 밤 그가 모임에 참석했다가 끝나고 집에 돌아와 보니 아내의 모습이 보이지 않았다. 대신 아내가 적어 놓고 간 편지가 눈에 띄었는데, 거기에는 옛날의 친구에게로 간다는 내용과 이혼해 주기 바란다는 말이 씌어 있었다.

그 뒤 그녀는 남편과 이혼하고 옛날의 친구와 결혼했다. 그 남자는 환자였다.

이 여자의 인생의 보람은 간호사로서 환자를 돕는 것이었다. 그녀는 자기에게 의지하는 남편이 필요했던 것이다. 그러나 그녀의 전남편은 반대로 아내를 자기에게 의지하게끔 하는 위치에 놓고 있었다. 그녀는 자신의 개인적인 가치가 인정되지 않는 그러한 생활이 견디기 어려웠던 것이다. 그녀는 자신을 필요로 하는 환자와 결혼함으로써 겨우 만족할 수 있었던 것이다.

누구나 자신을 중요한 사람이라고 생각해 주고 필요하게 여겨 주기를 바라는 소망을 만족하게 해 주면 매우 고맙게 생각한다는 것은 극히 단순한 사실이다.

좀 더 근본적인 것을 말하기로 하겠다. 사람이란 대체 어떤 존재일까? 가장 기본적인 사실은, '모든 사람은 자신을 세계의 중심에 놓고 있다' 고 하는 일이다. 이것은 어느 누구에 대해서도 진실이다.

물론 우리는 너그러운 사람이나 자기 희생적인 사람을 알고 있다. 그러한 사람은 다른 사람 – 자신의 자녀들, 혹은 남의 집 자녀들, 환자, 구제해 줄 상대가 없는 사람, 가난한 사람 – 을 위해 살고 있다. 그러한 사람은 자신의 사치를 희생할 뿐만 아니라 극히 흔한 즐거움까지도 다른 사람을 위해 희생하고 마는 것이다.

우리가 존경하고 칭찬하는 이러한 놀라운 사람들은 보통 의미에

있어서의 자기중심적인 존재는 아닐지도 모른다. 그러나 그들이 남을 위해 일하는 이유는 자신을 위해 무언가를 하는 것보다, 남에게 일하는 편이 큰 행복을 얻을 수 있기 때문이다. 그들은 이러한 것을 별로 의식하고 하는 것이 아니라, 다만 그렇게 하여 만족을 얻을 수 있기 때문에 할 뿐이다.

사람은 근본적으로 자기중심적이라고 할 수 있다. 이것은 아무도 어찌할 수가 없는 것이다. 사람이란 자기가 관계하는 사람에 한해서만 흥미를 갖는다는 것을 이해하고 받아들여야만 한다.

누구나 다 인정받고 싶어 한다

사람들은 인정받고 싶어 한다. 당신이 사랑하는 어머니도, 헌신적인 아내도, 당신의 가장 너그러운 친구도, 물론 다른 사람에게 인정받고 싶어 하는 것이다. 당신 자신을 생각해 보라. 그렇게 하면 그것이 정말로 옳은 일이라는 것을 알 수 있게 된다.

심리학자인 윌리엄 제임스는 이렇게 말하고 있다. "인간성의 가장 깊은 원칙은 칭찬받고 싶어 하는 욕망이다." 실제로 이 말은 정말 감정적인 것이다. 이 감정적인 게 사실이라는 문제가 또 얼마나 미묘한 일인가. 이 일을 설명하는 데 다음 이야기를 예로 들어보자. 그것은 어느 도시 야구팀의 후원회 회원 한 사람이 들려준 이야기다.

몇 해인가 전에, 이 팀은 2위 팀을 17게임 차로 벌려 놓고 리그의 수위(首位)에 올라 있었다. 그 팀에서는 일찍이 월드 시리즈의 영웅적인 주인공으로서 유명했던 한 선수가 두드러지게 눈에 띄었다. 지금 그의 이름을 가명으로 지미 존스라고 해 두자. 이미 시즌도 절반 이상이나 끝나 있었기 때문에 팀의 우승은 거의 확실할 것으로 누구나 생각하고 있었다. 이 별로 크지도 않은 도시의 주민들은 말할 수 없을 만큼 기뻐하며 아마도 야구에 이토록 크게 열광한 적은 이제까지 없었다고 생각될 정도였다.

그래서 시민들은 이런 명예를 가져오게 해 준 존스에게 경의를 표하여 '지미 존스의 밤'을 열어 주었다. 순박한 시민들은 그날 밤 존스에게 줄 선물을 들고 야구장에 모였다. 그 선물 가운데는 자동차며 골프 용품이며 낚싯대며 애완견까지 있었다.

그런데 시민들은 팀이 승리하도록 이바지한 다른 선수들에 대해서는 전혀 잊어버리고 있었다. 그들은 선수들 한 사람 한 사람 모두 개인으로서 칭찬받고 싶은 욕망을 갖고 있다는 사실을 전혀 깨닫지 못했던 것이다.

그날 저녁에 야간 시합이 시작되었다. 그런데 선수들은 여느 때처럼 환호하는 관중에도 아무런 반응이 없었으며, 다른 때의 패기나 승부욕 따위도 전혀 없었다. 팀은 그날의 게임에 형편없이 패했을 뿐만 아니라, 계속 여러 주일 동안 지기만 하여 결국 그 팀은 3위까지 떨어져 버렸다.

사람을 칭찬하는 것은 하는 측에서는 대수롭게 생각하지 않을지 모르지만, 받는 측으로서는 크나큰 의미가 있다. 그런데 때로 우리는 칭찬하거나 인정하기에 인색할 때가 있다.

미국의 몇몇 신문에도 났었고, 그리고 해외 통신으로 전해진 이야기에 이런 것이 있었다. 그것은 타인을 인정하는 마음이 고운 친절한 행위가 어떻게 보답되는가를 보여 주는 좋은 예이다.

'네덜란드 소녀의 4만 달러짜리 미소'

－네덜란드 그로닝겐 나일발 로이터

3년 전 드렌자 마을에 살았던 어느 농부는 너무 얼굴이 못생겨, 이웃 사람들은 그를 따돌리고 놀려 댔다. 그런데 아무도 그를 상대하려 하지 않았지만 꼭 한 소녀만이 그에게 언제나 정답게 웃어 주곤했다. 그런데 그가 죽게 되자 그 마음씨 고운 소녀 앞에 4만 달러가 놓이게 됐다. 그녀의 미소에 항상 감격해 마지않던 그가 그 소녀에게 4만 달러의 유산을 남겨 두고 갔던 것이다.

사람은 태어나면서부터 다른 사람에게 인정받기를 바란다. 그래서 갓난아기는 울음을 터뜨리는 것이다. 이 소망은 인간의 한평생 내내 계속되며, 더욱이 매우 강하기 때문에 종종 상식이나 올바른 판단을 잃으면서까지 주의를 끌려고 하는 것이다. 비근한 예를 하나 들어 보면, 듣는 사람이 무던히 참고 있거나 또는 듣기 싫다는 것을 분명하게 나타내 보여도 여전히 자신의 행위를 크든 작든 하나도 남김없이 모조리 이야기하는 사람이 적지 않다.

다른 사람에게 인정받고 싶다는 욕망은 노골적으로 나타내지 않게 마련이다. 이것은 매우 중요한 일이다. 사람은 그 때문에 질투도 하고, 사람을 죽이기까지 하는 수가 있다. 그래서 여자는 그 때문에 남편을 버리기도 하고 신경장애를 일으키거나 앓게 되는 수도 있는 것이다.

정신과의사의 임상경험에는 그런 경우가 많이 발견된다. 그것이

중풍의 원인이 되고 나아가서는 전쟁의 원인이 되는 수도 있고, 아니면 진보의 원인도 되며 남보다 앞서 성공하는 원인이 되기도 한다. 크게 보면 문명이나 경제적 발전도 이룩했다고 할 수 있을지도 모른다. 그것은 우리 자신에게도, 또한 우리가 함께 일해야 하며 조화해가야만 할, 지금 바로 앞의 사람에게도 있는 욕망인 것이다.

혼자 있고 싶지 않기 때문에 어울리는 것이다

사람은 동아리의 일원이 되고 싶어 한다. 즉 동료를 갖고 싶어 한다. 친구와 함께 있기를 바라고 '무엇인가에 속해 있는 사람' 으로 인정받고, 무리에 들어가 있다는 것을 느끼고 싶어 한다. 이것은 하버드 대학 앤튼 메이다 교수의 연구에 의해서도 증명되고 있다.

"동료의 호감을 사고 싶다는 욕망, 교제 본능이라고도 할 수 있는 것, 이것은 개인의 이해나 이성의 논리보다도 중요하다."

친목 단체에 이름을 올리거나 사교계와 교회에 발을 들여놓게 하는 것도 '무엇에든 속하고 싶다', '사람들과 함께 있고 싶다' 고 하는 강한 충동 때문이다. 이것이 인간이 그들과의 동일화(同一化)를 통해서 인간으로서의 인식을 얻는 방법인 것이다.

또 그 이면에는 안전을 바라는 욕구가 있다.

다른 사람과 함께 있고 싶다는 본능은 원시시대에 어느 일족(一族)에 속해 있으면, 전쟁이나 적이나 맹수 따위로부터 자신을 지킬 수 있다는 데에서부터 비롯되고 있다. 그리고 문명의 발전은 '다른 사람에게 인정받고 싶다' 는 욕망과 '공동체에 속하고 싶다' 고 하는 욕망을 줄이기는커녕 오히려 더 크게 해 왔던 것이다.

좋은 인간관계를 만드는 첫걸음은 인간의 '나른 사람에게 인정받고 싶다', '다른 사람들과 함께 있고 싶다'고 하는 욕구는 뿌리 깊은 것이며 또 기본적인 욕구라는 것을 똑똑히 인식하는 일이다. 이것을 인식해야만 다음의 중요한 단계인 대인관계를 한층 더 발전시킬 수가 있는 것이다.

자신의 중요성을 다른 사람에게 인정하게 하는 것보다 다른 사람의 중요성을 인정해 주는 데에는 어느 정도의 자제심이 필요하다. 그렇게 하는 것은 인간적 성숙을 가져다주기도 한다. 또한 상대방은 그렇게 해서 자신의 중요성을 인정받게 되면 기뻐하고 우리의 의견에 귀를 기울여 줄 것이며, 나아가서는 우리에게 협력도 해 주게 된다. 즉 좋은 인간관계가 만들어지는 것이다.

"그러나 필요도 없는 사람인데도 그의 중요성을 억지로 생각하려고 노력하는 것은 분명히 자기 비하가 아닐까요?"

당신은 이렇게 반문할지도 모른다. 그러나 그렇지 않다. 어떤 사람에게나 어딘가 좋은 면은 있는 법이니까 당신은 그것을 찾아내어 칭찬해 줘라. 웬들 하이트는 《생활의 심리학》에서 그러한 노력은 결코 잘못된 것이 아니라고 다음과 같이 말하고 있다.

"우리가 무언가 또는 어떤 일에 두드러지게 훌륭한 사람, 특히 우리가 언제나 사귀고 있는 사람과 일해 나가려고 하면 그 사람이 다른 보통 일에도 뛰어나다는 것을 인정해야만 한다. 우리는 '나는 무언가 어떤 일로 나보다 못한 사람은 만난 일이 없다'고 하는 태도로 생활해야만 한다."

이 원칙이 반대가 된 경우, 다시 말해서 '당신이 다른 사람을 하찮은 녀석'이라고 생각한다고 상대에게 느끼게 했을 경우 어떤 일이 일어나는가 하나의 예를 들어 보겠다.

어느 광고회사가 캘리포니아에서 가장 큰 포도주 회사에 창고를 빌리러 갔다. 그것은 옥외광고의 효과를 좌우하는 상당한 가치가 있는 것이어서 광고회사로서는 무슨 일이 있더라도 꼭 빌리고 싶은 것이었다. 그래서 광고회사에서는 광고 시안을 들고 중역이 직접 나섰다.

그가 열심히 시안을 설명하고 있는데 회의실 뒤쪽에 있던 작업복을 입은 한 남자가 여러 가지 질문을 했다. 그러나 광고회사의 중역은 그 남자에게 차디찬 눈길을 흘끗 주었을 뿐 그의 질문을 무시해 버렸다. 작업복의 사나이는 별 아무 말도 하지 않았다.

그런데 조금 뒤 작업복의 사나이가 이것저것 지시하는 모습이 중역의 눈에 띄었다. 자신이 우습게 보았던 그 사나이가 거기서 가장 윗자리의 사람이라는 것을 알 수 있었다. 그 사나이는 자기가 그다지 중요하지 않은 사람인 체하고 있었던 것이다. 광고회사가 계약을 하지 못한 것은 말할 나위도 없었다.

상대의 욕망 속에서 자신의 이익을 취하라

상대방이 우리가 바라는 대로 대답해 주게끔 하려면 어떻게 하면 좋을까. 그것은 이런 것이다.

'상대방의 입장에서 생각하고, 행동하고, 이야기하라.'

이 방법으로 행동하였다고 하여 자기 자신의 이익을 단념한 것이 되지는 않는다. 이를테면 일류 세일즈맨은 의식적으로든지 무의식적으로든지 언제나 상대방의 이익을 생각하고 행동하여 이야기하고 있는 것이다. 언제나 자신이 파는 제품이 손님을 위해 도움이 된다고 생각하고 팔고 있는 것이다.

여기서 두 가지의 정반대되는 속성이 동시에 나타난다고 할 수 있다. 즉 하나는 상대방에게 마음을 쓰고 동정심이 있는 것처럼 행동하는 것과, 또 하나는 자신의 이익을 추구한다는 것이다.

얼핏 보기에 모순되는 것처럼 보일지도 모른다. 그리고 나를 신나게 하는 '이기주의적인 철학' 뿐만 아니라 사람을 도움으로써 자기 자신도 도움을 받는다고 하는 '공생적인 철학'에 대해서도 이야기해야만 한다. 이것이 바로 상호이익의 법칙인 것이다.

표현을 바꾸면 이렇게 될 것이다. '다른 사람의 욕망 속에서 자신이 바라는 것을 발견하라', 이 철학은 이를테면 사는 사람과 팔 사람, 고용하는 사람과 고용되는 사람, 또는 남성과 여성 사이에서도 조화될 수 없는 이해의 다툼 따위는 있을 수 없다는 것을 의미하고 있다. 다른 사람에게서 빼앗아 와야만 자신의 것이 된다는 생각은 버려야 한다는 것이다.

PR 상담역인 E. L. 바네이는 이렇게 말했다. "고객의 이익과 자신의 개인적인 이익과 일치되는 것을 발견하라." 이렇게 비즈니스맨들에게 충고하고 있는 의미는 팀워크의 정신이며, 협력의 정신이며, 다른 사람과 공통된 이익을 찾아내 가는 정신인 것이다. 좀 더 분명히 말한다면, 당신이 준 것은 다시 되돌아온다는 원칙이다. 사랑을 주었을 때도 마찬가지다. 주면 줄수록 자기도 또한 가질 수 있는 것이다.

정신적으로나 물질적으로나 받는 것보다 주는 편이 훨씬 즐거운 것이다.

사회적으로 성공한 이는 언제나 다른 사람의 입장에서 사물을 생각하고, 이야기하고, 행동하는 법이다. 당신이 알고 있는 사람 가운데에서 가장 자신의 이야기를 이해할 수 있고, 유쾌해 보이는 사람에 대해 생각해 보라. 어째서 그의 이야기가 통하는 것일까? 그것은 그가 당신이나 당신의 가족, 취미, 하고 있는 사업 따위에 관심을 갖고 있기 때문이라는 걸 확실하게 알 수 있을 것이다.

그런데 중요한 것은 모두 저마다 다르다는 것이다. 당신과 관계하고 있는 상대방은 누구나가 아니라 개성적인 존재로서의 한 사람이기 때문에 그 사람만의 특징과 사물을 보는 방법을 알아야 하고, 개인으로서 다룰 필요가 있다는 말이다.

당신은 상대방을 제각기 개성적인 존재로 관심을 가지면 상대로부터 인정을 받을 수가 있다. 지위가 높은 사람이나 낮은 사람이나 개인적으로 인정받으면 그것이 어떻게 반응되어 나타나는가 하는 것은 다음의 일로도 설명될 것이다.

여러 해 전, 유명한 자동차 회사의 중역인 비숍 씨가 동부철도의 열차 식당차에 앉아 있었다. 그는 4년 만에 서부 해안지방을 여행하고 마침 디트로이트로 돌아오는 길이었다.

그의 식사 당번인 종업원은 그를 흘끔 보자 곧 주방으로 들어가더니 몇 분도 되기 전에 다시 나타나 벙글벙글 웃으면서 이렇게 말했다.

"비숍 씨, 이렇게 다시 찾아 주셔서 반갑습니다. 오늘도 살짝 익힌

갈비 스테이크로 하시겠습니까?"

비숍 씨는 얼떨떨한 표정이더니 얼른 일어나 종업원의 손을 잡으며 용케도 자기의 이름과 즐겨 먹는 음식까지 기억해 주었다고 고마워했다. 식사가 끝나자 그는 종업원에게 팁을 10달러나 주고 갔다.

그 종업원은 조 세르단이라는 이름이었는데, 그는 마술사도 아니거니와 특히 기억력이 좋은 편도 아니었다. 다만 그는 다른 사람의 이름을 기억해 두는 것이 좋을 거라고 생각했기 때문에 한 가지씩 방법을 채택해 보았다. 그는 주방 옆에 조그마한 카드 상자를 만들어 놓고, 거기에 그가 시중들었던 손님 가운데에서 눈에 띄는 사람의 이름, 얼굴의 특징, 그리고 즐겨 먹는 요리 이름을 써 두었던 것이다.

여기서 다시 한 번 핵심을 짚어 보자.

다른 사람의 입장에서 생각하고, 이야기하고, 행동하는 습관을 붙이는 것은 결코 자신의 인격을 버리거나, 자신의 성장을 뒤떨어지게 하는 것은 아니라는 사실이다. 오히려 이런 습관을 통해 우리는 자신의 인간적인 성숙함을 만들어 낼 수 있고, 다른 사람의 존경도 얻을 수 있는 것이다.

벤저민 프랭클린은 이런 말을 하고 있다.

"내가 자신만을 위해 일하고 있을 때에는, 일하고 있는 사람은 나 혼자였으며 도와주는 사람은 없었다. 그러나 내가 다른 사람을 위해 일하게 된 뒤로는 다른 사람도 나를 위해 일해 주었던 것이다."

현대의 협동적인 문명에서는 사람들이 함께 일해야만 한다는 것은 너무나도 분명한 일이다. 사람들은 다른 사람의 욕망, 권리, 필요 따위를 당연히 고려해야만 하는 것이다.

그러나 이 협동정신은 우선 개인을 대상으로 시작되어야만 한다. 그러한 고려가 있어야 비로소 사회적 진보가 있는 것이다. 그것은 사람들의 매일의 인간 접촉에 영향을 주는 개인적이고 실제적인 지침이 되어야만 하며, 다른 사람과 사이좋게 일해 나가는 것을 돕는 습관을 붙이기 위한 지침이 되어야만 하는 것이다.

다른 사람의 입장이 되어 생각하고, 이야기하고, 행동한다는 습관을 붙이는 것은 그다지 어려운 일은 아니다. 날마다 되풀이하고 또 하면 습관이 되는 것이다. 언제나 다른 사람을 생각하며 행동하라. 그 습관이 붙으면 당신에게 좋은 일이, 행복이 생기게 되는 것이다.

[인간관계의 지름길, 상대를 인정하라]

① 누구나 세계의 중심은 자신이라고 생각한다.
② 인간은 3가지 기본적인 욕구가 있다. 개체를 보존하려는 욕구, 종족을 보존하려는 욕구, 그리고 다른 사람에게 인정받고 싶다는 욕구.
③ 인간성의 가장 깊은 원리는 칭찬을 듣고 싶다는 욕구다. -윌리엄 제임스
④ 인간은 동료와 함께 있고 싶어 한다.
⑤ 인간관계의 기본적인 법칙 - 다른 사람의 입장이 되어 생각하고, 이야기하고, 행동하라.
⑥ 살 사람과 팔 사람, 고용하는 사람과 고용되는 사람, 남성과 여성 사이에 조화할 수 없는 다툼이란 없다.

⑦ 상대방의 관심사를 인정하고, 상대방의 필요나 욕구 가운데에서 자신의 성장을 발견해 나가라.

⑧ 내가 나 자신만을 위해 일했을 때에는 나를 위해 일해 주는 사람은 내 사신밖에 없었다. 그러나 내가 다른 사람을 위해 일한 뒤로는 다른 사람도 나를 위해 일해 주었던 것이다. −벤저민 프랭클린

단점보다 장점을 먼저 발견하라

친구가 나에게 어떤 노인에 대해 이런 이야기를 해 주었다. 그 노인이란 샌프란시스코 교외에서 주유소를 경영하는 사나이로 완고하고 엄격한 인상이었지만, 사람에 대한 이해심은 깊었다.

어느날 아침, 그 노인의 주유소에 차를 세운 사나이가 레드우드의 요양지는 형편이 어떠냐고 물으면서 이렇게 말했다.

"여기 오기 전에는 2주일 동안 산타크루즈에 있었는데요, 아주 즐거웠어요. 경치뿐만 아니라 인심도 좋아 어딜 가나 편하게 지낼 수 있었습니다."

주유소 노인은 그 남자에게 틀림없이 레드우드 요양지도 마음에 들 거라고 대답해 주었다.

그리고 한 시간가량 지나 또 한 사람이 레드우드의 요양지를 물어본 남자가 있었다. 그런데 그 사나이는 이렇게 투덜댔다.

"지난 2주일 동안 아주 혼났어요. 산타크루즈에서는 사람들이 죄다 무뚝뚝하기만 한 데다가 즐길 만한 곳도 제대로 없었어요."

그러자 노인은 두 번째 사나이에게 이렇게 대답했다.

"레드우드 역시 당신 마음에 들지 않을 겁니다."

그 사나이가 가 버리자 내 친구가 똑같은 레드우드 요양지에 대해 물은 두 사나이에게 어째서 전혀 다른 대답을 했는지 노인에게 그 까닭을 물었다. 그러자 노인은 이렇게 답했다.

"아니, 나는 다른 대답을 한 것이 아니오. 처음 사람은 전에 갔던 장소에 대해서나 사람에 대해서 아주 좋게 말하지 않던가요? 그러니까 그 사람은 어디에 가거나 그곳이 마음에 들 것이 틀림없습니다. 그런데 뒤의 사람은 불만투성이더군요. 저런 사람은 어떤 곳에 가더라도 재미가 없을 게 뻔해요. 사람들과 즐거운 시간을 보낼 수 있는 것 – 이것은 습관이에요. 안 그렇습니까?"

다른 사람과 원만하게 일해 나가기 위한 첫걸음은 다른 사람의 좋은 점을 찾아내는 습관을 만드는 일이다. 그렇게 생각하고 사람들을 살펴보라. 그러면 반드시 좋은 점이 발견되는 법이다.

그러나 이와 반대로 인간의 하찮은 인색한 점만을 발견하거나, 욕심 많고 짐승 같은 놈이고 사기꾼이고 거짓말쟁이이며 아첨만 잘한다는 따위로 사람을 생각하는, 비관적이라고도 할 만한 태도는 자기도 모르는 사이에 습관으로 붙어 버리게 된다.

너그러운 눈으로 사람을 바라보라

대단히 불쾌한 사람이라도, '어린 시절에 다른 사람들로부터 무시당하며 살아왔기 때문에 성격이 일그러져 버린 불행한 사람이다' 라는 점을 깨달으면 우리는 상당히 너그러운 눈으로 그런 사람을 볼 수 있게 된다.

매우 엄한 부모 또는 어린아이들을 완전히 방임하는 부모 밑에서 자랐거나, 가족에게 명예롭지 못한 일이 있었거나, 잔소리를 심하게 한다거나 또는 응석을 받아 주어 버릇없게 자랐거나 하면, 그것은 아이의 대인관계에 매우 강하게 영향을 주게 마련이다. 아이를 오만하게 만들기도 하고, 열등감을 갖게도 하고, 거짓말을 잘하게 만들기도 하고, 허영심이 강한 사람을 만들기도 하고, 남의 험담만 하는 쓸모없는 사람으로 만들기도 한다.

우리는 이러한 사람들을 최소한 이해만은 하도록 노력해야 한다. 그들을 벌하려고 해도 아무 소용이 없다. 왜냐하면 그러한 사람은 자신이 무엇을 하고 있는지, 어째서 그렇게 하고 있는지를 모르기 때문이다. 우리는 그러한 사람을 구할 수는 없다손 치더라도 적어도 이해할 수만은 있을 것이다.

도스토예프스키의 소설 속에서 어떤 인물이 이렇게 말하고 있다.

"사람들을 사랑하기 위해서는 눈을 감고 코를 틀어막아야 한다. 그렇게 해서라도 사람들을 사랑해야만 하는 것이다."

사람들은 생활습관이나 풍습을 매우 영리하게 발전시켜 왔다. 그것이 인간의 생리적인 기능을 덮어서 가려 버리고, 이상화하며 매력적으로 만드는 것이다.

'먹는다'는 기능을 생각해 보라. 당연한 일이지만 '먹는다'는 것은 아름다운 과정은 아니다. 음식을 입에 넣고 씹어 침을 섞고 그리고 삼킨다. 그렇게 몇 세기가 흘러가는 동안에 인간은 점점 문명화되어 예의범절이나 식문화(食文化)라는 것을 만들어 내고, 그리고 그것이 먹는 일을 매우 즐겁게 만든 것이다. 깨끗한 식기, 나이프, 포크, 스푼, 유리그릇, 테이블클로스며 냅킨, 때로는 구석을 밝혀 주는 화병 속의 꽃. 이렇게 '먹는다'는 것의 일면을 잘 꾸며 다른 지저분한 면을 보지 못하게 하여 식사를 즐거운 일로 만들어 온 것이다.

의사나 간호사는 보통사람이 싫어할 만한 일을 할 것을 요구받는다. 그러나 자신이 좋은 일을 하고 있다는 자부심에다 언제나 과학적인 태도로 자신의 일에서 깊은 만족을 얻는 것이다.

이와 같이 인간은 어떤 기본적인 인간의 생리적인 기능에 대한 태도를 잘 조정할 만한 능란한 방법을 찾아내어 왔다고 할 수 있을지도 모른다.

어떤 사람이든지 상대방을 너그럽게 다루고 사랑하는 습관을 붙일 수 있다. 인간의 본능이 지닌 불쾌한 면을 메우는 방법으로 우리는 충분히 의식적으로 행동할 수 있는 것이다.

어느 대기업의 사원이 영전(榮轉) 명령을 받았다. 이런 때에는 분개하거나 마찰이 일어나게 마련인데, 이 사람은 누구와도 잘 지내왔기에 뒷말이 없었다. 이 사나이는 초등학교 교육조차도 받지 못했다는 핸디캡이 있었음에도 회사 안에서 높은 자리에 앉게 되었던 것이다.

어떻게 그렇게 성공했느냐고 물었더니 그는 이렇게 대답했다.

"무엇보다도 우선 나는 누구에게나 선의를 갖고 대하고 있습니다. 나를 싫어하는 사람은 나에 대해 잘 알지 못하거나, 아니면 나의 생각을 이해하지 못했기 때문인 것입니다. 그리고 또 한 가지 누구든 나를 비판했을 때에는 나는 고스란히 받아들여 왔습니다."

재미있는 것은 친절한 행동을 하는 것은 두 가지 점에 좋은 결과를 가져오게 한다는 것이다. 물론 친절을 받는 쪽은 친절을 베풀어 준 자에게 호의를 갖지만, 친절한 행위를 하는 자도 자신이 도와준 자에게 호의를 갖게 되는 것이다. 그는 다른 사람에게 선의라는 투자를 했다고 느끼기 때문이다.

우리는 상대방을 이해해야만 한다. 단점이 많은 사람일지라도 장점을 찾아내어 좋아하게 되도록 애쓰면, 우리 자신도 불평을 늘어놓거나 비평하는 버릇이 없어지게 된다. 모든 책임을 상대 탓으로만 돌리는 버릇이 있는 사람은 어느 누구라도 싫어하게 된다는 사실을 깨달은 일이 있을 것이다. 곧 다른 사람의 비평을 하는 사람은 자기 자신도 비평당하고 만다는 의미다.

우리는 너그러움을 가져야만 한다. 우정은 너그러움 위에 이루어지는 것이다. 친구란 당신에 대해서 뭐든지 알고 있는 사람이며, 아무튼 당신을 좋아하는 존재다. 결국 당신을 좋아하는 사람이 있다는 것은 굉장히 고맙고 즐거우며 그리고 또 자기 자신을 응원해 주는 것이다.

사람은 누구나 인간적인 약점을 많이 갖고 잘못도 저지른다. 개중에는 하찮은 것도 있고 심각한 문제도 있다. 그렇기 때문에 우리는 자신의 나쁜 점을 못 본 체 눈감아 주고, 좋은 점을 인정해 주는 친구가 필요한 것이다.

너그러움이란 것은 우리는 다른 사람에게 너무 많은 것을 기대해서는 안 된다는 말이다. 가장 범하기 쉬운 잘못 가운데 하나는, 다른 사람을 '합리적인 사람일 것' 이라고 생각해 버리는 일이다. 그러나 자신이 생각한 대로 다른 사람이 이치에 맞게 행동하는 일은 거의 없다고 생각하는 편이 좋다. 바꾸어 말하면, 자신이 가지고 있는 사물을 보는 방법이라는 것은, 다른 사람이 볼 때 반드시 납득이 가는 것은 아니라는 사실이다. 우리는 '다른 사람이 언제나 이치에 맞도록 행동할 것' 이라고 생각하지 않는다면 많은 실망에서 구출될 것이다.

찾지 않으면 발견되지 않을 것이다

최근 나는 로스앤젤레스에서 샌프란시스코로 가는 열차에서 매우 나이가 많은 노인과 나란히 앉게 되었다. 그 노인의 첫인상은 그다지 좋지 않았으므로, 아마도 불쾌한 일이나 불평을 듣게 될 것이라고 생각하고 있었다. 그런데 반대로 그 노인은 보기 드물게 유머가 있고 낙천적인 사람이었다. 노인이 나에게 몇 가지 함축성 있는 이야기를 들려줬는데, 그 가운데 인도의 선교사에 대한 이런 이야기가 있었다.

어느 선교사가 정부의 고관(高官)을 만났다. 그 고관은 선교사에게 이제까지 어떤 일을 해 왔느냐고 물었다. 그러자 그 선교사는 서슴지 않고 이렇게 대답했다.

"저는 30년 동안 인도에 살며, 5천 명이나 되는 사람을 그리스도교도로 만들었습니다."

이 대답에 고관은 이렇게 말했다.

"나는 30년 동안 인도에 있었지만, 한 번도 그리스도 교도를 만나지 못했소."

그러자 선교사는 그 고관에게 이렇게 물었다.

"그럼 당신은 어떤 일을 해 오셨습니까?"

"나는 황제의 시종(侍從)이었소. 그래서 사냥을 무척 많이 했소. 호랑이를 몇백 마리 정도는 죽였소."

이 대답에 선교사는 이렇게 말했다.

"나도 30년 동안이나 인도에 있었지만 호랑이를 만난 적은 단 한 번도 없었습니다."

한 남자는 사나운 호랑이를 찾고 있었다. 그리고 그는 그것을 찾아냈다. 또 한 남자는 사람을 구원할 기회를 찾고 있었다. 그리고 그도 그것을 찾아냈다. 그런데 두 사람 다 찾고 있는 대상이 달랐기에 서로 상대가 찾고 있는 것을 보지는 못했다.

인간은 장점과 단점을 다 가지고 있지만 단점만 찾으려면 단점만 보이게 마련이니 좋은 점을 찾아내려고 해야 한다. 왜냐하면 우리는 인간세계에 살며, 그리고 그 사람들이 우리를 방해하기도 하고 도와주기도 하는 것이기 때문이다.

어떤 사람이든지 인간적인 과오를 많이 갖고 있게 마련이다. 만약 우리가 상대방의 과실에 너그러우면, 상대방도 우리의 과실을 눈감아 줄 것이다. 또한 상대방도 칭찬할 만한 성질도 많이 지니고 있다. 만약 우리가 상대방의 좋은 점을 찾아내려고 하면, 상대방도 우리의 좋은 점을 찾아 발견해 주는 법이다. 인생을 가치 있게 살려면, 우리는 진지해야만 한다. 다른 사람을 누구든지 좋아하게 되도록 하는 것은 즐거운 습관이 될 것이다.

[싫은 사람과 어울려 일하는 방법]

① 단점이 많은 상대방일지라도 장점을 찾으려고 하면 반드시 발견되는 법이다.
② 문명인은 아름답지 않은 생리적인 기능을 아름답게 보이게 하는 재능을 가지고 있다.
③ 생리적인 기능을 문화로 발전시켰듯이 인간관계의 정신적, 감정적인 단점을 개선하려는 노력이 필요하다.
④ 당신이나 당신의 의도를 이해해 주지 않는 사람이라도, 그 사람을 칭찬하면 반드시 당신에게 호의를 갖게 된다.
⑤ 만약 우리가 다른 사람을 좋아하게 되지 않으면 우리의 인생도 좋아지지는 않을 것이다.

대인관계에서 일방적인 것은 없다

배려심은 보답으로 돌아온다

사람은 바른 예의에 대해 돈을 지불하는 법이다. 돈을 지불하지는 않더라도 예의바른 사람에게는 어떠한 방법으로라도 일부러 보답하려고 한다. 반대로 예의가 바르지 못한 사람은 골탕 먹여 주려고 생각한다. 예의바르게 상대해 주거나, 버릇없이 상대해 주거나, 반드시 어떠한 답례는 있게 마련이라는 사실을 유의해 둘 필요가 있다.

어떤 회사에 예의바른 중역이 있었다. 그는 고객에게는 친절하게 대하고 있었고 직원들에게는 언제나 유쾌하게 말을 걸었다. 그런데 그에게는, 그에게로 의논하러 오는 부하들이 건네주는 서류를 다 본 뒤에는 조금은 경멸하는 듯한 표정으로 테이블 너머로 던져 주는 버릇이 있었다. 물론 그에게는 별로 아무런 다른 뜻이 있었던 게 아니었지만 부하들은 틀림없이 '상사가 우리를 업신여기고 있다'고 느끼고 있었다.

얼마 후 그 중역의 동기들은 더 높은 자리에 오르게 되었지만 그는 승진 발령에 번번이 누락되더니 후보로도 오르지 못하고 말았다. 그 대단치 않은 중역의 버릇이 사원들의 적대심을 낳게 하여 결국 이 유능한 중역은 그 회사에서 계속 일할 수 없게 되었던 것이다.

우리는 동료들과 잘 어울리는 방법을 배우지 않았기 때문에 사업에 실패한 매우 유능한 사람을 많이 알고 있다.

앞의 이야기는 예의와 결부되어 있기는 하지만 예의보다는 미묘한 인간의 품성에 관한 것이다. 그것은 '인간적인 촉감', 또는 '빈틈없는 배려심'이라는 품성이다. 이 '빈틈없는 배려심'이라는 것은 상대를 당혹하게 만드는 생각은 조금도 보이지 않는 법이다. 이를테면 공개석상에서 부하가 발음을 잘못하거나 문법을 잘못 알고 틀리더라도 빈틈없는 배려심이 있는 상사라면 일부러 노골적으로 바른 발음으로 말하거나 맞는 문법으로 이야기하지는 않을 것이다.

〈리더스 다이제스트〉에 이런 이야기가 실려 있었다. 이 이야기는 빈틈없는 배려심이란 능란하고 재치 있는 안목이라는 것을 설명하고 있다.

할리우드의 어떤 변호사의 젊은 부인은 영화배우인 잉그리드 버그만과 절친한 친구 사이였다.

버그만이 세금 문제로 곤란을 겪고 있는 것을 안 그 부인은 버그만을 남편의 변호사 사무실로 데리고 갔다. 그녀들이 돌아간 뒤 변호사는 비서에게 이렇게 말했다.

"이봐, 지금 우리 집사람이 데리고 온 사람이 누군지 아나?"

"아니오. 모릅니다. 누구입니까?"

"잉그리드 버그만이야."

"그래요? 변호사님, 대체 어떤 분이 버그만이었습니까?"

그러자 변호사는 비서를 유심히 바라보다가 이렇게 말했다.

"이봐 조지, 자넨 10달러 벌었네. 자, 여기 있어. 당장 필요할 거라고 생각되지는 않지만 말일세. 아무튼 나는 자네가 자기 혼자서도 웬만한 일은 너끈히 처리할 수 있는 재능이 있다는 것을 인정하겠네. 틀림없이 자네는 부자가 되고 유능해질 걸세."

예의바른 행동뿐만 아니라 재치와 결부된 배려심은 별로 이성에 호소할 것이 못 된다. 다만 감정을 움직이는 것이다. 대체로 인간이라는 것은 거의 감정으로 지배되고 있으니까.

감정에 의거한 또 하나의 원칙이 있다. '다른 사람에게 동정적이며 또 다른 사람을 이해하도록 하라'고 하는 것이다.

다른 사람이 무슨 말을 하려고 하는가를 귀를 기울일 뿐만 아니라, 정성을 다하여 친절한 마음을 보이도록 하라. 그리고 동정하라. 그러나 결코 보답을 바라서는 안 된다.

동정해 주는 사람이란 '봉사의 천사'처럼 보이게 마련이다. 동정심이 없는 사람에 대해 월터 휘트먼은 무서운 경고를 하고 있다.

"동정심도 없이 걸어가는 사람은, 자신의 수의(壽衣)를 운반하면서 자신의 장례식으로 걸어가는 것이다."

모르는 척하는 것도 배려심이다

우리는 대인관계에 있어서 배려심 있게 교제해야만 한다. 그러나 누구에게나 통용되는 법칙은 없으므로 저마다 갖고 있는 특성에 대해서도 똑똑히 알아야만 한다. 즉 때로는 모르는 척하는 것도 배려심이라는 걸 알아야 한다.

나의 친구 중의 한 명은 무의미한 친절을 보여 실패한 때의 일을 지금도 생각해 내고는 유감스러워하고 있다.

그 친구는 그때 어느 큰 회사에 상품을 판매할 길을 트려고 애쓰고 있었다. 친구가 접촉하고 있는 그 회사의 중역은 판매 계약이 성공하느냐 않느냐 하는 열쇠를 쥐고 있는 인물이었다. 어느 날 저녁 친구가 그 회사에 들러 이 중역을 만나 협상을 하고 있을 때까지 모든 일은 참으로 잘 진행되고 있었다.

협상이 끝날 때쯤 친구는 중역에게 상냥하게 이렇게 말했다.

"하루 중에서 저녁때라면 당신의 저항도 조금은 약할 것이라고 생각하고 이렇게 찾아뵜던 것입니다."

그런데 그 중역은 중년을 넘어, 어느 쪽인가 하면 몸이 약한 쪽이었다. 친구가 자기 딴에는 요령 있게 하느라고 미리 생각했던 가벼운 이 한마디가 중역의 아픈 점을 찌른 것이다. 왜냐하면 중역은 언제나 자신의 건강에 고민하고 있었기 때문이었다. 중역은 조금 난처해하더니 입을 다물어 버리고 말았다.

마침내 친밀한 그들 사이는 벌어지고 결국 예의를 차리는 걸로 다

된 줄 알았던 내 친구는 큰 계약을 얻을 기회를 잃고 말았던 것이다.

배려심은 사람을 다루는 능력이다

1946년 10월, 〈포춘〉 잡지의 조사로는, 경영자들은 그들을 성공케한 개인적 자산은 '결단력'이나, '기술적 지식'이라는 여러 가지 개인적인 자질보다도, '사람을 다루는 능력'이 무엇보다도 첫 번째라고 말하고 있다.

즉 록펠러 1세도 일찍이 이렇게 말했다.

"나는 어떤 재능보다도 사람을 다루는 재능에 대하여 가장 많은 재산을 지불한다."

또 헨리 포드도 다음과 같이 말하고 있다.

"성공의 비결이 하나 있다면 그것은 다른 사람의 사물을 보는 방법을 몸에 익히고, 자신의 입장에서가 아니라 다른 사람의 입장에서도 사물을 볼 수 있는 재능이다."

당신이 윗사람의 주의를 끄는 데 가장 좋은 방법은 고객이 당신을 좋아하게 만들고 칭찬하게 하는 것이다.

기업이라는 것은 고객의 만족감을 위해 만들어지는 것이다. 대체적으로 이 만족은 한 사람 한 사람의 고객에 대한 개인적인 서비스로 이루어진다. 하나의 회사가 다른 또 하나의 회사와 거래하는 것이 아니다. 그 거래가 아무리 큰 규모의 것일지라도 한 조직 속의 개인과 다른 한 조직 속의 개인 사이에서 행해지는 것이다. 어떤 판매나 영업이라도 개인과 개인의 인간적인 접촉이라는 관계를 통해서 이루어지는 것이다. 인간이 지니고 있는 온갖 본능, 욕구, 아집, 편견, 이기심 따위가 그 속에 포함되어 있다.

손님을 기쁘게 하는 요령을 습득한 세일즈맨이나 비즈니스맨은 이미 주위로부터 인정받아 승진하는 길을 출발했다고 할 수 있을 것이다. 그렇다면 이것을 어떤 곳에서 시작해야 하는 것일까?

사잔 철도에 있는 어떤 친구는 프랑크 젠킨스가 어떻게 승객으로부터 인정받아 승진가도를 달려왔는지를 자세히 이야기해 주었다. 젠킨스는 자신의 성공은 그가 유달리 정중하게 다루어 준 승객이 우연히도 유명한 은행가였던 J.P. 모건 부인이었다는 데에서 시작되었다고 한다. 그가 상사에게서 받은 격려 편지에도 그 에피소드에 대해 언급되었으며, 그를 고속 승진시켜 지방 승객 관리자로 한다고 씌어 있었다. 이후 그는 승진을 거듭하여 현재는 '철도 승객 총지배인'이 된 것이다.

빈틈없는 배려심이란 습관은 여러 가지로 자신을 위해 도움이 된다. 특히 가장 좋은 인간관계를 만드는 데 도움이 된다. 특히 타인에 대한 배려심은 사업상의 인간관계보다도 가족 사이의 관계에 더 필요하다.

그녀가 당신의 부인이라는 것은, 그녀에게 이것저것 명령하고 무시하기도 하고 또는 그녀의 의견이 하찮은 것이라고 우습게 보면서 아무렇게나 다루어도 된다는 이유가 아니다. 또한 그가 당신의 남편이라는 것은, 그에게 발끈해서 성을 내거나 집안문제에 참견하는 것을 타박하여 멋대로 아무렇게나 다루어도 된다는 이유가 아니다. 또한 그 아이가 당신의 아이라는 것은, 아이에게 무서운 얼굴로 겁을 주거나 멋대로 아무렇게나 다루어도 된다는 이유가 아니다.

역시 가족 사이에도, '다른 사람의 입장에서 생각하고, 이야기하고, 행동하라'는 원칙을 마음에 담아 두어야 하는 것이다.

반항으로 되돌아오는 행동은 하지 말라

가족들 사이나 서로 잘 아는 사이나 사업상 관계에서나, 어떤 경우라도 상대를 녹아웃시키듯이 깔아뭉개거나 굴복시키려고 해서는 안 된다. 다짜고짜로 다른 사람의 의견을 하찮은 것이라고 단번에 물리치거나 하면 그 사람은 굉장히 화를 낼 것이다. 그러면 그때까지는 아주 작은 문제였던 것도 큰 문제가 되어 버린다. 그 사람의 자존심도 충성심도 모두 없어지고 말 것이다.

어떤 상황이라도 다짜고짜 반대하는 것은 그 사람을 매우 분개하게 만드는 것이다. 이 사실은 점점 분명해지는 법이다. 그러니까 상대와 다른 생각도 있다는 것을 제시하기 전에 사람을 감정적으로 만들어 버려서는 안 된다.

사람의 의견이 변하는 과정이란 아주 서서히 이루어지는 것이다. 그런데 한창 의논하는 도중에 자신이 잘못되어 있었음을 솔직하게 서슴지 않고 인정해 버리면 매우 좋은 일이 생긴다. 다른 사람들은 이 사람은 매우 마음이 넓은 사람이라고 생각하는 것이다. '자신이 잘못되어 있을 때에 솔직하게 자신의 잘못을 인정하다니, 뭔가 자기 자신에 대해 매우 자신감을 갖고 있는 사람이 아닐까'라느니 또는 '모든 사람의 잘못을 자기가 다 뒤집어쓰다니, 정말 통이 크고 예의 바른 사람이구나. 어쩌면 오히려 내 쪽이 잘못되어 있는지 모르겠다'

라는 식의 생각으로 접근해 올 것이다.

캘리포니아 스탠더드 석유의 피터슨 사장은 이렇게 말하고 있다.

"배려심을 가지고 행동하는 것은 이득이 생길 뿐만 아니라, 마음속의 무엇과도 바꿀 수 없는 만족을 가져다준다. 배려심이란 다른 사람과 잘 어울려 일해 나가게 할 수도 있고, 우리의 생활을 순탄하게 만들기도 한다."

빈틈없는 배려심은 소화를 도와 건강을 위한 치료제도 된다. 그것은 곧잘 신경이나 소화기관을 지치게 하고 때로는 망가뜨려 버리는 일까지도 있는 다른 사람과의 마찰을 없애 주기 때문이다.

'고민은 심한 노동보다도 더 사람을 죽인다.'

이 금언(金言)은 확실히 옳다. 언제나 기분이 좋은 사람은 건강 상태도 좋다. 의사도 좋은 기분은 건강의 바탕이 되며 건강은 좋은 기분의 원인이 된다고 말하고 있다.

좋은 일에 대해서나 나쁜 일에 대해서나 사람은 자기가 한 행동에 대해서 반드시 보답받는 법이라는 것을 잘 기억해 두기 바란다.

[대인관계에서 일방적인 것은 없다]

① 남을 모욕하는 무례한 행동은 어떠한 형태로건 되돌아온다.
② 동정할 줄 알라. 그러나 보답을 바라서는 안 된다.
③ 사람은 저마다 다르다. 애칭으로 불러도 그것을 좋아하는 사람과 성내는 사람이 있는 법이다.

④ 다른 사람을 무시하면 그 사람의 분노를 사게 된다.

⑤ 배려심이라는 것은 다른 사람과의 마찰을 없애 주고, 고민을 없애며, 건강하게도 만든다. 또 돈을 버는 일이나 출세하는 데 반드시 보답으로 되돌아온다.

⑥ 한마디로 반대하거나 물리치는 것은 아무리 친한 사이라도 상대를 성나게 하는 것이다.

⑦ 자신의 잘못을 서슴지 않고 선뜻 인정하면 존경심과 함께 협력까지도 얻을 수 있다.

06   설득의 대화술

말하고 싶으면 먼저 들어주어라

두 사람이 일요일 아침 함께 만나서 짧은 인사를 나눈 다음 한 사람이 이야기하기 시작한다. 무엇을? 99% 무언가 자신에 대한 것 – 낚시질한 물고기며 전에 본 쇼 이야기, 정원에 심은 나무, 그동안 갔던 여행 이야기, 지금 몰고 있는 자동차, 또는 자식에 관한 일 등 모두 자신과 관련한 일들이다.

그러나 또 한 사람은 절반도 듣고 있지 않다. 다만 이야기를 도중에 끊게 하고 자기도 조금쯤 이야기하고 싶어서 적당한 구실이나 때를 기다리고 있을 뿐이다.

그러다 그 사람 차례가 와 이야기를 시작하면 대체 무슨 말을 할 것인가? 그도 또 자신의 일밖에는 말하지 않을 것이다. 어디에 갔으며, 무엇을 했고, 여차여차하고, 이러고서러고….

이것은 모두 인간의 본성이며 이러한 사람에게 비판적일 필요는 없다. 그들은 다만 자연스런 충동에 따르고 있을 뿐인 것이다. 저마다 이런 방법 저런 방법으로 자신을 내세우려고 하면서. 그러나 그들은 이런 이야기를 하여 무엇을 얻을까?

'누구나 그러한 노골적인 자기의 일만을 이야기하는 것은 다른 사람에게 존경하는 마음을 불러일으키지 않는다'는 의견에는 찬성일 것이다. 그런 말은 다만 자기 표현의 덧없는 허영을 나타내고 있음에 지나지 않는다. 나의 친구 중의 한 사람이 이렇게 말하고 있었다.

"내가 했던 골프시합에 대해 길고 긴 이야기를 한 다음, 결국 나 자신 말고는 아무도 내 골프 시합에는 흥미를 갖고 있지 않았다는 것을 깨달았다네."

그래서 대화를 할 때 무엇보다도 조심할 것은 상대편 입장에 서서 이야기하는 일이다.

그렇다면 생각이 깊은 사람은 대화를 할 때 어떻게 할까? 그는 우선 듣는 사람이 된다. 조금 자제하며 먼저 다른 사람의 이야기를 듣는 것이다. 그러니까 그가 무뚝뚝한 사람이라는 것이 아니다. 감화력(感化力)이 있는 사람은 이야기할 무엇인가를 가지고 있다. 그것을 잘 이야기해야만 한다. 누구나 쾌활한 사람, 자신의 껍질을 벗고 동료들과 마음을 터놓고 친해질 수 있는 사람을 좋아한다.

어찌 되었거나 대화에서 가장 저지르기 쉬운 잘못은 자기 이야기가 너무 길다는 일이다. 쉴 새 없이 지껄여 대는 사람은 정말 넌더리가 나는 법이다.

만약 상대가 협력해 줄 것을 기대하고 싶을 때는 우선 상대편의 이야기를 잘 들어주는 사람이 되어야 한다. 다른 사람에게 이야기해야 할 중요한 용건이 있을 때에는 우선 상대에게 모든 이야기를 다 말해 버리게 한 다음, 당신이 해야 할 이야기에 자발적으로 주의를 돌리도록 해야 한다.

대화는 다른 사람에게 이야기하는 것이 아니라, 다른 사람과 '함께' 이야기하는 의미라는 걸 염두에 두고 있는 사람은 많지 않을 것이다. 대화는 '서로 나누는 것'이다.

끝없이 길게 계속되는 이야기란 정말 견딜 수 없는 일이다. 이야기를 듣고 있는 사람은 병들어 앓는 동물처럼 아무런 갈등도 없는 눈초리의 마비된 듯한 모습을 하고 있다. 생각이 깊은 사람이라면 자신이 자주 이야기를 끊고 상대에게 이야기를 하게 하는 법이다.

말과 말 사이를 '그래서, 그리고' 따위로 상대가 말할 수 있는 기회를 차단하면서 끝도 없이 이야기를 계속 이어 가는 사람만큼 무신경한 사람은 없다. 연설이 아니라면, 상대에게 1분 이상이나 계속 이야기하는 것은 현명하다고 할 수 없다. 그래서 유쾌한 교제를 하기 위한 대화법 체크리스트에 다음과 같은 것을 써 넣어 두자.

'남의 이야기를 잘 들을 줄 아는 사람이 되라. 이따금 침묵을 지키는 능력을 키우고, 절대로 지루하도록 길게 이야기를 끌어가서는 안 된다.'

말에 호소력을 높이는 태도와 동작

개들도 말을 한다. 꼬리를 흔들면서 당신에게로 나는 듯이 달려왔을 때 개는 이렇게 말하는 것이나.

"이렇게 만나서 무척 기쁘답니다."

몸 전체를 흔들어 나는 듯이 달려왔을 때는 이렇게 말하는 것이다.

"저는 당신이 참으로 좋답니다!"

그리고 조금이라도 보아 주고 말이라도 걸어 주며 등이라도 톡톡 쓰다듬어 주기를 기대하고 있는 것이다. 불안한 듯이 날카롭게 짖는 것은 정말로 불안한 때이며, 개를 사랑하는 애견가는 그럴 때에 침착하고 친밀한 말이 개를 안심시킨다는 것을 잘 알고 있다.

깡충깡충 뛰거나 까불고 짖어대거나 몸을 웅크리거나 할 때에는 장난치고 싶다는 것이므로 당신이 공이라도 던져 주면 공 쪽으로 달려갈 것이다.

사람도 태도나 동작으로 무엇이건 이야기한다. 실제로 우리는 표정이나 분위기로 다른 사람과 서로 통하고, 말을 입 밖에 내지 않고도 많은 것을 이야기할 수 있는 것이다.

이야기를 할 때에 – 상냥하게 웃는 얼굴인지, 찡그린 얼굴인지, 큰 소리로 말하는지, 가만가만 온화하게 하는지, 또는 맞장구를 치는지, 공격적인지 – 우리의 이런 태도는 이야기하는 상대에게 매우 큰 영향을 준다. 이야기할 때의 태도가 상대를 찬성하게 하든지, 아니면 반대하게 하는가를 결정하는 것이다. 그러므로 태도나 동작은 말에 강조나 호소력을 덧붙이는 것이다.

문명인은 대화 없이는 살아갈 수 없는데 보통 다음의 4가지 주된 목적 때문에 이야기하는 것이다.

① 속마음을 상대방에게 전하기 위해
② 상대방 속마음을 알기 위해

③ 상대방을 설득하기 위해

④ 상대방에 대해 관심을 갖고 있음을 나타내고, 친구를 얻어 사귀기 위해

'우리는 말로 통치(統治)한다.'

디즈 테일러의 말이다. 말의 조합이 마술처럼 인간이나 나라를 흔들고, 전쟁을 일으키고, 평화를 이룩해 온 것은 사실이다. 또 현대의 정신과의사는 육체적인 병을 말로 고치는 수도 있다.

그렇지만 말만으로는 충분하지 않다. 말의 힘과 사상과의 밸런스를 유지할 필요가 있다.

사람들은 진실성에서 나온 말에 무게를 두고 변덕스럽고 성실하지 못한 말은 무시해 버린다. 속담에도 '행동은 말보다 훨씬 웅변이다'라고 했는데, 사람들이 당신의 인격을 믿지 않는다면 물론 말하는 것도 믿지 않을 것이다.

어떤 사람은 "사상은 언어의 발명과 함께 시작되었다"라고 말했는데, 말이 없었다면 사람은 동물의 테두리를 별로 벗어나지 못했을 것이다. 인간은 말과 그림과 형태를 만드는 것으로 계획을 세우고 상상한다. 그리고 복잡하고 어지러움을 느낄 것 같은 세계를 말로써 배우고 영위해 간다.

배우는 학생들이 곧잘 "알기는 하겠는데, 말로 잘 나타낼 수가 없습니다"라고 말하는데, 선생님은 이 말을 받아들이지 않을 것이다. 만약 정말로 알고 있다면 말로도 나타낼 수 있을 것이다.

말은 사람에 따라 여러 가지 다른 의미를 갖고 있다. '빨강'이라는 말은 당신에게는 좋아하는 색이겠지만, 어떤 사람에게는 그가 증오하는 정치적 사회적 사상을 의미하므로 이 말을 그 사람에게 쓰는 것은 소에게 빨강 헝겊을 너풀거리거나 흔들어 보이는 것이나 다름없는 것이다.

사람들은 대부분 감정에 지배되므로 사업상으로나 사회적으로나 일상생활에서도 말에 대해 잘 알고, 여러 가지로 각각 다른 사람에게 그것이 어떤 의미를 갖는가를 아는 것은 매우 중요한 일이다. 말은 왜곡될 수 있는 것이다. 때로는 틀에 박힌 것이 되고, 때로는 본디 의미하는 다른 의미를 갖게 된다. 어떠한 훈련을 받은 사람, 이를테면 병사와 같은 사람들은 다만 한마디의 말로 반사적인 행동을 일으킨다. '앞으로 가', '모두 서' 따위에 거의 자동적으로 반응하는 것이다.

생각을 간결하게 압축해 말하라

트럼프라는 것은 수학자가 카드가 어떻게 다른 사람의 손에 나누어지는지 아무리 계산해 보아도 그 대답이 일반론을 별로 벗어나지 못한 정도지만 끝없이 미묘한 짜임새로 되어 있는 것이다. 보통 피아노는 건반이 55개나 있다. 겨우 이것밖에 없는 건반에서 생기는 무한한 화음과 불협화음을 생각해 보라.

미개인이나 어린아이는 백여 가지의 낱말을 쓸 뿐이고, 교육받은 사람이라면 3천이나 4천 정도의 낱말을 쓰고 있다. 낱말의 수는 적어도 의미나 감정과 저마다의 감추어진 속 뜻을 전달하는 데 있어 강약과 완급을 표현하는 조합은 한이 없다.

말은 우리의 생활에서 중요한 역할을 다하고 있어, 다른 사람과 이야기하고 이해하고 설득하는 데 도움이 되고 있다. 다른 사람과 잘 사귀고 잘 생활해 나가는 데 도움이 되는 것이다. 잘 살펴보면 성공한 사람은 반드시 어휘가 풍부하다는 것을 알게 된다.

많은 사람이 우표나 화폐 같은 것을 수집하고 있는데, 좀 더 유익하고 즐거운 것이 어휘의 수집이라는 취미다. 대부분의 사람은 아무렇게나 되는 대로 오가다 어휘를 기억에 담을 뿐, 좋은 어휘를 잘 모으고 간직하려 하지 않는다. 다른 사람에게 자신의 의사를 전달하거나 설득하는 데 명확하지 않거나, 정확하지 못하거나, 혼돈되거나 하지 않도록 하려면 자신들이 쓰는 어휘의 정확한 의미를 알아두는 것은 상식일 것이다.

동화 작가인 한 친구가 대학생인 아들에게 루돌프 프레슈의 《또렷하게 이야기하는 방법》을 읽도록 권했다. 이 책에는 복잡한 낱말을 피하는 일이며, 하나의 문장을 20개가량 낱말로 잘 정리하여 만드는 방법 등의 여러 가지 가르침이 적혀 있다.

그 책을 받아든 아들이 아버지에게 항의했다.

"아버지, 저를 대학에 보내 수식어법이니 가정법이니 등 여러 표현 방법을 배워야 한다고 하여서 그것을 모두 배웠습니다. 그런데 이제 다시 간결하게 이야기하는 법으로 되돌아가야 한다는 것입니까?"

아버지는 이렇게 대답했다.

"그렇다. 네가 자유롭게 말을 잘할 수 있게 될 때까지 많은 공부를 해야만 한다. 우선 많이 공부하도록 해라. 그런 다음에 간결하게 해

라. 말은 마치 도구와도 같은 것이어서 지식이 풍부한 사람이 언제나 새롭고 좀 더 단순하게 직접적인 표현법을 발명하는 것이니까. 법칙을 알고 있을 때에만 법칙은 깨어지게 마련이다. 더욱이 법칙에 묶여 있다고 느꼈을 때에는 절대로 효과적이 못 되는 것이다."

사람은 매일의 대화에서 비교적 얼마 되지 않는 말밖에 쓰지 않지만 자기가 많은 어휘를 간직하고 있다고 의식하는 것은 즐거운 일이며 안정감을 준다. 아무런 생각도 없이 그저 평범하게 계속하고 있는 대화에 만약 당신이 요점을 찌르는 간결한 낱말이나 문구를 신선한 어조로 이따금 이야기 속에 끼워 넣는다면 듣는 사람을 즐겁게 하고 활기를 불어넣게 될 것이다. 일상 대화 가운데에 말을 잘 골라 쓰도록 마음을 쓰면, 말해야 할 내용을 잘 정리하고 다듬을 수가 있을 것이다. 더욱이 이것은 습관인 것이다.

대화란 말과 말의 즐거운 화음

여기서 '잡동사니 대화'에 대해서 살펴보겠다.
'잡동사니 대화'란 무언가 하나의 화제에 이야기를 집중시키는 것이 아니라 아주 흔한 것, 일상생활에 대해 중요하지도 않은 사건에 대해 끝없이 늘어놓는 장황한 이야기를 말한다. 주제는 대개 가정에서의 트러블이나 질병, 사업상의 불쾌한 일이나 울화가 치미는 일이다. 이것은 울분을 터트려 풀어 버리고 싶어 하는 사람이 하는 생각 없는 잡담으로 다른 사람의 시간을 허비하게 하는 것이다. 이런 대화는 매우 하찮은 것이다.

"여어, 에드, 요즈음 어떤가?"

"고맙네. 부인이나 아이들은 잘 있나?"

"응 괜찮아. 그런데 사업은 좀 어떤가?"

"글쎄, 여전하다고 할까."

"그럼, 안정되어 있다는 얘기군?"

"그럭저럭 해 나가고 있어. 집에 가거든 모두에게 안부 전해 주게."

"그래. 고맙네. 이따금 전화라도 주게나."

"응, 그러지. 그럼 잘 가게. 에드."

"잘 가게. 또 보세, 빌."

이런 대화에는 아무런 의미도 없다. 그러나 현실에는 이것이 올바른 인사로 통하고 있고, 무뚝뚝하게 있는 것보다는 한결 낫다. 모든 대화가 이런 무의미한 것으로 끝나는 것은 아니다. 대부분은 남의 이야기에서, 이를테면 재미있었던 사건이나 중요한 보고 등으로 옮겨 간다. 중요한 것은 인사로 하는 말에서부터 될 수 있는 대로 빨리 말을 바꾸어 무언가 새로운 사건, 신선하고 흥미 있으며 이야기하기에 만족스러운 화제로 들어가는 일이다.

그러나 그렇게 하는 데는 무언가 화제가 있어야만 한다. 잡지사 기자인 프랭크 텔러는 우수한 기사를 쓰기 위해 우선 중요한 것은 관찰의 습관을 붙이는 일이라고 말하는데, 이와 똑같은 관찰이 대화를 잘하는 데에도 무엇보다도 먼저 필요하다. 독서, 여행, 다른 사람과의 교제 따위에도 주의 깊은 관찰이 필요하다. 흥미 있는 것을 찾아보라. 틀림없이 발견될 것이다.

그러나 이것은 습관적이어야만 한다.

이에 관련하여 머릿속에 떠오르는 것이 얼핏 보기에 교육이나 여행에 있어 아쉬운 것 없게 여겨지던 사람들의 이야기다. 물론 관찰의 습관 없이 여행만 많이 한 부유한 자들의 이야기인 것이다.

그는 높은 교양을 지닌 집안 출신으로 대학 두 곳에서 현대어를 전공했으며, 더욱이 널리 여행을 다녔고, 여러 해 동안 유럽 생활을 했다.

그런데 그가 하는 이야기를 들어 보면 고작 한다는 게 들으나마나 한 하찮은 사건이나 일상생활의 걱정거리 정도였다. 그의 넓은 경험은 아무것도 그의 몸의 일부가 되지 못했으며, 그가 받은 교육이나 경험으로 그에게는 관찰하는 습관을 몸에 익힐 수가 없었던 것이다. 그러한 관찰의 습관은 개인적인 철학이나 유머감각과 결부되어 사람을 풍부한 화젯거리를 지니게 하고, 즐겁고 능란한 대화를 하도록 만드는 것인데도 말이다.

제2차 세계대전이 일어나기 몇 년 전 어떤 부부가 유럽과 중동으로 여행을 했다. 이 변화 많고 별로 알려져 있지 않은 지방에서 보고 들은 이야기를 들으려고 그들이 돌아오기를 목 타게 기다렸었다. 그런데 이 무슨 실망이란 말인가!

그들은 아테네에서 먹은 음식이 꽤나 맛이 없었더라는 것, 다뉴브로 가는 도중에 걸린 감기가 어떻다느니, 부다페스트에서 큰 무도회가 있었을 때 아내가 너무 긴 드레스를 입어 무안했다는 이야기 등 고작 그것뿐이었다. 우리가 본 바로는 그들은 차라리 대형 식료품점에라도 여행을 하였더라면 좀 더 기분 좋게 즐거웠을지도 모를 일이었다.

앞의 두 여행담과 대조적인 여행담을 듣게 된 것은 잘 아는 한 세일즈맨을 통해서였다. 그 세일즈맨이 나를 만나려고 불쑥 찾아왔을 때 실제로 나는 그가 그다지 반갑지 않았다.

그는 내게 최근의 여행에 대해 이야기하기 시작했는데 공교롭게도 지난날 우리 부부가 지나왔던 여정과 같은 코스였던 것이다.

그런데 그는 생생하고 흥미 있는 감상을 늘어놓으며 이야기했다. 이스탄불에서 유서 깊은 사원을 찾았던 일, 키프로스 섬의 주민과 함께 마신 무화과주 이야기, 소피아 사원에서 본 결혼식 이야기…. 우리도 함께 있었던 것처럼 눈으로 보는 것같이 이야기했다. 그는 우리가 감상이나 질문을 할 수 있도록 말을 끊는 듯했다. 게다가 그에게는 하찮은 이야기라도 재미있는 에피소드를 만들어 내는 재주가 있고, 유쾌하고 그리고 깊은 비평 능력도 있음을 알게 되었다.

설득의 대화술

그러면 단순한 커뮤니케이션 문제로 옮겨 보자.

우리는 다른 사람이 이해할 수 있는 말로 이야기해야 한다. 상대편이 잘 알고 있는 말로 이야기해야만 하는 것이다.

어떤 사람이 주일학교의 학생과 이야기하고 있을 때 이렇게 물었다.

"학생 여러분, 논이란 대제 무엇인시 아십니까?"

그는 자신의 물음에 곧 이렇게 대답했다.

"그것은 교환의 매개체입니다."

당신이 짐작한 대로 어린이 중에서 이런 설명을 들은 뒤에 즐거워 보이는 얼굴은 하나도 없었다. 상대편이 잘 알고 있는 말을 쓰기로 하자.

사람은 자신이 이미 알고 있는 말로 이야기를 할 때에만 이해할 수 있다. 잘 알고 있는 말에서 조금씩 새로운 것으로 옮겨 간다.

흔한 예이지만 이탈리아를 설명할 때 우리는 이렇게 말한다. "이탈리아는 국토가 장화 같은 모양을 하고 있다." 이렇게 말하면 듣는 쪽은 곧 이해하기 시작한다. 그는 장화가 어떤 모양인지 알고 있기 때문에 우선 마음속으로 그 모습을 그리게 되고, 거기에 자세한 설명을 덧붙여 상상할 수 있는 것이다. 이것은 듣는 사람의 이해를 돕는 방법이고 이야기하는 쪽의 노력을 덜게 하는 방법이기도 하다.

설득하려고 할 때에는 두 가지 일을 당연히 마음에 두어야 한다. 모든 인간관계를 뚫는 기본 법칙 – 상대의 입장에 서서 이야기하는 것이다. 이렇게 해야 이해관계에 민감한 상대가 안심하고 받아들이게 된다.

두 번째는 온화한 암시의 형식으로 제안을 내놓는 것이다. '모가 나지 않고 온건한 말, 조용한 말이 무엇보다도 강한 말이다' 라는 것을 기억하라는 것이다. 앞에서도 말했듯이 사람은 자기가 설득되고 생각을 바꾸게 되는 것을 좋아하지 않는다. 바꾼다는 것은 자기의 자유의사를 바꾸는 것이므로 거부감을 보이게 된다. 그러므로 거부감을 누그러뜨리는 암시의 형식으로 제안해야 한다.

거부감을 없애는 대화법

새로운 그룹에 들어갔을 때에는 다짜고짜로 대화의 화제를 다른 새로운 것으로 바꾸어서는 안 된다. 그렇게 하면 그 사람들은 분개하고 만다.

그 자리에 있는 사람 모두의 공통 주제로 이야기하고, 누구건 한 사람에게 말을 걸어서는 안 된다. 다른 직업에 대한 비평이나 다른 사람의 개인적인 일에 개입하는 것도 피해야 한다.

아마도 대화할 때에 취하는 태도에서 가장 나쁜 것은 냉소적이고 초월적인 태도다. 다른 사람의 흉을 보거나 소문을 이야기하는 것은 그래도 낫다. 소문이란 이 세상에서 가장 흥미 있는 것이니까. 그렇지만 악의가 담긴 소문이거나 근거 없는 흉을 보아서는 안 된다. 나쁜 소문을 퍼뜨리는 것은 다른 사람을 다치게 하려는 사람으로 보이고, 그 자신의 열등감을 겉으로 드러내게 되는 것이다. 다른 사람의 좋은 점을 찾아내어 그것을 이야기하도록 하라.

속상하고 답답한 가정사, 불우했던 개인사는 되도록 피하라. 들어주는 상대가 당신을 위해 아무것도 할 수 없다는 것을 알고 있을 때 자기의 질병에 대한 이야기 따위는 하지 않는 편이 좋다.

농담이나 유머는 그것을 구사할 줄 모르는 사람에게도 환영받는다. 그러나 그 자리에 어울리지 않는 농담이나 유머나 위트는 하찮은 것이다. 위트는 날카롭고 매운 데가 있어야 한다. 억지로 생각한 것이면 위트라고 할 수 없다.

스탠더드 석유회사 부사장인 앨리스 마크라나한 씨는 이런 말을 하고 있다.

"다른 사람의 의견을 깨트리는 것이 아니라, 다른 사람의 의견에다가 자기의 의견을 보태야 한다."

협력하려면 다른 사람과의 일치되는 범위를 발견해야 한다. 만약 찬성하지 않는다고 퉁명스럽게 반대하고 나서면 버릇없는 놈이라고 어떤 방법으로라도 호되게 보복당하고 말 것이다. 가장 절친한 친구나 가족들 사이에서도 그렇다. 다른 사람을 잘못했다고 호되게 나무라거나 책임을 따지지 않는 것이 인간관계상 중요한 교훈이다.

[설득의 대화술]

① 대화는 서로 주고받는 것이다. 상대방이 우리들과 함께 이야기하도록 힘쓰라.
② 똑같은 말이라도 사람마다 다른 의미를 갖게 마련이다.
③ 설득은 상대편이 지금 갖고 있는 신념을 내가 인정하는 말에서 시작된다.
④ 설득하려면 사실을 암시하고 온화하게 말을 꺼낸다. 이야기하는 태도나 방법이 호소력을 높여준다.
⑤ 논의하는 목적은 서로 이해하고 조화하는 일이다. 다른 사람의 의견에 자신의 의견을 보태라.
⑥ 설명할 때에는 상대편이 알고 있는 사실에서부터 점점 새로운 것으로 옮겨가라.
⑦ 재미있게 이야기하는 사람이 되라. 그러려면 먼저 관찰자가 되어야 한다.

07 세일즈맨 판매 성공 법칙

물건을 팔려고 하지 말라
물건을 사는 것을 도와줘라

"내가 꾸물거린다고 당신은 성내지는 않겠지?"

백화점 점원에게 눈썹이 짙은 한 사나이가 이렇게 말을 꺼낸 뒤 계속 말을 이었다.

"아까 내 옆을 떠나지 않던 저 우수한 점원은 내가 미처 무엇을 살 것인지 결정도 하지 않았는데, 내가 갖고 싶어 하는 것을 멋대로 혼자 정해 버리더군. 기가 막히더군. 너무 성급하게 서둘러 아주 난처했단 말이오. 그래서 저 사람에게 저쪽으로 가 달라고 한 것이오."

"천천히 하십시오. 이제 괜찮습니다."

젊은 판매사원은 손님을 안심시킨 뒤 다음과 같이 말했다.

"저희 백화점에는 국내 주요 생산품이 대부분 진열돼 있고 재고품도 있습니다. 저도 함께 손님께서 사고 싶으신 물건을 찾아보도록 하겠습니다."

눈썹이 짙은 사내는 찬찬히 보고 있던 침대에서 눈을 들고 처음으로 웃으면서 말했다.

"당신처럼 말해 주는 사람이면 나도 아마 좋은 상품을 선택할 수 있을 것이오."

젊은 점원은 이 손님과 함께 백화점 안을 돌아다녔다. 그는 백화점의 온갖 침대를 다 보여 주었다. 얼마 후 점원은 그 손님이 찾고 있는 침대는 최고급품은 아니고 값도 너무 비싸지 않고, 튼튼하게 만들어진 제품이라는 것을 알 수 있었다.

젊은 점원은 여러 가지로 조언을 했지만 별로 집요하게 권하지는 않았다. 그는 충분한 시간을 들여 그 손님의 주머니 사정이며 특별히 좋아하는 것을 알려고 노력했다. 고객이 어찌해야 할지 모르는 어려움을 해결해 주는 것이 정말로 재미있는 일이라는 것 같은 성실한 태도를 취하고 있었다.

이 점원은 눈썹 짙은 사내가 모나코 부근에 산장(山莊)을 갖고 있으며, 또 두 개의 주(州)에 목장을 갖고 있는 재력가임을 알게 되었다. 눈썹 짙은 사내는 양복이며 침대며 가구 따위의 제품이 산더미처럼 필요했던 것이다.

백화점에서 물건을 살펴보고 간 이틀 후, 눈썹 짙은 사내는 고향으로 돌아가기 전에 3만 달러어치 이상이나 물건을 샀다. 물론 이렇게 많은 물건은 손님이 좋아하는 것이 무엇인가를 알기 위해 노력을 아끼지 않고 손님의 뒤를 따라다니던 젊은 세일즈맨에게서 사 갔던 것이다.

맨 처음의 점원은 이 눈썹 짙은 사내에게 뭐든 상품을 팔려고 했다. 그러나 또 한 사람의 점원은 손님이 물건을 사도록 도와주려고 했다. 이 양자에게서 매우 큰 차이가 있다. 다시 말해서 팔려고 하는 방법과 손님을 도와주는 방법의 차이다. 처음 점원이 사용한 팔려고만 한 방법은 성급해서 점점 더 팔기기 힘들어지고 손님을 잡아 놓을 수 없게 되었다.

당신이 하는 일은 물건을 파는 일이 아닐지도 모른다. 그러나 당신은 어째서 이 장에 흥미를 느끼는 것인가? 그 대답은 이러하다.

"모든 사람이 세일즈맨입니다. 날마다 사람들은 자신이 대하는 사람에게 자신의 참다운 가치를 인정하게 하거나 또는 이와 반대로 의도하지는 않았지만 나쁜 인상의 자기 자신을 팔고 있는 셈입니다. 그것이 출세하는가, 실패하는가의 갈림길이기도 합니다."

조지 크레인 박사는 이 문제에 대해 좀 더 자세하게 다음과 같이 말하고 있다.

"당신은 상사에게 당신을 팔아야만 한다. 그렇지 않으면 성공은 어림도 없는 일이다. 당신은 애인에게 자신을 팔지 않으면 라이벌에게 지고 말 것이고, 또한 친구에게 자신을 팔지 않으면 사회에 처져서 고독해지고 말 것이다. 게다가 자신의 아이들에게도 자신을 팔아야 한다. 그렇지 않으면 아이들도 싫어하게 되고 만다. 그리고 괴로움과 노여움의 몇 해 몇 달을 보내고 나서, 다시 되새겨 생각해 보라. 인생이란 끊임없는 '팔기 경쟁' 이라는 것을 알 수 있을 것이다."

모든 사람이 의식적이건 또는 오히려 무의식적인 경우가 많지만, 어떻든 간에 어떠한 의미의 판매라는 일을 하고 있다. 이 장에서는 특히 세일즈맨에 대해 말하고 있는데, 여기서 이야기하고 있는 원리나 실례는 세일즈맨이 아닌 사람들의 인간관계에도 도움이 될 것이다.

성공한 세일즈맨은, 판매라는 것은 광범위한 사람들과 잘 사귀어 지낼 수 있는 일이라고 생각하고 있다. 판매라는 것은 모든 사람의 마음속에 뿌리 깊은 하나의 욕망이다. 시험 삼아 마침 이 자리에 있는 사람을 주의하여 관찰해 보라.

사람이란 모두 자기의 지론(持論)을 바꾸기 싫어한다는 것은, 설득술의 분석에서 이미 말한 바와 같다. 그렇지만 자신의 신념을 근본적으로 바꾸는 것도 아니고, 게다가 약간의 새로운 생각을 덧붙이는 데는 사람들은 그다지 저항을 느끼지 않는다. 그러니까 이야기하고 있는 사이에 처음에는 조금씩 상대의 생각을 바꾸어 가고, 마지막에는 고집하던 의견을 버리게 할 수도 있는 것이다. 어떤 사람이라도 돌연 당장에 의견을 바꾸게 하는 방법은 쓰지 말아야 하는 법이다.

많은 세일즈맨은 이 원리를 유용한 특수한 화술을 오랜 경험에서 얻고 있다. 즉 그들은 상대가 '예스' 하고 대답한다고 생각되는 질문만을 준비하여 손님의 마음을 잘 유도하고, 마침내는 손님이 기꺼이 물건을 사도록 만든다.

그러나 이 방법이 아무리 효과적이라 할지라도 이것은 인간의 마음속에 잠재해 있는 성격에 잘 편승했음에 지나지 않는다. 인간은 자기가 이미 믿고 있는 생각과 별로 다르지 않는 한에서 새로운 생각을 받아들여 행동한다. 사람의 마음은 천천히 움직여 바꾸게 마련이다. 그러니까 이렇게 말할 수 있을 것이다. "판매는 처음에 손님의 의견에 동조하고, 그런 다음 그의 의견을 실행으로 바꾸어 가도록 하는 방법을 사용해야 한다."

판매에 관한 이야기를 하는 중에 손님이 자신의 심정이 변해 갔구나, 하고 느껴질 것 같은 방법으로 이야기를 진행해서는 안 된다. 손님은 스스로 자신의 마음을 결정한 것이다. 그러나 그는 자신의 생각에 약간의 암시가 주어지는 것은 불쾌하게 느끼지 않을 것이다.

이에 대해 심리학자는 다음과 같이 지적하고 있다.

"사람은 암시는 기꺼이 받아들이지만 '지금 당장 사세요' 하는 따위의 명령은 싫어한다. 그러므로 적절한 암시를 하며, 깊은 감명을 마음에 새겨 넣어 주도록 하라."

당연한 일이나 당신은 강제로 판다는 장사 방법을 알고 있을 것이다. 이 강압적인 방법도 가끔 효과를 올린다는 것은 인정한다. 확실히 뛰어난 세일즈맨은 행동적이라는 점은 주목할 만하다. 그러나 이런 방법으로는 단골손님을 영원히 계속 잡아 둘 수는 없다.

다른 한편 내성적인 사람은 장사꾼으로는 맞지 않는다. 그런 사람은 장사에 열의를 가지고 덤벼들어야 한다. 그리고 장사하고 있는 상품에 서비스 정신을 가져야만 한다.

고객은 세일즈맨이 상품에 대한 지식이 풍부할 때 그 사람을 신용한다. 만약에 세일즈맨의 상품 지식이 애매하거나 불안할 때에는 손님은 사기를 주저한다. 또 만약에 세일즈맨이 상품을 보인다거나 시연회 서비스를 하는 데 열심이고 성실하다면, 그 밖에 다만 한 가지 더 필요한 것은 적절한 암시를 주는 일이다. 이 정도의 일을 유의하여 날마다 실행에 옮겨 보는 것이 좋다.

입점(入店) 판매에 성공하기까지는 크나큰 장애가 몇 가지 있다.

그 첫째는 판매사원이 움직이고 다니면서 일을 하는 것이 아니라, 손님이 살 때까지 기다리는 수동적인 일이라고 생각하기 쉬운 것이다. 이 일은 정해진 일상의 일은 아니다. 입점 판매도 출장 판매와 마찬가지로 임기응변의 재치와 신사고가 요구된다. 소매 판매에서도, 이를테면 석유 스탠더드의 세일즈맨은 일에 열심이다. 이것은 무엇을 의미하는 것이겠는가. 이러한 일을 어떻게 기술적으로 잘 해 나가는가, 그리고 어떻게 신속히 해 나가는가에 의해 사업은 지켜지기도 하고 망하기도 한다는 것이다.

둘째 장애는 판매사원의 일하는 태도다. 새로운 손님이 생각하는 것을 무시하고 일방적인 자신의 관점에서 상담을 시작한다. 당신의 생각을 손님에게 강요하는 낡은 방법으로는 팔기 어렵게 되어 있다. 제너럴 모터스에서는 임기응변의 재치와 신사고로 손님의 생각을 이끌고, 손님이 무엇을 갖고자 하는가를 알고, 그가 갖고자 하는 것을 만들어서 판매하는 방법을 쓰고 있다.

웃기 때문에 즐거워진다

샌프란시스코에서 유명한 백화점 총지배인인 레지널드 비그스 씨는 "판매란 손님이 물건을 사는 것을 돕는 일이다. 다시 말해서 손님이 필요로 하는 것이 무엇인가를 알고, 다음에는 그 필요를 충분하게 채워 준다고 생각되는 물건을 사도록 조언하고 권하는 것이다"라고 말하고 있다.

사람이 인간이라는 존재에 흥미를 느끼고 있는 한, 판매 일을 하는 것은 재미있는 일이며, 만약 세일즈맨이 그 일에 흥미를 갖고 있지 않다고 하면 그는 이미 세일즈맨이라고 말하기 어렵다.

판매 업무에 기꺼이 일생을 바친 한 부인의 관찰을 다음에 적어 보겠다.

그녀는 어느날 조그마한 식당에 점심식사를 하려고 들어갔다. 그곳의 웨이트리스는 활짝 웃어 보이며, 그야말로 자신의 일을 사랑하고 손님에게 호의를 갖고 있는 것처럼 보였으므로 그녀는 자기네 점포에서 일하는 스잔이라는 젊은 처녀가 문득 생각났다. 스잔은 언제나 못마땅해 보이는 표정으로 시무룩해 있었지만, 그래도 그녀의 일은 이 웨이트리스의 일보다 훨씬 재미있을 것이었다.

그날 저녁 일을 끝낸 뒤 부인은 스잔에게 물었다.

"오늘 일은 어땠어?"

"별로 신통치 못해요."

스잔은 이렇게 대답한 뒤 그 이유를 설명했다.

"점포 주인인 존스 씨가 몇 번이나 저를 아래로 불러 내리곤 했기 때문에 다리가 뻣뻣해서 막대기 같아요. 게다가 오늘은 손님도 거의 없었는걸요. 재미없었어요."

"하지만 다른 사람들의 얼굴을 보고 있기만 해도 되는 일 아닌가? 어떻게 더 편하겠어? 다른 일을 하고 있는 사람들은 이런 일을 부러워할 거야."

"내 뜻대로 일이 잘되지 않을 때 다른 사람들은 어떻게 할까요?"

"글쎄? 무엇보다도 먼저 좀 더 마음을 편하게 가져야 해. 그러기 위해서는 새로운 구두를 사 보기도 하고, 저녁때에는 문 밖의 깨끗한 공기를 호흡하기도 하고, 음식을 바꾸어 먹어 보는 것도 좋을 거야. 하지만 그런 모든 것보다 가장 중요한 것은 미소 짓는 일이라고 생각해. 물론 웃는 집에 복이 있다느니 하는 것은 옛날 속담일지도 모르지. 하지만 그것이 사실이야. 미소란 즐거울 때 저절로 나오는 것이지만, 또 그것은 즐거운 기분을 만들어 내는 원인이 되기도 하니까 말이야."

이 부인이 말한 것을 윌리엄 제임스를 비롯하여 많은 심리학자가 증명하고 있다. 근육 운동은 감정을 불러 깨운다. 이 감정은 신경을 통해 뇌로 전달된다. 그 다음 감정의 반응이 계속해서 일어난다. 제임스는 무섭다고 생각하는 심정을 예로 들어 설명하고 있다.

① 곰을 본다.
② 무서워진다.
③ 달아난다.

이 마음의 움직임을 다음의 순서로 매일의 판매에 응용할 수 있다.

① 손님을 맞는다.
② 방긋 미소 짓는다.
③ 유쾌해진다.

부인은 제임스가 말한 감정의 반응을 상기하면서 스잔에게 이렇게 제안했다.

"방긋방긋 웃어 봐. 그렇게 하면 정말로 즐거워질 테니까. 여러 번 계속 웃어 보고 마지막에는 뺨의 근육이 나는 행복하다고 머리에 언제나 타이르듯 해 봐. 웃고 있으면 아픈 다리도 잊혀질 거야. 존스 씨에게 상냥하게 웃어 줘 봐. 그를 노하게 해 주는 것보다 즐겁게 만들어 주는 편이 얼마나 쉬운 일인지 알게 될 테니까."

스잔은 부인의 말대로 존스 씨에게 웃어 주었다. 결과는 매우 좋았다. 그러나 그것은 존스 씨와의 관계에 국한된 것이었고 일이 생각대로 다 잘된 것은 아니었다. 그렇지만 스잔은 존스 씨에게 놀랄 만큼 즐거운 반응을 얻었던 것이다.

"그는 다만 월급을 받는 여자들에게 대하는 것과는 다른, 한 사람의 독립된 인격을 가진 나에게 말을 걸어 주었고 상냥하게 웃어 주는 거야."

그녀는 친구에게 이렇게 말했다. 이 처음의 성공에 마음이 흐뭇해진 그녀는 다른 종업원들이며 손님들과는 다정한 사이가 되는 데 성공하고, 이전의 단조롭던 일은 즐거운 것이 되었다.

갖가지 감정 표현 가운데서 미소만큼 뚜렷하고 실제적인 효과를 갖는 것은 없다. 시험 삼아 미소 지어 보라. 당신은 틀림없이 훌륭한 성과를 올릴 수 있을 것이다.

아침마다 거울을 보고 미소를 지으라. 용기 없고 시든 얼굴에는 갑자기 생기가 돌 것이다. 아침의 식탁 너머로 아내에게 또는 남편에게 웃음 띤 얼굴을 지어 보라. 레스토랑에서 웨이트리스에게 웃어 보라. 그들은 얼마나 깜짝 놀랄 것인가. 당신에 대한 그녀들의 태도는 깜짝 놀랄 만큼 다정해질 것이다.

직장에서 동료에게 인사를 할 때에도 웃도록 하라. 손님에게도 웃는 얼굴로 대하라. 그리고 그들이 어떤 반응을 보이는가 주의해 보

라. 웃음을 짓는 습관은 사람과 친숙해질 수 있는 이상한 마력을 가지고 있다. 세일즈맨에게 웃는 얼굴의 효과를 아무리 많이 강조한다고 하더라도 지나치지는 않을 것이다.

실제로나 또한 책에서도 그렇지만 세일즈맨의 훈련은 주로 정해진 장소에서 상품을 팔고 있는 사람들을 대상으로 하고 있지 않다. 그것은 자신이 직접 밖으로 나가 사무실이나 가정으로 판매하는 사람들을 위해 행해지고 있다. 지금 여기서 말하려고 하는 이 입점 판매론은 그런 사람들에게 도움이 될 것이다.

그러면 실제로 세일즈 업무에 종사하는 사람들이 성공하기까지의 시도나 고난에 대해 알아보자.

세일즈맨의 판매 성공 6가지 공식

다음에 판매 성공에 이르기까지 필요하다고 생각되는 6가지 공식을 생각해 보자.

① 자연스럽게 말을 건다.
② 호감을 갖게 한다.
③ 흥미를 일으키게 한다.
④ 사고 싶다는 마음을 일으키게 한다.
⑤ 잘 설득한다.
⑥ 강제로 판다.

이 6가지 공식은 물론 언제나 정해진 순서가 아니라 때에 따라 가려서 쓸 필요가 있다. 이 6가지 공식에 대해 재미있는 예와 함께 설명해 보겠다.

① 자연스럽게 말을 건다

강제로 파는 경우 자연스럽게 말을 건다. 다시 말해서 처음 만날 때의 인상만큼 중요한 것은 없다.

제2차 세계대전 중 그리고 그 뒤 2, 3년은 파는 쪽이 주도권을 쥐었다. 이 시대는 세일즈의 도(道)가 땅에 떨어진 때다. 당시는 필요한 물건을 구할 수 없었으니까 파는 쪽은 팔짱을 낀 채 가만히 있어도 좋았던 것이다. 대부분의 세일즈맨들은 손님에게 비위를 맞추는 것은 시간 낭비라고 생각하고 있었다. 손님은 냉대 받았다. 얼마나 많은 손님이 흰 셔츠나 나일론 옷을 사러 왔는데도, "우리 집엔 없어요" 하고 싸늘하게 냉대 받아 왔는가. 좀 더 심한 곳은 세일즈맨이 매우 뻐기면서 "귀찮게 구는군요. 방해돼요" 하고 큰소리를 치기까지 했다. 소비자는 이것을 오래오래 잊지 않을 것이다. 앞으로 언제까지나 그 사건을 기억하며 그런 좋지 않게 행동한 상점이나 세일즈맨에게는 물건을 사지 않을 것이다.

다른 한편 당시 손님이 원하던 물건이 없는 것을 미안해하고, 그 물건 대신 쓸 수 있을 만한 물건을 권하기도 하고, 어떻게 하면 구할 수 있는가를 가르쳐 주기도 하면서 접대한 세일즈맨도 소비자는 오래 잊지 않을 것이다.

경제계는 다시 옛날과 같은 대량 생산과 자유 경쟁의 시대로 돌아왔다. 사람들은 생활하기 편해졌다. 가정생활이나 사회생활에서나 각자의 활동 중에서 다른 사람과 잘 살아 나가려면 손님을 기분 좋게 맞이한다는 장사의 대원칙을 지키는 것이 가장 좋은 훈련법이기 때문이다.

오늘날 대부분의 가게에서는 "어서 오십시오" 하고 인사를 하는 것이 보통이 되어 있다. "무엇을 찾으시나요?"보다도 이 편이 의심도 없고 훌륭한 것이다. 그러나 입점 판매인 경우 이런 말도 길지 않는 편이 좋다고 어떤 사람들은 말하고 있다. 왜냐하면 숫기가 없는 손님은 대개 맨 처음에 이렇게 묻는 것을 싫어하기 때문이다. 입점 판매자들의 말을 들으면, 손님들은 십중팔구는, "아니 그냥 구경 좀 하는 겁니다" 하고 대답하기 마련인데, 그것은 '안녕'을 의미하는 경우가 많다는 것이다.

친밀감 있는 태도로 "안녕하세요?", "어서 오세요"라는 것이 좋다고 그들은 말한다. 인사말은 별도로 치고 말이다. 가장 중요한 것은 미소 지으며 기꺼이 손님을 맞는 태도다. 어떠한 경우에도 훌륭한 세일즈맨이 쓰는 말은, "무엇을 도와드릴까요?"라는 공손한 것이건, 다만 단순히 "안녕하세요"일지라도 그 말이 아주 자연스럽게 손님의 마음에 들기 좋게 울리는 것이다.

손님이 어떤 상품 앞에서 멈추어 서 있는 경우 노련한 세일즈맨이라면 그 상품이 유익하다거나 흥미 있는 것이라거나 특제품이라거나, 그 밖에 여러 가지 도움말을 하여 손님의 주의를 끌도록 하는 것이 가장 좋은 접근법이라고 생각하고 있다. 그리고 상품을 집어 들어 손님 앞으로 내보이기도 하고 만약에 실용품일 때에는 손님에게 시험 삼아 사용해 보게 하는 것이다.

상품의 설명을 어떻게 할 것인가, 이는 상품의 성격에 의해서도 달라지고, 그때의 사정에 의해서도 다르다. 손님은 전화로 상품을 조회

해 올 때도 있다. 전화 문의에 응하는 사람은 부드러우면서도 또렷한 대답을 하도록 습관을 들여야만 한다. '똑똑하게, 또렷하게!' 이것이 무엇보다도 중요한 응답 방법이다.

전화를 걸어온 사람에게 호감을 주도록 말해야 한다. 잘 알아두어야 할 일은 태만과 무관심은 반드시 이야기하는 방법에도 나타나게 마련이다. 그러한 것은 누구든지 싫어한다. 따라서 판매의 경우는 처음부터 마지막까지 이제까지 말한 것, 다시 말해서 태도며 상품 지식이며 마음가짐이며 손님의 질문에 대한 대답 따위가 모두 중요해진다. 특히 손님에 대한 성실과 판매에 대한 열성을 잊어서는 안 된다. 적합한 때의 대답, 그 밖의 모든 개성이 한데 어우러져 우수한 세일즈맨을 만들게 되는 것이다.

손님을 찾아다니는 출장 판매에 우수한 세일즈맨의 경험담을 말해 보겠다.

"손님에게 접근하여 친숙해지는 데 없어서는 안 될 일은 자신감을 갖는 것이다. 보험계약에서 이제까지 가장 컸던 것은 5만 달러였다. 나는 그때까지는 큰 계약에 자신을 갖지 못했었다. 어느날 어떤 사람이 5만 달러의 보험에 대해 문의해 왔다. 나는 처음 있는 일이었으므로 흥분하고 말아 하마터면 그 계약을 놓칠 뻔했다. 그렇지만 그 이후는 그것이 경험이 되어 자신 있게 큰 계약을 성사시키려고 찾아다녔다. 그 결과 지금은 퍽 많은 소득을 올리게 되었다."

세일즈맨이 자신감을 갖는 것은 중요한 일이지만 너무 지나치게 갖게 되어 건방지게 행동하거나 너무 말을 많이 하게 되면 손님이 좋아하지 않는다. 어떤 때라도 손님에게 가르쳐 준다는 태도로 손님을 대해서는 안 되는 일이며, 손님보다 더 잘 알고 있다 하더라도 '내가 당신보다 자세히 알고 있단 말입니다' 하는 태도를 취하는 것은 금물이다.

절대로 손님을 가볍게 생각해서는 안 된다. 실제로 손님이 첫째라는 것을 잊어서는 안 된다. 예를 들면 손님의 이름을 기억했다가 이름을 공손히 불러 주는 것은 판매기법으로 매우 뛰어난 방법이다. 이것은 개인적으로 친밀감을 느낀다는 의미에 있어서 세일즈맨에게 얼마나 플러스가 되는지 모른다.

② 호감을 갖게 한다

6가지 판매 공식의 제2단계는 호의를 갖게 하는 것이다. 사람들이 그들에게로 오는 것은 상품 지식을 얻기 위하거나 물건을 사러 오기 위해서다. 숙련된 세일즈맨은 아주 솜씨 있게 손님의 비위를 맞추어 손님이 애당초 생각했던 이상으로 물건을 사게 하는 수가 있다. 그런데 이것을 잘못 생각한 2류쯤 되는 세일즈맨은 필요 이상으로 물건을 사게 하는 것이 매우 중요하다고 생각하고 있다. 이에 반하여 뛰어난 세일즈맨은 손님에게 별로 필요하지 않다고 생각하는 물건은 팔지 않도록 하고 있다.

손님에게 상품을 보여 주는 경우 능숙한 세일즈맨은 맨 처음 중류품쯤 되는 것을 골라 내놓는 법이다. 고급품을 권하는 것은 살 여유가 없는 손님을 쫓아 보내는 것과 마찬가지의 결과가 되고, 반대로 너무 값싼 물건을 꺼내 놓는 것은 최고급품을 살 생각이었던 손님에게는 실례가 되기 때문이다.

손님의 복장이나 겉보기로 호주머니의 형편을 생각하는 것은 이따금 잘못을 일으키게 마련이다. 그 좋은 예로서 샌프란시스코에 있는 세일즈맨의 지도자인 진 유난 씨가 들려준 이야기를 옮겨 보기로 한다.

샌프란시스코의 어떤 큰 백화점 여성복 코너에 폐점 시간이 다 될 때에 한 초라한 옷차림의 노부인이 들어왔다. 그녀를 본 그 자리에 있던 판매원들은 대부분 진열장에서 잘 보이지 않는 곳으로 들어가 버렸다. 이런 것을 본 한 점원이 상냥하게 노부인에게 가까이 다가가서 그녀가 찾는 물건을 꺼내 보이기 시작했다. 그는 부인과 함께 폐점한 뒤 한 시간가량이나 백화점에 남아 있었던 것이다.

이 노부인은 외국에 간다면서 본인 옷 외에 유럽에 사는 친척에게 줄 양복도 사 갔다. 그리고 그 점원은 팁으로 100달러 이상이나 받게 되었는데, 판매원 중 누군가가 다른 한 사람이라도 만약 그 얼마 되지 않은 시간에 남아서 손님의 편의를 보아 주었더라면 이 100달러가 넘는 보수는 그 점원의 것이 되지 못했을 것이다.

상황에 알맞은 조치도 또한 중요한 일이다. 손님이 기차 시간을 놓칠 것 같다거나, 약속 시간에 늦을 것 같다거나, 또는 기분이 나쁠 때에는 손님은 침착하게 당신의 말을 귀담아듣지 않는다. 그런 경우에는 억지로 강요하지 말고 다음 기회를 기다려야 한다.

③, ④ 관심이 없으면 사지 않는다
판매기법 제3, 4의 단계는 손님에게 관심을 일으키게 하고 사고 싶

다는 마음이 생기게 하는 것이다.

판매의 요령은 손님이 필요로 하고 있는 가장 적당하다고 생각되는 물건을 판매 물품 가운데에서 골라내어 보여 주는 것이다. 손님의 자존심을 만족하게 해 주고, 요구에 꼭 맞는 편리한 것으로, 더욱이 가격 면에서도 납득할 만한 물품을 얼른 골라서 보여 주면 좋다. 그러려면 손님의 구매 욕망의 정도를 알도록 애써야만 한다.

만약에 손님이 가장 관심을 갖고 있는 물건이 어떤 것인지 짐작할 수가 없는 경우에는 손님과 잠시 이야기를 나누어 본다. 그리고 주의하여 듣고 있으면, 대수롭지 않은 잡담 가운데에도 손님이 가장 마음에 들어하는 물건이 무엇인지 알 수 있을 것이다.

손님이 찾고 있는 상품이나 서비스가 없는 경우에는 억지로 팔 생각은 하지 않는 것이 좋다. 이때는 손님이 찾는 물건이 이 가게에는 없다고 솔직하게 말하고 사과하는 편이 좋다. 그리고 할 수 있다면 주문하여 가져다줄 것인지, 어떨지를 물어 보는 것이 좋다. 어떤 세일즈맨은 그 상품을 취급하는 다른 업자를 소개하는 일도 있다. 세일즈맨이란 손님에게 이와 같이 개인적으로 시중을 들어 주어 손님과 친하게 되려고 하는 사람이다.

손님이 질이 좋은 물건을 사거나 가장 마음에 드는 서비스를 결정한 뒤에도 그 상품의 뛰어난 점을 강조해야만 한다. 이것을 사면 손님의 고민이 깨끗이 해소되며 욕망을 채우게 되는 거라고 상품의 우수성에 대해 말하라. 그렇다고 너무 강요하는 것처럼 해서는 안 된다. 암시하여 권하도록 하라.

한편 성공한 세일즈맨은 언제나 판매에 대한 열성적인 노력을 잊지 않았다. 세일즈맨의 판매에 대한 열성은 저절로 손님에게 통하게 된다.

뉴욕 마시 회사의 세일즈맨 교육부 부장인 존 마그러스는 조그마한 가게에서 물건을 샀는데, 세일즈맨 판매기법의 좋은 예로서 지금도 잊혀지지 않는다고 말하며 다음과 같은 이야기를 했다.

콜롬버스 시의 조그마한 가게 쇼윈도에 산뜻한 넥타이가 걸려 있는 것을 발견하고 나는 그 가게로 들어가 넥타이를 보여 달라고 부탁했다. 이때 그곳 점원의 행동이 인상적이어서 지금도 나는 물건을 샀을 때의 상황을 자세하고 똑똑히 기억하고 있다. 그 기억은 이러했다.

응대한 남자는 점포 주인인 것처럼 보였는데 나이가 지긋한 다정해 보이는 친절한 사람이었다. 그는 마치 갓 태어난 어린아이를 다루듯 조심조심 공손하게 얼마간 호기심도 있는 것처럼 생각되는 태도로 진열장에서 넥타이를 꺼냈다. 그는 내 앞에 넥타이를 가만히 놓았다. 그리고 차분하고 공손하게 그 넥타이가 질이 좋은 것이라고 이야기했다. 그는 색의 조화가 잘 맞는다고 하면서 넥타이를 내 윗저고리에 대어 보았다. 그는 자연스럽게 넥타이를 진열장 위에 올려놓았다. 이런 분위기에서 어떻게 내가 그것을 사지 않겠다고 할 수 있겠는가?

물건은 틀림없이 좋은 것이리라. 왜냐하면 그는 상품 지식이 풍부하며 그가 권하는 일거일동이 하나에서 열까지 그 넥타이가 좋은 것이라고 믿게 하기에 충분했기 때문이었다. 그의 상품에 대한 열정이 나에게도 전달되어 나는 그 넥타이를 꼭 사고 싶었다. 값이 좀 비싸지나 않을까 하고 마음속으로 겁먹으면서도 나는 사기로 결정했다. 그는 넥타이를 공손하게 포장하여 비싼 보석이라도 내어 주듯이 내게 내주었다. 값은 100달러 28센트라고 그는 말했다.

세일즈맨은 손님이 사기를 바란다면 '상품을 소중히 대하고 판매에 열심히'라는 것을 손님에게 나타내 보여 주어야만 한다. 여기서 강조하고 싶은 점은 바로 이 점이다. 또 이 이야기에 주목해야 할 일은 판매 태도가 노련했다는 점이다. 물건을 대하는 태도만으로도 손님의 주의를 끌고 흥미를 일으키게 하는 것이다. 진열장에서 넥타이를 꺼낼 때의 판매원의 모습, 그리고 그것을 손님에게 보여 주는 방법을 다시 한 번 주의 깊게 살펴 보라. 판매에 대한 열성과 공손한 응대가 판매기법의 중요한 수칙이다.

반대로 세일즈맨이 가만히 버티고 서 있기만 해서는 손님을 잡을 수 없다. 손님 앞에 진열장의 상품을 몇 가지 꺼내기는 하나 아무런 설명도 하지 않고 우두커니 서 있기만 하는 세일즈맨도 있다. 손님이 이런 세일즈맨에게 어이없다는 듯이 어깨를 움츠려 보이고는 그 자리를 떠나는 까닭은 그 세일즈맨이 생각하는 것보다 더 깊은 이유에 있는 것이다. 그 자리를 떠나는 대부분의 손님은 세일즈맨에게 모욕받은 것처럼 느끼기 때문이다. 그렇다. 모욕인 것이다.

손님은 처음 대하는 세일즈맨에게 자신이 소중한 손님이라고 대접을 받고 싶다고 간절히 바라는 것이다. 상품의 효용에 대해 아무 말도 듣지 못하는 손님들은 자신들이 중요하게 대접 받고 있지 않다고 생각되어 대부분 그대로 가 버리는 것이다.

⑤ 판매 성공 설득법

손님의 관심을 끌고 사고 싶은 욕망을 일으키게 하는 데 성공했다고 가정하고 판매법 제5단계, 즉 잘 설득하는 방법을 알아본다.

제1에서 제4 단계를 거쳐 손님은 대개 상품을 살까 하는 마음이 생졌다. 이때 손님은, '상품을 살까', '돈을 쓰지 않는 게 좋을까', '아니면 무언가 다른 물건을 사는 편이 좋을까' 하는 생각에 마음을 정하지 못하고 그 상품의 값을 물을 것이다. 그때 손님은 사지 말까 하는 태도를 갖기 쉽다. 세일즈맨에게는 가장 좋은 기회인 것이다. 왜냐하면 손님이 상품에 굉장히 관심을 갖고 있다는 증거이기 때문이다.

유능한 세일즈맨은 결코 당장에는 손님의 반대 의견에 거역하지 않는다. 손님은 망설이면서 여러 가지 반대 의견을 말하는 동안에 점점 상품의 참다운 가치를 이해하게 된다. 세일즈맨은 손님이 그러한 말을 하는 데 맞장구도 잘 쳐 주고, 때로는 손님의 반대 의견도 옳다는 것을 인정한다. 다음에 세일즈맨은 이야기를 다시 돌려 물건을 샀을 경우의 주된 이점을 말한다. 다른 사람이 그 물건을 사서 이득을 보았던 예 같은 것도 꺼낸다. 손님이 값에 대해 난색을 보일 때는 값에 비한 상품의 가치며 중요성을 요약해서 다시 인식하게 한다. 다만 그 경우도 암시하는 데 그친다. 이러한 것도 그때그때에 적당한 방법으로 권하면 된다.

그러나 손님을 설득시키는 데 감정적이 되는 것은 삼가야 한다. 목소리를 높여 이야기하거나 손님에게 아랑곳하지 않는 태도는 실패의 원인이 된다. 손님과 말다툼이라도 하는 것 같은 설명 방법을 취해서는 안 된다. 손님의 요구에 가장 잘 들어맞는 물건을 사게 해 준다는 마음을 언제나 갖고 있어야만 한다.

⑥ 강제 판매법
맨 마지막에는 강제로라도 물건을 사게 하는 단계다.

손님이 사야겠다는 마음이 들지 않는 한 서둘러 팔려고 해서는 안 된다. 이때는 손님이 자기에게 가장 잘 맞는다고 생각되는 물건에 주의를 집중하고 있는 때니까 손님의 주의를 다른 곳으로 돌리지 않도록 해야 한다.

뛰어난 세일즈맨은 손님에게 '노' 하는 대답을 하게 할 질문을 절대로 하지 않는다. 그러므로 상황에 가장 적합한 질문을 해야만 한다. 이를테면 주문서를 들고 완곡하게 권하는 편이 가장 좋은 방법이라고 알고 있다. 또한 "하나로 하시겠습니까? 둘로 할까요?"라든가 "현금으로 하시겠습니까?, 카드로 하시겠습니까?"라든가 또는 "배달로 할까요? 언제쯤 배달해 드리면 좋겠습니까?" 이런 말을 묻는 사람도 있다. 다시 말하지만 이런 방법은 그 상황에 가장 적합한 경우에만 써야 한다.

억지로 사게 하는 방법 중에 손님이 살 듯한 눈치를 보였을 때 세일즈맨이 이를 놓치지 않고 분명한 행동을 취하는 것만큼 중요한 것은 없다. 그러나 때를 놓치지 않고 분명한 태도를 취한다는 것은 절대로 강제로 떠맡기는 것을 의미하는 것은 아니다. 떨이용으로 남아 있던 물건을 처분하여 재빨리 장사를 끝낼 수도 있고, 시원시원하게 손님이 원하는 가격에 맞추어 상담을 끝낼 수도 있다. 몇 번이나 말했듯이 어떠한 방법이든 간에 강제로 떠맡기려 한다는 느낌을 손님에게 주어서는 안 된다. 실제로 손님은 자신의 욕망에 의해 구매했다고 생각하고 싶지 강제로 떠맡아 구매했다고 생각하기는 싫어하는 것이다.

뉴욕 대학의 프레스튼 로빈슨 교수는 그의 저서 〈세일즈맨의 성공법〉 가운데서 다음과 같이 말하고 있다.

"세일즈맨이란, 좀 더 편리하고, 좀 더 싸며, 좀 더 꼭 맞는 물건은 없을까 하고 손님이 찾고 있을 때, 그러한 물건을 사도록 돕는 상품에 대한 지식과 친절과 봉사의 마음을 갖고 있어야 되는 사람이라고 손님은 생각하고 있다. 판매기법은 우연히 알게 되는 것이 아니라 노력해야만 터득되는 것이다."

마지막으로 손님이 물건을 산 뒤에도 세일즈맨은 손님이 이 물건을 사기를 정말로 잘했다는 생각을 갖게 하여 보내야 한다.

"그 양복을 입으면 틀림없이 품격까지 한 단계 업시켜 줄 겁니다", 판매인은 이렇게 말하고, "아름다운 경치가 당신을 기다리고 있을 겁니다", 관광 매표원은 이렇게 말한다. 손님은 양복이나 여행권 따위의 눈에 보이는 것만을 사 들고 집으로 돌아가는 것이 아니라는 점을 잘 기억하라. 손님은 물건을 산 것이 참으로 보람이 있다는 만족감을 맛보고 있다. 이때 다시금 이 물건을 구매함으로 해서 갖게 되는 기쁨이나 흐뭇함을 보증하는 마지막 멘트는 생각지도 못할 정도의 효과를 가져온다. 손님은 이와 같은 세일즈맨의 태도를 잊지 않고 또 새로운 물건을 살 때에도 그에게로 오게 되는 것이다.

가솔린을 팔거나 안전핀을 팔거나 일용품을 팔거나 또는 다른 사람에게 고용되어 일하고 있거나 이제까지 말한 판매 공식 6가지 단계는 틀림없이 좋은 지침이 될 것이다.

물건을 팔고 서비스를 파는 기본적인 사고방식은 다른 사람을 자신의 이야기에 동조하게 하는 일과 서로 통한다. 사람은 자신이 흥미 있는 일 외에는 관심을 보이지 않고 다른 사람의 생각을 받아들이지 않는 법이다. 따라서 자신의 이야기에 동조케 하고 싶을 때에는 그들이 이미 가지고 있는 사고방식에 잘 맞추어 상대해 주면서, 자신의 생각을 말하지 않도록 하는 것이라는 사실을 깨달아야 한다.

사고방식은 알고 있어도 실행에 옮기지 않으면 아무런 의미도 없다. 당신은 '뛰어난 세일즈맨은 어떻게 해야 할 것인가', 하는 것은 이미 알고 있고 짐작도 하고 있을지 모르지만 실행이 따르지 않는다. 실행 없이 실적은 올라가지 않는다.

"우리가 실행하는 경우 우리와 관계된 모든 사람, 손님도 세일즈맨도 매니저도 간절히 바라는 것은 일치하게 된다"고 한 마샬필드 회사의 부사장인 베르겐 씨는 세일즈맨에 대해서 다음과 같이 말하고 있다.

"가장 중요한 것은 각자가 자신을 존중하고 사명감의 중대함을 아는 일이다. 그 의미는 이를테면 새로운 테이블을 아름다운 거실에 놓았으면 좋겠다고 생각하고 있는 부인이 우리에게 의논을 해 오도록 하는 것이다. 의논하러 오면, 부인은 실은 테이블이 두 개 필요하다는 것을 깨달을지도 모른다. 어린이가 놀이할 때 입을 옷을 찾는 부인의 의논을 받는 것은 손님이 어린아이를 자랑할 기회를 만드는 것이 되기도 한다."

손님과 말다툼을 하거나 종업원들과의 사이에 불화를 일으키게 하거나, 다른 사람의 인격을 상하게 했을 때에는 반드시 주위 사람에게 심술을 부리게 마련이다. 그러면 그 상대가 언젠가는 보복을 하게 된다. 자기를 소중하게 하고 다른 사람의 인격을 인정하는 태도는 확실히 세일즈맨 기질이다. 이러한 성격의 사람은 절대로 실패하지 않는다. 이것은 분명히 법칙과도 같이 정확한 일이다. 이런 일에 습관이 배지 못한 사람은 생각을 바꾸도록 권한다. 지배인이 세일즈맨에게 손님과의 사이를 잘 해주기를 바란다면, 자신이 우선 세일즈맨과 맞추어 나가도록 상대해야 할 것이다.

[세일즈맨 판매 성공 법칙]

① 친밀감 있는 태도로 손님에게 접근한다.
② 질문이나 관찰로 손님이 찾는 것을 파악하라. 손님이 바라는 급소를 잡아라.
③ 논쟁을 피하라. 반대 의견에는 암시를 갖고 대답하라.
④ 암시나 질문을 하더라도 손님이 스스로 선택한 것처럼 만들어 팔도록 하라.
⑤ 손님을 웃는 얼굴로 보내고 물건을 사는 즐거움을 잊지 않게 하도록 하라.
⑥ 언제나 손님이 흥미를 갖고 있는 물건을 팔라. 필요 이상의 것을 억지로 팔지 말라.

08 성공과 실패, 동료의 협조에 달려 있다

능력이 없어서 쫓겨나는 것은 아니다

필라델피아에서 굴지의 그룹 부사장의 전속 비서는 중년이 다 된 부인이었다. 15년 동안 그녀는 그곳에서 일했는데 자기 중심적인 사고방식이 되고 말았다. 그녀가 부사장에게 직원들의 이야기를 할 때에는 그녀의 어조에서 정직함보다는 차라리 가혹함마저 느껴졌다.

부사장이 세상을 떠나고 후임으로 온 부사장은 조직 속에 조화가 이루어지지 않고 팀워크가 짜여 있지 않은 것을 깨닫고 원인을 조사해 보았다. 그러자 그녀의 동료들은 대부분 다 그녀를 비난했다. 그녀는 해고되고 말았다.

그러나 그녀는 비범한 능력을 가지고 있었다. 다른 사람에 대한 따뜻한 동정심이 없다는 결점 이외에는 실력이 출중했다.

그녀가 봉양하고 있는 어머니는 오랜 병으로 앓아누웠는데, 그 영향으로 그녀의 대인관계를 일그러뜨리고 있다는 것을 알고 있는 동료는 극히 몇 사람 되지 않았다. 아무도 그런 이유를 알려고 하지 않았다. 동료들이 마음을 쓰게 되는 것은 단지 그녀와 사귀기가 어렵다는 일이었다. 소수의 사람들은 그녀에게 그것을 충고했지만 그녀는 그 말을 귀담아들으려고 하지 않았다. 결국 그녀는 오랫동안 열심히 일한 회사에서 쫓겨난 뒤 여기저기로 일자리를 전전하다가, 현재는 전에 있던 회사에서 받은 급료의 절반도 채 못 되는 일자리에서 일하고 있다.

윌리엄 라일리 박사는 〈아메리카 비즈니스〉 지에서 이렇게 말하고 있다.

"직장에서 해고된 사람들을 볼 때마다 내가 느끼는 것은 그들에게 부족한 것은 능력이 없기 때문이 절대로 아니라는 사실이다. 내가 분석한 결과에 의하면 해고되는 이유의 84%는 대인관계가 잘 되어 있지 않다는 점에 있었다."

어떤 일에도 성공하는 비결이 3가지 있다고 라일리 박사는 지적하고 있다.

① 일에 대한 열의
② 일에 대한 능력
③ 함께 일하는 동료와 원활하게 사귈 수 있는 능력

대인관계가 최고의 능력

능력 있는 사람은 동료들과 잘 사귀지 못하더라도 한동안은 일을 훌륭하게 해 나갈 수 있을지도 모른다. 그러나 그러한 사람이 부하를 잘 부려 성과를 올리는 직장, 다시 말해서 관리업무를 수행하는 경우 실패하는 일이 흔히 있다. 같은 큰 회사지만 저마다 다른 부문에서 일하고 있는 두 기술자에 대한 이야기를 하겠다.

둘 다 기술 전문가였다. 둘 다 사업에 관해서는 사소한 부문까지 자세히 알고 거의 완벽하게 일은 잘했지만, 만약 누구든지 일을 방해 하면 마구 호통을 쳤다.

두 사람은 업무에 정통한 점을 인정받아 같은 해에 각각 전문 부문의 지배인이 되었다. 그러나 누구 하나 그들 밑에서 여러 달 일하는 사람이 없었다. 아무런 해결 실마리도 주지 않고 일을 명령하기만 하고, 비꼬아 핀잔을 주기도 하고, 부하의 조그마한 실수에까지 일일이 잔소리를 하기 때문에 전혀 일이 진척이 되지 않았다. 그리하여 두 사람은 저마다 전에 하던 일자리로 다시 좌천되었다.

이 두 사람의 이야기에는 후일담이 있다. 5년 뒤 이 가운데 한 사람은 위장병으로 죽었다. 오늘날 이 위장병은 일반적으로 신경의 초조함에 원인이 되어 일어나는 것이라고 의사들이 생각하고 있는 병이다. 또 한 사람은 정신병을 앓아 죽었다.

이러한 비극은 드문 일이 아니다. 다른 사람과 잘 사귈 수 없는 사람은 자신에게도 불행한 일이다. 이런 사람들과 같이 건강을 해치고 일에 실패한 사람이 얼마나 많은지 모른다.

어떤 기업의 기술부에서 일하는 한 남자가 있었다. 그는 일에 대한 능력도 열정도 갖고 있었지만, 그 이상으로 사람을 사귀는 재주가 훌륭했다. 그는 언제나 일을 잘 처리해 나갔는데, 더욱이 그와 함께 일하는 기술자 누구하고도 사이가 좋았다.

그는 언제나 인기가 있었다. 사람들은 다른 사람의 성공에 배가 아파서 곧잘 보지 않는 데서 험구를 하고 싶어 한다는 것은 누구나 잘 알고 있는 일이지만, 누구 하나 승진이 뒤늦어진 사람까지도 그를 나쁘게 헐뜯지 않았다. 그것은 그가 윗사람에게 비위를 맞추려고 아첨을 하는 사람이 아니라는 것을 누구나 알고 있었기 때문이다.

그는 부탁받은 일에는 어떤 일이라도 책임감을 가졌으며 그것을 윗사람과 충돌을 일으키지 않고 잘 해냈다. 때로는 동료와 의견이 맞지 않는 일도 있었지만 납득할 수 있을 때까지 서로 이야기를 나누었기 때문에 어떤 일이나 어렵지 않게 거뜬히 해낼 수가 있었다. 마침내 그는 대기업 부장으로 승진했는데, 그 지위는 인간관계를 잘 유지하는 일이 가장 중요한 조건으로 되어 있는 자리였다.

신참 후배를 사로잡는 방법

여기에 개나 그 밖의 동물을 좋아하는 사람이 있는데 그가 무엇보다도 좋아한 것은 사람 사귀기였다. 그는 사람들과 어울려 게임을 즐기고 대화를 즐거워한다. 그는 이른바 숭심인불이 아니라 오히려 기분 좋게 다른 사람의 이야기에 귀를 기울이는 타입이다. 그는 결코 자기 자랑을 하지 않으며 주위에 대한 배려심도 깊다. 결코 듣기 좋은 말로 번드르르하게 이야기하지 않는다. 이렇게 전체의 조화에서 눈에 거슬리지 않는 성격에다가 전문 지식과 실무 경험을 아울러 갖춘 사람은 크게 성공한다.

당신은 직장에 새로 들어온 부하를 잘 보살펴 준 일이 있는가? 신입 사원은 극도로 예민해 있기 때문에 보통 이상으로 과민반응을 보이고 잘못을 저지르기 쉽다며 동정해 본 적이 있는가.

명문 대학을 졸업한 취업 준비생들을 대상으로 최근, '처음 직장에서 무엇을 가장 바라는가' 하는 것을 조사했다. 결과는 친절하게 지도해 주는 곳에서 기분 좋게 일을 시작하고 싶다는 것이 압도적인 대답이었다. 그들은 고용주로부터는 물론 동료들의 친절한 지도도 바라고 있었다.

어느 성공한 실업가가 언젠가 그의 초창기 때의 일에 대해 이야기한 일이 있다.

우리 가족은 오랫동안 시골에서 살고 있었다. 가족은 가난했지만 내가 훌륭하게 공부를 끝마칠 수 있도록 뒷받침해 주었다. 그러므로 내가 고향의 보험회사에 취직했을 때에는 금의환향의 기분이어야 할 터인데 사실은 그렇지 못했다.

나는 외로움에 시달렸고 고향과 일에 대해 열등감을 느끼고 있었다. 내가 아침 일찍 일하러 나설 때 길거리 누구 하나도 나에게 무관심하여 의지할 데 하나 없다는 생각이 들었다. 고향이었지만 아무도 나에게 주의하지 않았다. 어느 누구도 자신의 일만으로 머리가 꽉 차

있는 것처럼 생각되었다.

근무처인 큰 사무실에 들어가도 나에게 말을 걸어 주는 사람은 아무도 없었다. 부지배인이 내 책상 곁에 와서, 주임에게 한 손을 쳐들어 보이고 여비서에게 웃음을 던졌다. 그러자 여비서가 웃음으로 인사를 되돌려 주자 그는 기분이 좋은 것 같았다. 그러나 나를 거들떠보지도 않았다. 고급 양복 칼라에 꽃을 달고 그가 그곳에 서 있는 모습은 세계에서 제일가는 세력가로 보였다. 많은 서류를 훑어보면서 막힘없이 보험계약서를 처리하고 다니는 그는 마치 하느님처럼 보이기도 했다.

나는 총지배인을 좀처럼 바라보지 못했다. 총지배인은 호화로운 별실에서 황제처럼 앉아 있었다. 물론 나는 그런 높은 사람에게 나를 봐주기를 바라지는 않았다. 다만 동료들이 나 같은 풋내기에게 조금만 더 친절히 대해 주었으면 하고 바랄 따름이었다. 그들은 그렇게 하지도 않았지만 그렇다고 심하게 잔소리도 하지 않았다. "안녕!" 하고는 그것으로 그만이다. 아무도 나에게는 아는 체하지 않았다. 서투르고, 전혀 상상도 할 수 없을 만큼 일이 많아도 아무도 자진해서 도와주려고 하지 않았거니와 설명도 하지 않았다. 또 한편 근처 길거리에 어슬렁거리는 한 불량배는 내 코트가 짧아 원숭이 재킷 같다고 놀려 댔다.

내 눈에 젊은 사원들은 누구나 매우 스마트하고 머리가 좋은 것같이 보였다. 그들 자신도 틀림없이 그렇게 생각하고 우쭐대었을 것이다. 이를테면 'FWM-19259947'이라고 수많은 보험 계약자의 이름을 말하며 증서를 파일에서 뽑기도 하고, 또는 그 계약을 정리하여 넣어 둔 경우에도 정확하게 그 장소를 기억하고 있어 눈 깜짝할 사이에 꺼내곤 하였다.

그렇지만 나중에서야 나는 그런 일이 대수롭지 않다는 것을 알았다. 석 달도 채 못 되어 나도 그렇게 할 수 있게 된 것이다. 보통 머리만 가진 사람이라면 누구나 할 수 있는 일이었다. 이러한 스마트한 사원은 그렇게 잘난 체할 필요도 없었던 것이다.

나는 그 사무실에서 여섯 달 동안 일했다. 나의 오늘날이 있게 해 준 것은 이 괴로운 경험 덕택이다. 이 경험이 나에게 가르쳐 준 것은 새로 온 풋내기를 일에 익숙하도록 하는 일은 먼저 거기서 일하던 사람들의 의무라는 것이다.

내가 있는 직장에 '조지 아저씨'라고 불리던 나이 많은 남자가 있었다. 그는 큰 사무실 맨 끝 책상에 자리 잡고 있었는데, 자신의 틀 속에 틀어박혀 사람들과는 일절 교제가 없었으며, 누가 말을 걸지 않는 한 한마디도 하지 않았다. 아무도 그에게 주의를 기울이지 않았다. 그는 관절염을 앓는지 아무튼 다리의 상태가 좋지 않았다. 다른 사람들이 하는 말로는 아무런 일도 하지 않는다는 것이었다. 그는 책상 서랍에서 파일을 꺼내놓고 하루 종일 멍하니 앉아 있었다.

언젠가 우연히 이 늙은 신사의 일이 화제에 올랐다. 그는 매우 색다른 인물로서 어느 샌가 젊은 사람들의 주의를 끌고 있었다. 그러나 나는 생각을 고쳐먹기로 했다. 그에 대한 소문은 잘못 되어 있으며, 그는 회사 규정이나 계약 사항에 정통하고 있을 뿐 아니라 사원 개개인의 특징을 매우 잘 알고 있는 성실한 사람일 것이라고 생각하기로 했다. 그는 아무 말 없이 일하고 있지만 우리는 자신도 모르는 사이에 그로부터 배우고 있었던 것이다.

사인이 없는 증서를 제출한 적이 있어 우리가 상사를 곤란하게 만든 일이 있었다. 상사는 우리를 호되게 나무라고 미처 변명할 겨를도 없이 나가 버리고 말았다. 그러나 마침 운 좋게 조지 아저씨가 그때의 사정을 잘 알고 있어, 우리들의 실수가 아니었음을 알고 있었기 때문에, 그는 다리를 절며 상사의 뒤를 쫓아가 설명해 주었다. 그래서 상사는 되돌아와서 우리에게 사과하고 간 적도 있었다.

이미 여러 번 이야기한 일이지만 사람이란 반드시 보답을 하는 법이다. 조지 아저씨에 대한 평가를 다시 한 것뿐인데 그는 더 많은 보답을 우리에게 해 주었던 것이다.

어떤 사람은 말한다. "다른 사람에게 배우고, 자기의 결점을 인정하여 다른 사람의 충고에 귀를 기울이는 것은 아주 좋은 일입니다." 이렇게 실천해야 비로소 다른 사람의 신용을 얻게 된다. 이것은 프랭클린의 격언인 '사람을 믿어야만 자신도 다른 사람이 믿게 된다는 사실을 빨리 깨달아야 한다' 라는 말로 요약된다.

가게나 사무실이나 대부분의 직장에는 대개 한 사람이나 두 사람쯤 사귀기 힘든 사람이 있는 법이다. 이를테면 일에 열심이 아닌 사람들이거나 상사의 험구를 하는 사람이나 무심코 한 말을 모욕 받은 것으로 오해하여 곧 화를 내는 사람, 또는 다른 사람이 해낸 일을 자신의 공(功)인 것처럼 말하는 사람 등등. 이럴 때 어떻게 그들을 대하면 가장 좋은가? 그 실제적인 방법을 생각해 보자.

늘 싸움이나 말다툼을 하는 사람이 승진이 빠르지 못하다는 것은 사실이다. 상사가 바보가 아니라면 사실 사건의 본질을 잘 알고 있으며, 누가 옳고 골칫거리를 일으키는 것은 누구인지 훤히 알고 있다.

어떤 사람이 부당하게 냉대 받고 있을 때 나른 사람들은 그 내우가

제2부 상대방을 내 편으로 만드는 인간관계 기술 · 239

당연하다고 생각하기 쉽다. 그리고 별로 그를 도우려고 하지 않는다. 한참 동안은 그것이 이상하게 기쁠 수도 있지만 긴 안목으로 보았을 경우 그것이 이익이 되겠는가. 한창 논쟁하고 있을 때에는 대부분 도 대체 누가 나쁜지 분명하게 알 수 없는 법이다.

가장 좋은 방법은 골칫거리를 만드는 사람으로부터 멀리 떨어져 있는 일이다. 그러한 사람의 일에 관계하지 말고 자신의 일에만 부지 런히 힘쓰라. 그렇게 하면 그 사건에 휘말려 이러쿵저러쿵 말 듣는 일이 없을 것이다.

성공한 사람들은 마음에 맞지 않는 사람이 있을 때에는 그가 마음 에 들어할 만한 일을 찾아내어 기회 있을 때마다 맡긴다. 만약 그가 인복이 있는 사람이어서 그런 일을 아무런 저항도 느끼지 않고 실행 할 수 있다면 그에게는 최상의 일이다.

그러나 아무리 노력해 보아도 도저히 함께 일을 계속해 갈 수 없을 것 같은 사람도 때로 있는 것이 사실이다. 이런 일이 원인이 되어 신 경쇠약에 걸리거나 병이 되는 사람도 있다. 그런 사람들에게 그 원인 에 대해 물으면, 질문을 받는 사람은 입을 모아 다른 부서로 옮겨 가 서 처음부터 다시 시작하는 편이 좋다고 대답한다.

누구나 직장이건 가정이건 사회생활에서건 모두 같은 사람임에 틀 림없다. 그리고 무슨 일이거나 그 자리에 있던 사람들과 아무런 관계 도 없는 일을 말하더라도, 조금이라도 모욕 받은 것처럼 느끼면 보복 을 한다. 또 그 보복에 대해 보복이 되풀이되어 끝없이 불필요한 싸 움의 원인이 되는 것이다. 다음과 같은 일은 그 좋은 예이다.

백화점 휴식 시간, 판매원 사이에 영화 이야기가 시작됐다. 클라크

케이블이 화제에 올랐다.

"그는 정말 멋졌어."

그녀가 말하자 남자가 시큰둥했다.

"귀가 아주 보기 흉한 모양이던데…."

남자는 코웃음 치며 때마침 이야기에 끼어든 다른 남자에게 동의를 구했다.

"별로, 시시더군. 조, 자네는 어떻게 생각하나?"

"케이블은 할리우드에서 으뜸가는 추남(醜男)이야."

조가 대답했다.

이 이야기는 정말 보잘것없는 하찮은 일이다. 그러나 하찮은 이 문제가 원인이 되어 여자 판매원의 마음에는 불쾌한 느낌이 남아, 그녀의 의견을 비웃은 두 남자를 싫어하게 되었다. 이런 일이 있은 지 3년이 지나 마음을 썩이던 그 여자가 추억의 이야기를 하지 않았다면, 굳이 이런 작은 화제를 여기에 들고 나오지 않았을 것이다.

직장에서 일하는 사람은 모두 같은 인간이다. 그들에 대한 태도는 처음에 잘 사귈 수 있는가 어떤가에 달려 있다. 다른 사람의 입장에서 생각하고, 이야기하고, 행동하라.

[성공과 실패, 동료의 협조에 달려 있다]

① 직장을 떠나는 사람의 80% 이상은 그 사람의 인간관계가 나쁘기 때문이다.

② 동료들의 당신에 대한 평가 여하로 당신은 성공도 하고 실패도 한다.

③ 상사인 체하는 태도를 취하지 말라. 만약 감독자가 되고 싶다면 그 첫째 자격은 동료와 사이좋게 일해 나갈 수 있는 능력이 있어야만 한다. 왜냐하면 감독자는 다른 사람들이 어떻게 일해 주느냐에 따라 성과를 올리기 때문이다.

④ 친밀한 태도로 신참 후배들을 지도하라.

⑤ 오래 한 자리에서 일하는 사람의 중요성을 알라. 그들에게 배우는 바가 큰 것이다.

상사의 신임을 얻는 방법

Human Relations, Persuasion Technique

면접 때 시험관이 응시자에게 바라는 것

높은 사람인 듯한 사람이 책상 위에 떡 앉아 있고, 그 앞에 당신이나 내가 겁먹은 얼굴로 앉아 있다. 이것은 취직 시험 때의 면접 광경이다.

저 높은 사람은 대체 무엇을 생각하고 있는가? 이런 질문을 하여 그는 어쩌겠다는 것인가? 그의 주된 목적은 무엇일까? 무엇을 기준으로 채용 여부를 정하고 있는가?

그렇다. 첫째로 그는 여느 때엔 자신을 높은 사람이라고 전혀 생각하고 있지 않다. 오늘 일도 그는 그에게 일을 시키고 있는 상사의 명령에 따라 하는 것이다. 그는 면접과 같은 일을 명령하고 있는 상사에게 언제나 짓눌려서 일하고 있는 것처럼 느끼고 있다. 이 책임감이 신입사원을 채용하고, 또는 사원에게 일을 시킬 때의 그의 주된 관심사인 것이다.

그러므로 그의 마음속에 있는 질문의 중심은 이런 것이다.

'이 지원자는, 이 젊은 사나이는, 또는 이 아가씨는 내 일을 어느 정도 도울 수 있겠는가?', '이 지원자는 어느 정도 내 일을 감당할 수 있겠는가?'

그가 응시자에게 전의 경험을 묻는 경우, 그가 생각하고 있는 것은 이 사람을 어엿한 한 사람 몫으로 키우는 데 얼마나 고생을 하겠는가 하는 것이다. 이 사람은 일을 빨리 익히겠는가, 융통성은 있는가, 창의성은 어떤가 등등이다.

전에 있던 직장의 일이며, 몇 군데쯤이나 이제까지 직장을 바꾸었으며, 얼마 동안쯤 일했는가 따위를 그가 묻는 경우, 그가 알고 싶은 것은 이 사람은 직장 사람들과 잘 어울려 일할 수 있는가, 늘 불평을 일삼거나 말썽을 일으키지는 않을까 하는 일이다. 그는 '이 사람이 쓸모가 있을지 어떨지' 하는 관점에서 아무리 작은 응시자의 동작에도 주의하여 회사 안의 분위기에 잘 어울릴 수 있겠는가 어떤가, 고객에 대해 책임감 있는 마음을 갖겠는가 어떤가 하는 것을 조심스레 살피는 것이다.

응시자를 앞에 두고 면접할 때 관리자의 중요한 관심사는 다음과 같은 것이다.

① 일할 능력이 있는가?

② 기분 좋게 일할 사람인가?

③ 동료들과 사이좋게 일할 수 있는 사람인가?

입사가 결정된 신입사원은 다음과 같은 일을 의문으로 생각할 것이다. '가장 어려운 업무를 동료는 언제 도와 줄 것인가?', '그 사람은 어떤 사람일까?' 하고.

보통 상식인이라면 일을 가르쳐 준 것을 고맙게 생각하고, 그 사례로 그 사람에게 도움이 되는 일을 뭐든지 하고 싶어 할 것이다. 그도 교제를 기분 좋게 만드는 다음과 같은 기본적인 공식에는 동의할 것이다. '상대를 위해 생각하고, 말하고, 행동하라' 이다. 이에 특히 덧붙이고 싶은 것은, '상대가 겪고 있는 곤란을 도와주도록 하라' 는 공식이다.

경영자에게는 심부름꾼이 아니라 조언자가 필요하다

면접을 통과한 신입사원이라면 경영자의 일에 대해 생각해 보고 그의 주된 관심사가 무엇인지를 생각해 보자.

소수의 사람들은 경영자를 차가운 사람이라고 생각하고 있다. 그가 밤낮으로 일만 시키려는 사람처럼 생각하고 많은 사람이 그를 원망하고 있다. 그래서 그렇게 생각하고 있는 사람도 불행하며 경영자 또한 그렇게 여겨지고 있으므로 불행하다. 그러나 경영자를 원망하고 있는 사람들은 그의 고충을 깨닫지 못한다. 그들은 경영자의 일을 올바르게 판단하고 있지 않다.

대기업의 경영자는 어떠한 사람이며, 무엇을 생각하고, 무엇을 하고 그리고 어떻게 임원들과 어울려 일해 나가는 것일까.

첫째로, 경영자도 사람이다. 모든 인간에게 갖추어지는 기본적인 성격이 그에게도 있다. 그는 자기 자신의 문제, 책임감, 가정, 취미 따위에 흥미를 기울이고 있는 그 자신의 왕국에서 임금님인 것이다.

그의 인간적인 욕망은 보통사람들의 마음에 있는 것과 다름이 없다. 살아남는다는 것이 그의 첫째 신조다. 그러니까 최대의 관심사는 그와 가족이 먹는 것, 사는 것, 건강인 것이다. 그리고 다른 사람에게 인정을 받는 일이며 – 그의 선량한 성격, 사업 등등 다시 말해서 이제까지 말한 모든 것을 다른 사람으로부터 평가받는 일에 관심을 두고 있다.

둘째로, 경영자는 주로 두 가지 면에서 종업원과 구별된 계급이다. 첫 번째로 구분되는 점은 경영자는 모든 종업원보다도 좀 더 자발적이고 또한 책임감이 강하다. 이 두 가지 성격은 그들에게 공통된 것이다. 한편 마치 우리가 서로 다르듯이 경영자 그들도 한 사람 한 사람 저마다의 개성을 가지고 있다. 그러나 그들이 부하에게 바라는 성격은 두 가지 공통점에서 같다. 즉 책임감과 신뢰성이다. 두 번째로 구분되는 점은 명령을 받지 않더라도 얼마든지 일거리를 잘 처리해 나가는 자발적인 성격이다. 경영자는 어떤 일이건 책임을 지고 있다. 그러므로 그들이 종업원에게 요구하는 것은, 이런 일을 함에 있어서의 실제적인 좋은 조력자다. 그들에게는 조력자가 필요하다. 왜냐하면 만약 그들이 실패하면 능력 있는 다른 경쟁자에게 자신의 자리를 빼앗기기 때문이다.

만약 상사에게 인정을 받고 싶다면 그가 골치를 앓고 있는 일들을 생각하고, 그가 해 보고 싶어 하는 일을 이해하도록 노력하며 그를 위해 힘을 다해 도와줘라. 이것은 상사에게 인정받으려는 아랫사람이라면 첫째로 유의해야 할 일이며, 또 변함없는 진리이기도 하다.

사려 깊은 실업가는 이렇게 말하고 있다.

종업원들은 3가지 유형으로 구별할 수 있다.

첫째로 자질구레하게 명령받은 일만을 하는 타입의 사람이다. 관리자는 이 타입의 사람들이 하는 일은 일일이 훑어보아야만 한다. 이런 사람들은 가장 낮은 계급에 속한다. 그들이 관리자에게 있어 무거운 짐이며, 눈을 뗄 수 없는 존재인 것이다. 그들은 감원할 필요가 생길 때에는 맨 첫 번째의 대상자가 된다.

둘째로는 해야 할 일과 그 하는 방법을 상세하게 설명해 주면 어김없이 잘하지만, 그 이상의 것은 하지 않는 사람이다. 그들은 일을 더하려고 하지 않으며, 다음에 명령받게 될 일을 기다리는 타입이다.

셋째로는 주어진 일을 모두 다 해치우고도 자기의 일에 필요할 다른 분야에 흥미를 갖는 사람이다. 이러한 사람은 스스로를 관리할 수 있는 그다지 흔하지 않은 사람이며, 게다가 다른 사람들을 관리할 수 있는 능력도 가지고 있는 것이다. 모든 관리자는 이런 종류의 사람 중에서 발탁된다.

관리자의 무거운 짐을 함께 운반해 준다든가, 그의 걱정거리에 대한 의논 상대가 되어 줄 만한 조력자만큼이나 관리자의 주의력을 끌어당기는 사람들도 또 없다. 바로 지금 말한 사람을 그대로 실행하고 있는 조력자를 이따금 보는데 그들은 그런 이유 때문에 그 이상의 보수를 받고 있다.

벌써 20년이나 전의 일인데 관리자의 조력자로서 일하던 오브라이언이라는 사람은 중역에서 마침내는 큰 회사 사장에까지 출세했다. 어떻게 상사가 오브라이언을 인정하여 기업의 중요한 지위까지 주게 되었는가. 또한 그처럼 신용을 얻기 위해 오브라이언은 무엇을 했는가.

오브라이언은 기술적으로 숙련되어 있다거나 교양이 깊다거나 머리가 남보다 두드러지게 좋다거나, 이른바 개성이라고 할 만한 것 때문에 출세한 것은 아니다. 그는 매우 끈질기고, 특히 사람을 잘 다루는 요령을 알고 있다. 게다가 그는 끊임없이 상사의 무거운 짐을 함께 짊어져 주었으며, 상사의 걱정거리를 함께 의논하기에 애썼던 것이다.

오브라이언이 의논 상대가 된다고 생각되는 일이 있을 때에는 상사는 서슴지 않고 그를 찾아갔다.

"옥스퍼드 계획은 아무래도 어렵겠는데…."

계획의 곤란성을 이야기하면서 상사는 오브라이언에게 물었다.

"자네는 이것이 해결될 수 있다고 생각하는가?"

"저에게 맡겨 주십시오."

이것이 오브라이언 특유의 대답이다.

"곧 일을 시작하겠습니다. 다음 주 목요일에는 결과를 보고드리겠습니다."

'저에게 맡겨 주십시오' 라는 이 말이 상사를 얼마나 기쁘고 믿음직스럽게 해 주는지 모른다.

그러한 곤란한 일을 떠맡을 때마다 오브라이언은 어떻게 이 문제를 해결하는가 하는 구체적 방안은 없었다. 그리고 그가 언제나 문제를 다 해결했다고도 할 수 없다. 하지만 상사는 오랜 경험에서 다음과 같이 생각하는 것이다. '오브라이언이 해결해 주었다.' 또는 '그에게 이 말을 해 두면 마음이 놓이기 때문에 걱정거리를, 적어도 일시적이나마 잊을 수가 있다' 라고.

오브라이언은 이런 종류의 일 처리에 있어 천재였다. 그는 일 속으로 뛰어들어 복잡하게 얽힌 귀찮은 일들을 척척 해결해 간다. 이 가운데서 가장 주목되는 것은 일을 해내는 데 사람을 잘 부리는 요령이다. 그는 자기의 일에 관한 조력자라면 누구나 신용했다. 오브라이언은 그와 함께 일하는 조력자들을 중요하게 여겨 주도록 상사에게 권한다.

상사는 오브라이언이 하는 일에는 절대로 참견을 하지 않는다. 오브라이언이, "제게 맡겨 주십시오" 이렇게 말하는 것은 참견하지 말라는 것과 같은 의미로 받아들인다.

오브라이언이 목요일에 결과를 보고하겠노라고 했으면 그는 무슨일이 있어도 반드시 목요일에 말한 대로 했다. 하루 뒤인 금요일까지 약속을 연기하는 것은 상사의 마음을 번거롭게 하여 걱정시킨다는 것을 잘 알고 있으며, 또 상사의 초조한 신경을 가라앉히는 일이 가장 중요하다는 것을 이 영리한 사나이는 잘 알고 있기 때문이었다.

관리자는 정확한 정보를 원한다

관리자에게 인정받는 또 다른 타입의 조력자는 언제나 정확한 정보를 제공하는 사람이다. 관리자는 부하가 제공하는 정보에 의해 판단하고, 결정하고, 행동에 옮긴다는 것을 잘 기억해 두라. 만약 그 정보가 잘못된 것이었다면, 관리자에게는 터무니없는 트러블을 일으키는 원인이 된다. 그렇게 되면 당연히 관리자는 잘못된 정보를 제공한 사람을 미워하게 되어, 그것의 정도가 심해지면 보고하는 사람의 지위가 위태롭게 된다.

정보가 정확한 것이어야 함은 인간관계에 있어서도 매우 중요한 일이다. 평소의 잡담에서는 대개 누구나 소문이 정말인지 거짓말인지를 별로 깊이 파고들어 알아보려고 하지 않고 무심코 흘려보낸다. 확실하지 못한 소문이나 의심스러운 이야기는 관리자에게 이야기하지 않도록 하는 것이 좋다. 더구나 관리자가 어떤 소문을 알고 있거나 또는 믿을 수 없는 정보를 쥐고 있다고 생각되면, 관리자에게 그것은 단순한 헛소문이며 마음 쓸 만한 일이 못 된다는 것을 분명하게 말하는 편이 좋다.

대규모 거래도 사람과 사람과의 상담으로부터 생겨난다. 다른 사람에게 신용이 있다는 것은 다른 사람과의 교제, 사업, 그 밖의 모든 인생에서 일어나는 일의 기반이 되는 것이다.

당신은 상사가 얼마나 자신을 믿을 수 있는가를 알고 싶어 할 것이다. 상사들도 각자 여러 가지 타입이 있다. 따라서 그들 밑에서 일하려면, 자신의 태도를 그들 성격에 따라 바꾸어야 한다. 이를테면 어떤 상사는 매우 엄격한 성격이어서 너무 친숙한 것처럼 대하는 것을 싫어할지도 모르며, 또 다른 상사는 애칭으로 부르는 것을 기뻐하기도 한다.

그러나 마치 부자연스럽게, 억지인 것처럼 생각될 만큼 허물없이 관리자를 대하는 사람일수록 관리자와 친해질 수 없다는 점을 잘 기억해 두는 게 좋을 것이다. 만약에 칭찬을 받을 때마다 월급을 올려 달라고 말하는 부하가 있다면, 이후 상사는 부하가 일을 아주 잘하더라도 칭찬하지 않게 될 것이다. 만약 한가한 시간에 앓고 있는 친척을 병문안 가겠다는 부하가 있다면, 상사가 한 번은 허락해 줄지는 모르지만 이후 상사는 그 부하가 걸핏하면 친척들 병을 핑계 댈지 모

르겠다는 생각이 들어 그러한 용건으로 외출하는 것을 허락하지 않
게 될 것이다.

상사는 문제보다는 답을 원한다

상사들의 버릇 또한 저마다 모두 다르기 마련이다.

이른 아침, 그날 안으로 해야 할 일 가운데에서 맨 처음의 하찮은
일 때문에 골치를 앓고 있는 동안은 언제나 마음이 초조하여 안절부
절못하는 상사가 있다. 만약 그때 그를 방해하는 일이라도 하게 되면
영락없이 호통을 쳤다. 비록 모르는 일이 있어서 그의 의견을 들어야
만 하더라도 11시 전에는 참고 있는 편이 좋다. 그러나 그는 사귐성이
있고 성격이 소탈하여 부하의 괴로움을 해결해 주는 데 흥미를 갖고
있다.

이와 같이 상사 개개인의 버릇을 잘 알아 그 사람의 버릇에 자신을
잘 맞추는 것이 인간관계의 성공 요령이다. 대부분의 관리자는 누구
나 다 그렇듯이 자신의 이름이 팔리기를 좋아한다. 그들도 자신의 성
과나 신변의 일이 칭찬받는 것을 기뻐한다.

그러나 이 칭찬하는 말이 누구든, 상사들은 그것이 진심에서 우러
난 말이기를 바란다. '아첨하는 말은 화장수와도 같은 것이어서 냄새
를 맡는 데는 좋지만 마셔서는 안 된다'라고 하는 옛 속담을 상사들
은 알고 있기 때문이다.

관리자는 그 자신의 일이 다른 어떠한 것으로 보이더라도 그는 그
일에 시간과 정력을 소중히 써야 한다는 강박관념을 갖고 있다. 그러

므로 그는 자기 부하들의 울적해 있는 마음을 풀어 주는 데 시간과 정력을 빼앗기는 일을 가장 싫어한다.

동료 종업원에 대한 불만을 그들의 관리자에게 말하는 사람들은, 대개 관리자가 사태를 개선할 수 있는 일인가 하는 따위는 생각지도 않고 불만을 말한다. 대체 관리자에게 어떻게 해 주길 바라는가? 불만의 원인이 된 그 버릇없는 무례한 사람을 불러다 놓고 따귀를 때릴 수 있겠는가? 아니다. 그러한 일은 단순히 소동을 크게 만들고, 당사자인 본인의 성질을 비뚤어지게 만들 뿐이다.

내가 아는 한에서는 불평을 말하는 것은 단순히 울적한 심정을 풀고, 아마도 약간의 동정을 얻기 위한 것이라고 생각한다. 그러한 사람들은 정중하게 다루어 주길 바라며 나약한 성격의 사람들일 수도 있다. 그들을 다른 사람의 관점에서도 문제를 생각해야 하며, 그들의 불평이 어떠한 의미를 가지고 있는가를 알아야만 한다.

흥분한 상사는 불만을 호소하는 부서와 그 원인을 제공한 부서도 불러내어, 만약 그들이 서로 협력하지 않으면 양쪽 다 곤란하게 된다고 설명하면서 각 부서장을 야단치기 쉽다.

참을성 있는 상사는 불만을 억누르려고 한 시간 정도는 꾹 참아 볼 것이다. 여유가 없는 관리자는 어떻게든 변명을 늘어놓아 빠져나가려고 할 것이다. 그러나 어쨌든 상사는 그날 하루를 우울하게 지내며, 중요한 일에도 열의가 담기지 않아 결국 그는 그에게 주어진 필요 이상의 번거로움에 화를 낼 것이다. 심정이 편안치 못할 때에는 어떻게든 해소하고 싶어지는 법이다.

다른 불평쟁이는 보통 종업원과 마찬가지로, 대개 관리하는 방법에 대해 불만을 말한다. 물론 때로는 그 불만이 옳을 때도 있다. 그러나 대다수는 어떤 일에 대해서도 매우 비관적인 태도를 취하는 개인의 성격에 의한 불평이다. 이것은 고객에 대한 불평일 수도 있다. 우리는 고객의 요구를 잘 들어주어야만 한다. 고객이 있음으로 해서 되는 사업이기 때문이다.

오랜 경험을 한 관리자는 말한다.

"만약 어떤 동료가 마음에 들지 않아 하는 일이 재미없다거나, 이유야 어떻든 간에 함께 일을 해 나갈 수 없다면, 그는 자신의 행복과 마음의 안정 때문에 소속된 부서를 떠나거나 직업을 바꾸어 다른 일을 찾아야 한다. 직원은 직장에서 가정에서의 시간과 다름없는 정도로 오랜 시간을 지낸다. 그들은 일에 즐거움을 갖고 있어야만 한다. 그들은 일에 공명(共鳴)하고 만족을 느껴야만 한다. 그러나 언제나 불만을 갖고 있는 사람의 느낌으로 말하면 일을 바꾸어도 기쁨을 느끼는 일은 절대로 없을 것이다."

일선에서 일하는 사람은 모두 같은 문제, 다시 말해서 동료들과 사귀어 가며 자신이 일하는 환경이나 정책에 자신을 순응시키는 일에 당면하고 있다. 잘못이 많을 수밖에 없는 인간관계에 이상적인 환경은 없다. 인간이 사는 한 다른 사람과 사귀어 가야만 하며, 그것 자체가 일과 인생의 변하지 않는 모순이다.

관리자의 시간과 정력을 허비하지 않도록 신경 쓰는 현장에서는 관리자에게 해결하기를 강요하는 문제를 일으키지 않는 편이 좋다. 당면한 문제는 각자가 해결하도록 하고, 문제를 해결해 나가는 동안에 모든 각도에서 상식적으로 생각하여 하나하나 풀어 가도록 해야 한다.

상사는 고민스러운 문제를 좋아하지 않는다. 그가 좋아하는 것은 문제에 대한 실제적인 해답이다. 그도 마술 지팡이로 문제를 해결할 수는 없다. 그러므로 다음과 같은 표현으로 말할 수 있을 것이다.

"상사에게 많은 문제를 내놓지 말라. 당면한 어려운 문제 하나하나에 저마다 적절한 해결책을 생각하여 상사에게 제안하라. 상사는 성과를 올리기 위해 사람을 고용하고 있다는 중대한 사실을 언제나 잊지 않고 있기 때문이다."

상사는 변명보다는 성과를 원한다

상사는 실적이 오르는 데 흥미를 갖고 있는 것이지 부하의 변명에는 흥미가 없다. 아무리 그럴듯한 변명이라 할지라도 상사는 흥미를 갖지 않는다. 변명으로 성과를 얻을 수 없기 때문이다.

"나는 일을 해낼 수 있는 사람을 구한다."

대기업의 중역은 이렇게 말한다.

"일에 성공하지 못한 이유를 잘 말할 수 있는 사람이 아니라 해낼 수 있는 사람을 구한다. 나도 해낸다는 것이 어렵다는 것은 알고 있지만, 그런 어려운 일이라도 성공하는 사람을 요구하는 것이다."

이 중역은 회사 활동의 모든 사정에 정통한 것을 아주 자랑스럽게 생각하고 있다. 대부분의 실행력 있는 사람과 마찬가지로 그 자신도 변명 같은 것은 하지 않는다.

그런데 중역이 사업의 모든 사태에 대처할 방법, 또는 채택해서는 안 되는 방법 따위에 대해 질문할 때 사원들은 변명을 하고 싶어 한다. 그래서 그의 방에 불려 간 사원들은 대부분 안색이 변해서 나온다는 것은 당연한 이야기다. 사원들을 개인적으로 모욕을 주려고 잔소리를 하는 것이 아니라 그 중역도 모든 다른 솜씨가 뛰어난 매니저와 마찬가지로 실적에만 흥미를 갖고 있기 때문이다.

물론 흥분한 경영자일지라도 '네, 네' 하고 따르는 자는 그다지 좋아하지 않는다. 자신이 잘못했을 때 그것을 바르게 지적해 주는 부하를 칭찬한다. 더욱이 자신이 잘못한 부분을 빈틈없이 처리하는 사람을 존경한다. 그러한 부하가 상사의 허영을 위해 아부하는 것보다도 고객이나 동료와 어울려 일을 잘해 나가고, 사람을 효과적으로 다룰 수 있는 능력을 갖고 있다는 것을 알기 때문이다.

경영자는 과나 부의 책임 있는 사람으로서 자신과 같은 견해를 가지고 있고, 자신이 일하는 방법으로 함께 일할 수 있는 사람을 바라고 있다.

상사 앞에서 설명하거나 변명하는 말을 잘하지 못한다 하여 열등감을 느낄 필요는 없다. 변명하는 데 재능이 있는 것은 오히려 해로울 때가 있다. 솜씨 좋게 변명하는 것을 한 번이나 두세 번쯤 성공을 한다 해도 상사에게 곧 알려지게 되며, 실제로 상사는 변명만 하고 실적을 올리지 못하는 종업원에게 실망할 것이다.

기업의 장래 운명, 다시 말해서 상사와 종업원의 업무는 고객의 만족도에 평가되고 의존되고 있다는 것을 상사도 잘 알고 있다. 고객이 만족하고 있다면 상사와 종업원 사이도 틀림없이 잘되어 가고 있는 것이다.

[상사의 신임을 얻는 방법]

① 상사는 일의 결과에 대해 책임을 진다. 그가 성과를 올리지 못하면 일자리를 잃게 된다.
② 그러므로 상사가 바라는 가장 중요한 것은 자신의 일을 해내는 데 필요한 부하다.
③ 상사는 시키지 않아도 자발적으로 일하는 사람을 좋아한다.
④ 상사 앞에서 동료의 험담을 하지 않도록 한다.
⑤ 상사에게 문제를 안기지 말라. 해결책을 제시하라.
⑥ 상사가 변명이나 이유를 듣지 않는 것은 그 상사의 상사가 이유를 듣지 않기 때문이다. 기업에서 일하는 사람은 위에서 아래까지 모두 성과를 올려야만 한다.
⑦ '네', '네' 라고만 하는 사람이 되지 않는다. 그러나 상사의 업무 주안점과 처리 방법을 알아내어 그대로 업무를 처리하라.
⑧ 상사에게 시간과 정력을 소비하지 않게 하라. 그것이 상사를 가장 힘들게 하는 일이다.
⑨ 고객을 기쁘게 해 주라. 상사도 이 일을 가장 기뻐한다.

10 신참 관리자 실전 테크닉 A-Z

우수 직원에서 관리자로 승진

뚱뚱한 남자가 차를 자동차 수리점으로 몰고 오더니 공손하게 손님을 응대하고 있는 벤 쪽으로 가까이 다가갔다. 벤은 뚱뚱한 남자를 흘낏 보고 말했다.

"크라우슨 씨. 잠깐만 기다려 주십시오."

이렇게 말한 다음 벤은 손님에게 말했다.

"고맙습니다. 안녕히 가십시오."

손님을 보내 놓고 난 다음 손을 씻고 와서 이 지점의 감독인 크라우슨 씨와 악수를 했다. 크라우슨 씨는 빙그레 미소를 띠며 말했다.

"벤, 아주 잘하는군."

그리고 계속해서 말했다.

"좋은 소식을 가져왔네. 포스와 메이페어의 영업점 매니저 일을 어떻게 생각하나? 자네가 할 수 있지 않을까?"

이 말을 듣자 벤은 얼굴을 빛내며 서슴지 않고 대답했다.

"예, 할 수 있습니다. 언제부터입니까?"

"나도 자네라면 할 수 있으리라고 생각했네."

크라우슨 씨가 말했다.

"자네는 거기서 지배인일세. 서류 업무까지도 모두 통틀어 영업점 일이라면 뭐든지 자네는 할 수 있을 거네. 경험도 있고 정직해서 믿을 수도 있고. 추천하는 가장 큰 이유는 무엇보다도 자네가 책임감이 있다는 것일세."

"크라우슨 씨, 정말 고맙습니다. 열심히 해 보겠습니다. 그런데 언제 가야합니까?"

"만약 자네만 괜찮다면 월요일이 좋겠네."

크라우슨 씨는 이렇게 말한 뒤 다음과 같은 당부를 했다.

"이제부터 자네는 이전까지와는 다른 사람이 되어야 하네. 조수가 아니라 지배인일세. 자네는 이제 큰 영업 지점의 모든 일을 맡아서 다 처리해 나가는 걸세. 14명의 종업원이 거기서 일하고 있네. 여기 보다도 큰 업무네. 내가 자네에게 해 줄 수 있는 일은 추천 말고는 더 없다네. 그것은 다시 말해서 상사의 명령으로 나도 다른 곳으로 떠나기 때문일세. 자네가 맡은 바 일에 최선을 다해 주기 바라네. 그런데 한 가지 자네에게 묻고 싶은 것이 있네. 자네의 의견으로는 상사로서 해야 할 일 가운데 가장 중요한 것은 뭐라고 생각하나?"

벤은 망설이지 않고 선뜻 대답했다.

"직원들에게 솔선수범을 보이는 일입니다."

크라우슨 씨는 고개를 끄덕이며 말했다.

"잘 해보게. 이제 거기서는 생각지도 않은 여러 가지 일이 발생할 걸세. 그러나 지금 자네가 말한 것보다 더 중요한 일은 없네. 위로는 사장으로부터 아래로는 직원들에 이르기까지 그들 앞에서 중간 관리자로서 솔선수범을 보여야 한다는 말이네."

"최선을 다하겠습니다. 믿어 주십시오."

벤은 굳게 약속했다.

"좋아, 벤."

헤어지면서 크라우슨 씨는 마지막으로 말했다.

"오래지 않아 다시 만날 수 있을 걸세. 잘하게."

그날 오후 늦게 집으로 돌아오면서 벤의 마음은 새로운 일에 대한 생각으로 가슴이 꽉 찼다.

'맨 먼저 그곳의 기존 직원들과 융화하는 일을 최우선으로 삼겠다.'

그는 혼잣말로 중얼거렸다. 그는 호주머니에서 수첩을 꺼내 다음과 같이 글을 써 넣었다.

'솔선수범을 보일 것!'

관리자란 부하를 일하게 하여 실적을 올리는 사람

벤이 임지(任地)로 간 지 며칠 뒤 크라우슨 씨가 포스와 메이페어에 들렀다. 벤은 부지런히 바쁘게 일하고 있었다. 그는 새로 채용한 사원에게 일을 가르쳐 주고, 때로는 고객의 질문에 대답도 하면서 차를 수리하고 있었다. 그 일하는 모습은 꽤 노련해 보였지만 어딘가 무속한 점이 있는 것처럼 보였다.

크라우슨 씨는 영업점을 돌아보고, 보고서를 훑어보고, 세차장이며 그 부근을 돌아다녀 보았다. 벤이 가까이 왔을 때 크라우슨 씨가 물었다.

"일은 어떤가?"

벤은 조금 씁쓸하게 웃었다.

"아주 만족하다고는 할 수 없습니다."

그는 솔직하게 대답했다. 그러자 크라우슨 씨가 말했다.

"주의는 해 두었네만, 내가 들어왔을 때 두 남자 직원이 작업장에서 담배를 피우고 있더군. 창문도 별로 깨끗하지 않고 세차장뿐만 아니라 다른 곳도 더러웠네. 벤, 자네도 알고 있는 것처럼, 첫째는 청결일세. 어제의 영업 보고도 아직 되어 있지 않은 모양이더군. 자금은 어떻게 하고 있나? 은행에 맡기는가?"

"솔직하게 말씀드려서 이렇게 정신없이 일해 본 적은 이제까지 없었습니다. 크라우슨 씨, 당신께서 말씀하신 대로 저는 솔선수범하려고 무척 애쓰고 있습니다. 지난 주 당신과 이야기한 뒤 그것을 이 노트에 써 넣었을 정도입니다. 그러나 여기서는 자기들끼리만 잘 돌아가고 있어 솔선수범의 습관을 만들 수 없을 것 같습니다."

"처음에는 힘든 일이지. 뭐든 도울 만한 일은 없나, 벤? 자네는 자네가 생각하는 좋은 습관을 여기에 적용시키려고 너무 집착하고 있는 게 아닐까? 분명히 그것은 중요한 일이지. 그러나 비록 자네가 누구보다도 모든 일을 잘 알고 있고, 일을 빠르게 처리한다 하더라도 자네 혼자 모든 일을 할 수는 없는 걸세. 이곳 사람들의 작업 태도는 어떤가?"

"이름을 들어 말하고 싶지는 않지만, 그리고 남의 흠을 들추어 욕하고 싶지는 않으나 생각대로 움직여 주지 않습니다. 몇몇 사람이 게으름을 피우는 것 같습니다."

벤은 대답했다. 그러자 크라우슨 씨가 다시 말했다.

"그런데 자네는 회사의 지점 지배인일세. 관리자라고 하는 편이 좋을지도 모르겠군. 그러니 자네 일의 태반이 다른 사람들의 일을 관리한다는 것을 자네가 깨달아야만 하네. 관리자란 언제나 일을 입안(立案)하고 계획하고 할당하며, 그 일의 진행, 다시 말해서 가장 중요한 일을 맨 첫 번째로 하고 있는가에 마음을 써야 한다네. 관리자는 사업의 전 분야를 파악해 두어야 하지. 또 언제 일어날지도 모르는 긴급한 때에 대비하여 실제로 해야 할 일보다 좀 더 많은 일을 해두어야만 하네.

그러나 관리자로서 가장 책임 있는 일은 사람을 잘 관리하는 일일세. 그런데 직원들은 스스로 알아서 일할 생각을 안 한다네. 그들은 자네가 어떤 사람이며, 자네 밑에서 어느 정도 일하면 되는가를 알려고 할 걸세. 어떤 사람은 실제로 그것을 시험하고 있는지도 모르네. 자네는 자네를 위해, 회사를 위해, 나아가서는 그들을 위해서도 그들을 태만하게 놓아두어서는 안 되네. 지배인이 되게. 관리자는 부하를 일하게 하는 것이 일일세. 그것을 하나 더 자네의 수첩에 써 넣게나."

벤은 크라우슨 씨의 말대로 써 넣었다.

'감독지는 부하를 일하게 하여 좋은 성과를 올리는 것이다!'

그리고 벤은 크라우슨 씨가 시찰하기 전 미리 점검해 두기 위해 영업장을 한 바퀴 돌았다. 모든 것이 제대로 정돈되지 않았다. 크라우슨 씨는 눈에 띄는 것만을 보았는지도 모른다. 종업원들은 피로한 데다가 배가 고팠는지 교대 시간이 되자마자 점심식사를 하러 우르르 뛰어가는 것을 보자 벤은 그만 화가 났다.

얼마 뒤 오후에 벤은 모두를 불러 모았다. 그는 종업원들 앞에서 이야기하는 도중 무심결에 "상사인 나를 어떻게 보고…"라는 말을 몇 번이나 되풀이했다.

그리고 그는 윌리엄을 지명하여 노부인 차의 창문을 닦는 것조차도 게을리 하고, 그녀가 무엇을 물어도 무뚝뚝하며, 대체로 일처리가 깔끔하지 못하다고 나무란 끝에 무례한 사람이라고 호통 쳤다. 또한 존슨은 금연 구역에서 담배를 피웠으며 번즈는 시간을 낭비했고, 게다가 점심식사 때 분명히 한 잔 걸치고 돌아왔다고 지적했다.

벤은 그 밖에도 여러 직원 이름을 지적했다. 그 가운데에는 일요일에 점검해야 할 크랭크케이스 속에 기름을 넣는 일을 잊어버려 위험하고도 용서할 수 없는 실책을 저지른 바크도 포함되어 있었다.

그리고 마지막으로 벤은 흥분한 상태로 빌에게 빈정거리는 듯 말했다.

"그리고 빌, 자네는 조금도 도움이 되지 못해."

이렇게 말한 다음 그는 윗저고리를 입고 집으로 돌아갔다. 그는 속이 후련했다. 그는 사태를 개선하는 일을 확고하게 해냈다고 생각했다.

우수한 관리자는 직원을 스스로 일하게끔 만든다

그러나 이튿날 아침 그가 사무실에 와 보니 아무도 그에게 말을 걸려고 하지 않았다. 모두들 필요한 말 이외에는 하지 않고 맡은 바 일에 열중하는 것 같았다.

벤이 직접 이 사람 저 사람을 불러 명령을 내리고 총지휘를 하는데도 일은 어제까지보다 더 나빠져 있는 것 같았다. 기분 나쁜 날이었다.

그날 저녁 벤은 크라우슨 씨에게 전화로 약속 시간을 정한 다음 그를 만나러 갔다. 벤은 그날 일어난 일들을 그에게 하소연했다.

"정말 낭패입니다. 하지만 저는 정말 열심히 일했습니다."

"알고 있네, 알고 있어."

크라우슨 씨가 말했다.

"나도 그런 경험이 있고, 다른 관리자도 누구나 다 그런 경험을 해왔다네. 관리하는 일은 머리로 생각하는 것과는 전혀 다르다고 나는 처음에 자네에게 말했을 걸세. 자네는 지금에야 내가 한 말의 뜻을 알기 시작한 것일세. 낙담하지 말게, 벤. 자네는 모두가 기대하고 있는 인물일세. 자네는 지금 성공에 다가서고 있는 걸세.

그러나 자네는 너무 극단적인 것 같군. 우선 자네는 영업점의 종업원들이 자발적으로 일하게끔 노력해야 한다네. 그러고 나서 규율을 지키도록 만들게. 그들은 기계가 아닐세. 그들은 하루에 여러 가지 일을 할 수 있을 정도의 만능이 아니란 말일세. 어디까지나 그들은 사람이지. 그들을 온화하면서도 다정한 태도로 대하도록 하게. 자네는 그들을 관리하고, 지도하고, 훈련시키고, 또한 도움이 되어야 하는 걸세. 그렇게 하면 그들도 자네가 의도한 사람이 될 걸세.

번즈를 예로 들겠네. 번즈는 자네가 말했듯이 어딘지 멍청하고 빈둥거릴 뿐 아니라 낮에도 술까지 마시네. 이 사실을 나도, 다른 사람도 모두 잘 알고 있지. 그는 가정에 걱정거리가 있는 걸세. 그의 아들은 소아마비로 보기에도 불편한 모습인 데다가 아내도 병들어 앓고 있다네.

그런데다 번즈는 나약한 성격이라네. 그러니까 그는 그 걱정거리를 조금이라도 잊으려고 술을 마시는 걸세. 언제 한 번 번즈를 불러 함께 이야기를 나누어 보게. 너무 그의 사생활을 노골적으로 건드리지 말고, 가능하다면 그가 스스로 이야기하도록 해 보게. 그를 격려하고, 용기를 불어넣어 주게. 그렇게 하면 그의 버릇도 틀림없이 바꿀 수 있을 것이고, 그런 일이 다른 사람에게까지 좋은 결과를 가져다줄 걸세. 벤, 당장 해 보게. 그렇지만 핵심을 잘 잡게.

올 봄에는 여기서는 아무도 해고하지 않게 될 걸세. 해고되는 사람은 작업에 방해가 되는 행동을 일으키는 사람뿐일세. 우리는 글자 그대로 인적 투자에 큰 비용을 지출하고 있네. 보통 사람을 훈련시켜 기업에 도움이 되게 하려면 막대한 돈과 시간이 소요된다네. 한 사람의 직원을 잃을 때마다 기업으로서는 크나큰 손실을 받게 되는 걸세."

크라우슨 씨는 덧붙여 벤이 모르는 일을 처리하는 방법과 벤의 부하들의 성격을 이야기해 줬다. 그리고 마지막으로 빌에 대해 설명하려고 하니 벤이 말을 끊었다.

"아주 냉정한 사람입니다."

그리고 벤이 계속 말을 이었다.

"그는 최고참으로서 저를 돕고, 저와 행동을 함께 하여 일을 잘 진행시켜 가야 할 것 아닙니까?"

"빌의 입장이 되어 생각을 해 보게."

크라우슨 씨가 그 이유를 설명했다.

"그는 이 지점의 지배인이 되는 것은 당연히 자기라고 생각했다네. 그런 만큼 그는 유능한 사람이라네. 나는 지배인을 자네로 하느냐,

그로 하느냐로 매우 망설였다네. 만약 그가 성격이 좋았으면 이번 지배인은 그가 되었을 걸세.

만약 자네의 입장이 그와 같으면 어떻겠는가 하고 잠깐만 생각해 보게. 다른 지점에서 온 사나이가 자신의 윗사람이 되어 자신을 무시하고, 마지막에는 모두가 보는 데서 모욕까지 하니…. 만약 자네가 빌이라면 화가 나지 않겠나? 빌은 자네보다도 이 지점 사정에는 밝네. 그는 단골손님을 확보하고 있는데, 이것은 특히 사업에는 중요한 일이라네. 자네가 그의 말에 귀를 기울이고 실행하도록 하게. 그를 의지하고 있고, 자네가 그를 중시하고 있다는 것을 알리게.

이것은 다른 직원을 대하는 데에도 적용되네. 그들에게 관심을 가지면 그들도 자네에게 관심을 갖게 되네. 그들의 도움이 되게. 그렇게 하면 그들도 자네를 도울 걸세.

끝으로 벤, 훌륭한 관리자는 절대로 다른 사람이 보는 앞에서 직원을 나무라지 않는 법일세. 모든 사람이 보는 데서 한 사람을 나무라는 것은 모든 사람에게 불안감을 주고, 회사 전체 분위기도 안 좋아진다네. 불끈 화가 치밀어 오르는 때라도 그렇게 해서는 안 되네. 잘못하는 자를 바로잡아 주고, 보다 훌륭한 사람이 되기를 바란다 해도 그 바라는 것과는 정반대의 일이 되네.

부하의 일이나 태도에 주의주고 싶은 일이 있을 때에는 언제나 그를 밖으로 불러내어 남모르게 주의시키게. 그런데 주의를 주기 전 먼저 그의 변명을 들어 보게. 그러면 대개는 자네가 생각했던 것과는 다른 사정이 있었던 것을 알게 될 걸세. 전후사정을 파악한 뒤 주의를 주면, 주의를 들은 사람도 자네가 진심어린 말을 하는 사람이라는 것을 알아차릴 테지. 자네가 그를 신용하고 있다는 것을 알게 하게.

이런 것을 모두 해야 비로소 자네는 그에 대해 서슴없이 올바른 말을 분명하게 할 수 있는 걸세. 요는 그가 주의 받은 것들을 마음에 새기고, 고치려고 최선을 다하도록 도와주는 걸세.

그리고 자네 자신에 대해 말하면, 만약 실패한다면 주저하지 말고 곧 실패를 인정하는 걸세. 그것이 자신을 강하게 하는 한편, 자네가 자신감이 있다는 증거가 된다네.

이번 일은 벤, 자네의 작은 실패일세. 나는 그것을 탓하지 않겠네. 자네는 어쨌든 결국은 해낼 것으로 생각되니까. 자네도 알고 있듯이 나는 자네를 신뢰하고 있다네. 게다가 이 일에 자네를 선택한 것은 나였고, 그것을 나의 상사들도 알고 있는 터이므로 자네의 성공은 나와도 이해관계가 있네.

그런데 나는 자네를 돕기는 하겠지만 자네 대신 일을 할 수는 없네. 나는 자네를 성공하게 할 수도 없고 실패시킬 수도 없네. 자네가 성공하느냐, 성공하지 못하느냐 하는 것은 어디까지나 자네가 자네의 부하를 어떻게 잘 부릴 줄 알고, 어떻게 그들을 함께 일할 수 있게 만드는가에 달려 있네. 내가 할 수 있는 것은 이런 이야기를 해서 자네를 돕는 일뿐일세. 자네는 부하들 사이에 있으면서, 자신의 운명을 헤쳐 나가야만 하는 걸세."

"잘 알겠습니다. 크라우슨 씨. 지금부터 당장 말씀하신 대로 실행하겠습니다. 알기 쉽게 말씀해 주셔서 고맙습니다. 당신 말씀대로 하면 틀림없이 성공할 수 있다고 생각됩니다. 저는 수첩에 주의할 일들을 몇 가지 써 넣었습니다. 옳게 되었는지 보아 주십시오.

'각 직원을 개성 있는 존재로 대하라. 그가 중요한 인물이라는 것을 인식시켜 주어라!'

'명령보다는 제안하고 부탁하라!'

'꾸짖기 전에 까닭을 물어 보고 남모르게 주의를 주어라!'

이 밖에도 또 무엇이 있습니까?"

"윗사람이기보다 솔선수범하는 지도자가 되어라!"

크라우슨 씨가 말하자 벤은 그대로 받아 썼다.

사내 제안으로 변혁을 유도하라

이튿날 아침 회사에 나가자 그는 즉시 종업원들 속으로 들어갔다.

"어제는 제가 주제도 모르고 건방지게 굴어서 참으로 미안했습니다."

그는 계속해서 말을 이었다.

"내가 생각했던 대로 질서가 잡혀 있지 않아 직원들에게 분풀이를 한 것입니다. 직원들 이름을 지적해 가며 비난한 행동을 후회하고 있습니다. 특히 미안하게 느끼는 사람은 빌입니다. 다시 말하고 싶은 것은 빌은 이곳의 일에 대해서 저보다 훨씬 자세하게 잘 아니까 빌과 여러분들이 함께 힘을 모아 일을 잘 진행해 가고 저를 이끌어 주길 바랍니다.

저는 일이 잘되도록 여러분들 누구와도 털어놓고 이야기할 수 있는 습관을 만들려고 생각합니다. 어떻게 하면 좋은 직장을 만들 수 있겠는가 하는 여러분의 제안을 저는 환영합니다. 저는 너무 성급한 바람에 실수했지만 지금부터는 제가 공정하며, 또 일을 잘하는 사람에게는 저도 힘을 아끼지 않고 놉는다는 섯을 알아주세 되리라고 믿습니다."

벤이 이렇게 말을 끝냈을 때 한두 사람이 뒤에서 투덜거렸으나 나서서 따지는 사람은 아무도 없었다. 그날 작업 성적은 벤이 온 뒤로 가장 좋았다.

그날 저녁 벤은 빌과 이야기할 기회를 만들어 빌에게 무슨 좋은 제안이 없느냐고 물었다.

"작업 조는 지금의 조보다 오후 조가 좋았어. 그를 교체해 주는 것이 좋을지도 모르겠군."

벤은 빌의 제안을 당장 실행했다. 밤과 낮의 조를 다시 짠다는 것은 쉬운 일이 아니었다. 그는 여러 사람과 의논해야만 했다. 그는 빌의 제안을 받아 모두 힘을 모아 조를 다시 짰다.

그러한 변혁이 있은 지 며칠이 지나자 작업성적은 부쩍 올랐다. 벤은 사내 분위기가 상당히 좋아졌다고 생각했다. 빌을 부지배인으로 승진시키고, 빌과 벤은 좋은 친구가 되었다. 크라우슨 씨는 벤의 인내심과 그 원활한 일 처리와 직장 분위기를 개선시킨 수완을 칭찬했다.

어느날 크라우슨 씨가 말했다.

"벤, 자네는 언젠가 전화로 나에게 이야기했던 ― 한 번 우리를 버렸던 손님인데 자네가 다시 단골로 만들었던 호바트라는 사람을 기억하고 있나? 1년에 1천 갤런 이상이나 되는 가솔린이며 기름이며 차의 정비며 그 밖의 것을 의뢰하는 단골이지. 그래, 맞네. 그 호바트 씨를 얼마 전에 만났는데, 그가 말하는 것을 들으니 그를 몇 번이나 찾아와서 다시 한 번 단골손님이 되어 달라고 부탁한 사람은 자네 영업점의 록우드라는 세일즈맨이었더군."

"그렇습니다. 크라우슨 씨. 제가 호바트 씨를 설득하기 위해 록우드를 보낸 것은 록우드라면 호바트 씨를 설득하기에 충분한 인물이라고 전적으로 믿었기 때문입니다."

"그럴 테지. 자네가 그런 일로 나에게 전화 연락했을 때 나는 '록우드로구나' 하고 직감했었네. 그런데 록우드 개인의 공이 아니라 자네 회사 전체의 공이라고 생각하고 싶네. 나는 자네 개인이 훌륭한 일을 하건 하지 않건, 또는 관리 방법에 대해서도 참견을 하고 싶지 않네. 자네는 여기 실적을 올리기 위한 지배인일세. 우리가 관심을 갖는 것은 바로 관리자로서의 자네 실적일세. 관리자는 사람을 잘 부리는 것이 일이라는 것을 기억하고 있나? 만약 자네가 록우드의 일을 교훈으로 삼을 것이 있다면 수첩에 무언가 써넣을 것은 없겠나?"

"네, '믿을 수 있는 사람은 믿어라.' 이 말은 어떻습니까?"

"좋아."

크라우슨 씨는 말했다.

"이 일에 관해 자네가 해야 할 일은 없을까?"

벤은 록우드를 불렀다. 그리고 크라우슨 씨가 보는 앞에서 록우드를 칭찬했다.

"크라우슨 씨와 나는 자네가 호바트 씨를 다시 모셔온 실적에 대해 지금 의논하던 참일세. 크라우슨 씨, 한 가지 더 알려드릴 일이 있습니다. 록우드는 이 일을 근무 시간에 한 것이 아니라 자신의 개인 시간, 다시 말하면 근무를 마친 다음 호바트 씨를 여러 번 방문하여 이룩해 낸 것입니다."

"참 훌륭했네. 록우드."

크라우슨 씨는 록우드와 악수했다.

"벤, 돌아가기 전에 자네에게 이야기해 두고 싶은 일이 있네. 바로 요 얼마 전 다른 지역 지점에서 일어난 일인데, 자네가 그렇게 할 것이라고는 생각하지 않지만 관리하는 데 참고가 될지도 모르겠다고 생각되어 이야기하는 걸세. 믿건 안 믿건, 그것은 자네의 자유겠지만, 이야기인즉 이렇다네.

어떤 직원이 지배인에게 한 가지 제안을 했네. 모터의 새로운 안인지, 에어컴프레서에 대해 그가 생각해 낸 안인지 뭔지를 제안한 모양이야. 그랬더니 지배인이 대답하기를 '자네는 그런 일은 잊어버리게. 본사에는 비싼 급료를 받고, 그런 것만을 전문으로 생각하는 연구원이 여럿 있네. 그들은 자신들의 일을 자네가 대신 일해 주기를 바라지는 않네. 그런 생각일랑 아예 집어치우고 자네는 자네가 할 일만 하면 되는 걸세'라고 했다는 거야. 자네는 이것을 어떻게 생각하나?"

벤은 웃었다.

"제가 저질렀던 실수와 마찬가지로 지배인의 잘못입니다."

"잘못 가운데서도 가장 나쁜 잘못일세. 종업원은 제안하는 것을 기쁘게 생각한다네. 자네나 나 같은 관리자는 방법과 연구에 대한 개선안에 의해 회사의 경영 이념을 만들어 가고 있는 걸세. 만약에 자네가 부하의 제안에 신경 쓰지 않으면, 자네는 부하의 창의성을 죽이게 되는 걸세."

벤은 또 수첩에 이렇게 써 넣었다.

'개선에 관한 사내 제안을 환영하라!'

고객이 만족을 느낄 때까지 봉사하라

어느날 크라우슨 씨의 사무소에서 벤에게 전화가 왔었다.

"메이젤에게 전해 주게. 내일 당장 가든 영업소로 발령이 났다고."

벤이 그 말을 메이젤에게 그대로 이야기했더니 매우 곤란한 일이 벌어졌다. 메이젤이 가든 행 버스를 타려면 1km 이상이나 걸어야만 했다. 거기서 버스를 타고 새로운 근무지까지 20분이나 걸리며, 더욱이 매일 아침 겪어야 하는 불편이었다. 그가 오랫동안 살고 있는 집과 현재의 직장은 불과 400m에 지나지 않으며 걸어서도 다닐 수 있는 거리였다.

메이젤에게는 매우 딱한 발령이었다. 크라우슨 씨는 이 일에 관해 의논하기 위해 급히 벤과 메이젤이 있는 지점으로 찾아왔다.

크라우슨 씨는 가든 영업소에 얼마 전부터 일손이 모자랐다는 것을 설명했다. 게다가 또 가장 일을 많이 하던 사람이 갑자기 맹장수술을 하게 되었다는 것이었다. 이런 사정을 충분히 설명하자 일은 원만히 해결되었다. 메이젤은 아무 불평 없이 일시적으로 가든에서 일하기로 했다.

벤은 얼마 동안 일꾼을 한 사람 잃게 되지만 그런대로 일은 처리될 것이다. 다른 영업소가 곤란을 겪고 있을 때는 될 수 있는 대로 적시적소에 도와주어야 하는 것이다.

"이번 일은 매우 유감스럽게 되었네만…"

크라우슨 씨는 동정 어린 어조로 말을 이었다.

"아주 급한 일이네. 그렇지만 조금만 더 여유를 두고 보게. 그렇게 하면 틀림없이 모두 납득해 주겠지. 이번 일로 메이젤 때문에 자네에게 불편을 주게 되고, 빌에게도 일이 많아지겠지만 나는 자네들의 고마움을 잊지 않을 걸세."

일이 원만하게 수습된 뒤에 크라우슨 씨는 벤에게 이렇게 물었다.

"우리는 경험으로부터 배우기 마련일세. 자네는 무엇을 배웠나?"

벤은 또 다시 손때가 반들반들 묻은 수첩을 꺼내 이렇게 썼다.

'먼저 이유를 설명하고 사정이 바뀌어 영향을 받을 사람들을 납득시키도록 하라!'

크라우슨 씨는 이야기를 계속했다.

"벤, 자네는 이 관리 일을 정말 잘해 나가고 있네. 자네와 이야기를 나눈 일들 외에도 자네의 방법이 매우 좋다고 생각되는 일이 몇 가지 깨달아지고 있다네. 그것은 다음과 같네.

'종업원에게, 그들이 어떠한 상태에 있는가를 알게 하라', '개선 방법을 제안하도록 하라', '직원들이 일 잘하게 하는 가장 좋은 방법은, 나쁜 점을 지적하는 것보다도 좋은 행위를 칭찬하는 것이다', '약속을 지켜라.'"

"제가 그러한 것을 실행한다고 말씀해 주시니 과찬인 것 같습니다."

벤은 이렇게 말하고 다시 말을 이었다.

"그렇지만 저는 그러한 것들을 실행하려고 노력하고 있다는 데 지나지 않습니다. 만약 제가 발전했다면 그것은 모두 당신 덕분입니다."

"너무 겸손하지 말게."

크라우슨 씨는 빙그레 미소 지으면서 말을 이었다.

"우리는 종업원들을 어떻게 지도할 것인가를 의논을 해 왔네. 앞으로도 이런 문제에 관해 서로 의논할 수 있기를 바라네. 자네가 성공하리라고 처음부터 내가 확신한 이유는 두 가지였다네. 그 가운데 하나가 자네는 책임감이 강하다는 거였네. 또 하나는 자네가 관리자가 될 때 자네가 맨 처음 한 말이었네. '솔선수범이라는 좋은 습관을 만들어 내겠다'는 말이지. 자네는 이것을 언제나 착실하게 실행했네. 특히 손님에 대해 정중하고 배려심 깊은 태도를 자네가 솔선하여 실행한 것을 나는 잘 알고 있네.

자네는 수첩에 써 넣은 일을 모두 실행하고, 게다가 고객을 위해서라면 세세한 점까지 신경을 썼다네. 자네는 손님의 차 안에 어린아이가 있으면 그 어린아이를 칭찬했고, 때로는 개까지도 빼놓지 않고 신경을 썼네. 손님은 자네와 일단 거래를 하면 수백 미터나 떨어진 곳에서도 일부러 자네의 영업소를 찾아오곤 했지. 이것은 자네의 친절에 기쁨을 느꼈기 때문이라네.

더 중요한 일은 종업원들이 자네의 모든 것을 배우고 있다는 것일세. 자네는 여기서 부하에게 예의바르게 하라고 명령도 할 수 있고 나무랄 수도 있지만, 만약에 자네가 웃는 일도 없고 보통 이상의 서비스도 하지 않았다면 종업원도 따라하지 않았을 걸세. 그렇게 되었다면 여기의 실적은 다시 별 볼 일 없게 되고 말았을 테지."

여기까지가 신참 관리자인 벤과 벤을 가르치는 고참 관리자인 크라우슨 씨의 예를 들은 것이다.

여러분이 관리자이건 아니건 간에, 인생의 모든 경우에 관리라는 것에서 예외가 될 수는 없다. 이를테면 학생을 지도해야 하는 교사는 담당 과목 여하를 막론하고 모두 관리자다. 부모의 양육 기술은 모두 관리와 밀접한 관계가 있다. 만약에 당신이 어떤 위원회의 책임자라고 한다면, 관리라는 업무를 빼놓는다면 그 위원회를 움직일 수 없다.

　　관리자는 부하를 일하게끔 하여 실적을 올리는 사람이다. 만약 관리자가 부하를 일하게 만드는 기술을 모른다면 그의 앞날은 보장될 수 없다. 다행히 벤의 경우에는 고참 관리자인 크라우슨 씨의 지도를 받아 신참 관리자의 티를 벗을 수 있었지만, 사람을 움직여 실적을 올릴 줄 모르는 관리자라면 언젠가는 남의 관리를 받는 위치로 떨어질 것이 틀림없다.

[신참 관리자 실전 테크닉 A–Z]

① 관리자가 솔선수범하는 좋은 습관을 만들라.
② 관리자는 부하를 일하게끔 하여 실적을 올리는 사람이다.
③ 직원을 개성 있는 인격체로서 대우하라. 그리고 그가 중요 인물이라는 것을 인식시켜라.
④ 명령보다는 사내 제안을 유도하라.
⑤ 나무라기 전에 전후 사정을 파악하라. 다른 사람 앞에서 나무라서는 안 된다.
⑥ 우수한 관리자는 직원들이 스스로 일하게끔 만든다.
⑦ 직원을 일하게 하는 가장 좋은 방법은 나무라는 것보다는 잘한 행위를 칭찬하는 일이다
⑧ 믿을 만한 사람은 믿어라.

⑨ 부서 변경 시 자리 이동으로 인해 영향을 받을 사람들을 납득시켜 자발적인 협조를 이끌어 내라.
⑩ 고객이 만족을 느낄 때까지 관리자가 솔선하여 봉사하라.

Human Relations,   Persuasion Technique

인간관계는 소통과 설득이다
Human Relations, Persuasion Technique

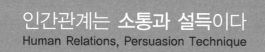

인간관계는 소통과 설득이다
Human Relations, Persuasion Technique